国家社科基金
后期资助项目

《新唯识论》
儒佛会通思想研究

A Study on the Comprehensive Thought
between Confucianism and Buddhism in
New Treatise on the Uniqueness of Consciousness

黄　敏　著

社会科学文献出版社
SOCIAL SCIENCES ACADEMIC PRESS (CHINA)

国家社科基金后期资助项目
出版说明

　　后期资助项目是国家社科基金设立的一类重要项目，旨在鼓励广大社科研究者潜心治学，支持基础研究多出优秀成果。它是经过严格评审，从接近完成的科研成果中遴选立项的。为扩大后期资助项目的影响，更好地推动学术发展，促进成果转化，全国哲学社会科学工作办公室按照"统一设计、统一标识、统一版式、形成系列"的总体要求，组织出版国家社科基金后期资助项目成果。

全国哲学社会科学工作办公室

序

麻天祥*

黄敏博士的学位论文《〈新唯识论〉儒佛会通思想研究》，获湖北省优秀博士论文奖有年，今又得国家社科基金项目后期资助，并于社会科学文献出版社付梓，嘱予为之序。

有清之季世，内忧外患，公羊学家乃至乾嘉遗老，公然为佛弟子而兼治佛学，佛法自空门释子涌入居士长者之间，知识界竞相研习佛理而进退佛说。佛法之空无旨趣、众生平等的信念、万法唯心的心性学说，以及普度众生的菩萨行等思想，一变而为直面惨淡人生的强烈社会批判意识、争取民权的平等要求、实现个性解放的精神追求，以及救亡图存的历史使命，奏响佛法与近代社会思潮谐振的愤世嫉俗之慷慨悲歌。所谓新学家者无不祈向佛学，欲冶中西、儒佛、新学旧学为一炉，构成一种"不中不西，即中即西"的新学问。可以说，由超越变参与，由出世而入世的晚清佛学，是中国佛学在近代复兴的特殊形态，是继隋唐之后，佛学中国化的全新阶段。

其中，以认识论、方法论见长之唯识学，钩深致远，因之扶摇而起。中国佛学之复兴，近代社会思潮之应运涵化，亦多有取法并凭借唯识学之兴者。而思想家借佛学营造新说，创立自己的哲学体系，又以章太炎的法相唯识学、熊十力的新唯识论为翘楚。

熊十力，1885年生于湖北黄冈。原名继智、升恒，字子真。幼家贫，未入庠，然好学多思，性情旷达。"年十三岁，登高而伤秋毫，顿悟万有皆幻……久之觉其烦恼，更进求安心立命之道。"① 青年时代曾投身湖北新军，组织秘密社团，参加革命团体日知会，奔走于反清爱国运动之中。后又追随孙中山先生，积极参加护法运动，然感外事动乱，内生

---

* 麻天祥，武汉大学哲学学院教授、博士生导师。
① 萧萐父主编《熊十力全集》第一卷，湖北教育出版社2001年第一版，第5页。

种种疑虑，深以为革政不如革心，遂弃军从文，一心向学。先入金陵刻经处从欧阳渐研习法相唯识，继应蔡元培之邀，赴北京大学执教唯识，遂创建新论，评判佛家空有二宗而折中于易，旁参西方哲学思想，以返本之学贯通实证主体，以创造性思维构建主体、体证本体之儒家心性哲学系统，综摄儒释中西，形成本心本体的"新的唯识论"，可以说是近代中国哲学研究拔萃之作。正因如此，历来关于熊氏及其学说之研究者不乏其人，熊氏思想研究已成 20 世纪中国哲学研究之显学。

然观今世熊氏思想之研究，虽汗牛充栋，但莫不着眼于现代新儒家代表人物之思想追溯，抑或重在其心性本体，热衷于探讨其思想对现代新儒家体系建构之影响，莫不囿于现代新儒学之研究范围。对其说虽赞誉有加，然何以赞誉者不可谓条贯具足；对其批评者或居士长者，或释迦弟子，因立场不同往往意气有余而偏于我执。其实，熊氏与近代中国儒佛传统思想发展之渊源颇深，其《新唯识论》视野宽宏，为近代中国哲学之名著，学术界应当给予更多的关注。

观历来研究《新唯识论》者不多之原因，不外有二。其一，唯识学本身之艰涩繁难。《新唯识论》处处以唯识家为立言本旨，以评弹唯识学为立论根基，若缺乏对唯识学基本理论之了解，便无法与熊十力之唯识学研究平等对话，对其攻伐唯识学乃至佛家思想全体之种种问难便无从谈起。其二，评价立场及评价方法之不易。《新唯识论》主旨乃在平章华梵，最终归宗于儒家生生之易学传统，必要求后学研究兼涉唯识与儒学，能思及儒家传统现代转型之大势，且对近代中国思想发展中之中西文化之争有全局把握，方能入乎其内，而又不局限于现代新儒学或佛教唯识学任何一边，乃至超乎其上，平情立言，观其汇通，采众家所长，以创造性的思维，还《新唯识论》本来面目。据此而言，对熊氏《新唯识论》展开研究，并能别开生面者，殊为不易。

20 世纪末，我负笈自湘入鄂，执教珞珈山下。其时，宗教学系初创，2001 年首届招生，黄敏等均在其列，是武汉大学宗教学系第一届宗教学专业本科学生。四年后，她以优异成绩获推免攻读本校哲学硕士研究生，以中国佛学为研究对象。又是三年，成功完成硕士学位论文，并获得硕士学位后，于 2007 年，继续选择中国佛学为主攻方向，直到博士学位论文脱颖而出，前后十年，终成一剑。

我们宗教学系的学生，大多是从其他学术领域转行而来，如黄敏从本科起就选择本专业，并且始终把本专业作为自己的研究方向的学生寥若晨星。如此选择，不只是兴趣，也可见其学识与勇气。

自 2001 年入学以来，她常善学多思，课堂前后每发疑难，可谓人如其名，敏而好学者。子曰："就有道而正焉，可谓好学也已。"不仅要发愤忘食地读书，而且要虚心地向别人求教，也就是说，不仅要勤学，而且要好问，所谓"三人行，必有吾师"者也。学、问即此。此外，人生不如意处十有八九，她在珞珈山求学十年，学习道路上也不总是一帆风顺的，而她总能处之泰然，可以说是不忧。勤学、好问、不忧，显然是她学有收获的基本保障。我瞩目的更在于此。

黄敏选择《新唯识论》作为博士学位论文研究方向，既与她本人长期关注近代中国佛学的发展，特别是醉心于唯识学研究有关，也是在我们的不断交流探讨中逐渐确定的。因关注近代中国佛学思潮，继而关注到学者型的佛学研究之流，自然与我往日所关注者不谋而合。然选题之后如何展开，以何角度切入对《新唯识论》的文本研究，她自己则下了一番苦功。余常告诫她，研究熊十力并非易事，近者有我院郭齐勇老师堪为典范，可向郭老师学习，聆听意见。再者，研究《新唯识论》更不易，其不易之种种如前所述。然而，因她在武汉大学哲学系素来受到良好的中西哲学基础训练，遂能鞭辟入里地对《新唯识论》进行深入分析，并做到把握全局，难能可贵。

简言之，其论文意在揭示《新唯识论》的思想方法及思想主旨在于会通儒佛。以儒佛会通为切入点对《新唯识论》的思想内容及立论框架进行了系统研究，又能以唯识学的视角与熊十力展开对话，将《新唯识论》所涉的儒佛双方问题做精细剖解，以本体论、心性论、方法论和修养论四大部分拆解其理论内容，做到条分缕析，展而不散，说理精到，以小见大，体现出理论分析之深度和立意之新。

再者，该书从宗教对话的角度考察《新唯识论》的文本意义，展现了全新的学术视野。作者不局限于对《新唯识论》这一繁难文本的文字分析，将《新唯识论》放在近代儒佛交涉关系视野下考察，论述了熊十力试图通过儒佛会通以回应西方思想的挑战，最后将这一儒佛会通上升到当代宗教对话的语境下予以反思，以《新唯识论》为宗教对话的范本加以研究，这是此前有关熊十力的研究中所缺乏的。正如她的一位论文校外评阅专家所说："这是我所见的对熊十力思想最为深入细致的研究……作者如果以后能专门从宗教对话的角度来研究《新唯识论》，再写一部专论，想必也是非常精彩的。"此虽为鼓励后学的溢美之词，然亦足资为证。

复次，该书对《新唯识论》之争所涉儒佛双方内容皆娓娓道来，展现了扎实的学术史积累和敏锐的思想梳理能力。作者兼顾到《新唯识论》之争所涉的儒佛诸家立场不同，分别对《新唯识论》之争引起的内学院欧阳竟无、刘定权、吕澂及武昌佛学院太虚、印顺诸君论战历程做了系统梳理，还论及与熊十力往来通信交互影响的诸人物，如梁漱溟、方东美、谢幼伟等。更可贵的是，作者还在现代新儒学的发展历程中梳理出《新唯识论》对熊门后学唐君毅、牟宗三等人的影响，对诸君思想之来龙去脉进行了比较分析，凸显出《新唯识论》的思想价值及对现代新儒家理论建构的影响，可谓画龙点睛，令人耳目一新。

从研究结论看，作者常常在行文中流露出自己的学术创见。如对《新唯识论》成因的逻辑分析，对熊十力所受欧阳竟无影响的分析，对唐、牟二人所受熊十力影响的理论观察，对儒佛会通所涉宗教对话问题的深入反思等，无不展现出其敏捷的思维和良好的中西宗教哲学研究功底。

此外，黄敏博士素喜文学创作，历来注重文字训练，故其文章语言流畅，文字简洁隽秀，可谓文义俱美，其论文可读性强，令人毫无陈旧乏味之感，这一点在答辩时已成诸位老师共识。该论文完成之后，以全优成绩得到校内外同行专家的认可，不过她并未停留在博士期间的研究，而是对论文进行了大刀阔斧的修改及理论上的不断提升。论文再次呈现在我面前时，可谓既熟悉又陌生。如其提出"中国式唯心论"一语解释熊氏思想，此为她后来苦思所得，惜书中尚未深入展开。

吾感其求学钻研之精诚，书中虽仍有一些可待商榷之处，然其孜孜不倦、踏实认真之态度，亦足慰辛劳。

吾乐见其成，特为之序。

2018 年 10 月 1 日

目　录

引　言

　　近代佛学的发展无疑是既曲折又富有重要思想意义的。从它的发展历程看，它与内忧外患下的近代中国一样，注定是在曲折中蜕变求生。在救亡图存的历史环境下，"中国向何处去"① 的时代问题回荡在思想界的各个领域。如何抵御新兴的西方文明，如何学习西方又不失掉中国文化自身，无疑又促使近代佛学努力寻找在传统与反传统中得以生存的内缘。这种矛盾，在批判传统与维系传统中的思想斗争与矛盾，在近代佛学之父杨文会那里也有所反映。一方面，他契入佛理之应机在《大乘起信论》，欧阳竟无说他"学贤首遵《起信论》"②，在杨文会那里，学佛入门首先要读《大乘起信论》，如来藏缘起不可废，这是其维系传统的一面。另一方面，他又积极除旧布新，建立祇洹精舍，广泛从日本引入失传的古德典籍，如《成唯识论述记》《因明大疏》等，对唯识学也比较重视，其门下研究唯识者先后有章太炎、孙少侯、梅光羲、李证刚、欧阳竟无等。后由欧阳竟无继杨文会之慧命，创立支那内学院倡导弘扬唯识学，并走出与其师不同的道路。而欧阳竟无则重点阐发唯识大义，偏弹如来藏缘起思想。其门下吕澂、王恩洋等人继之以如来藏学为非佛说，力证《大乘起信论》为伪，开始了一场倡导唯识学复兴的佛教运动。因此，传统的维系与反传统一开始便在近代佛学复兴运动中成为一股相互制衡的力量，唯识学的兴起一开始便与如来藏学所受到的批判联系在一起，两者密不可分。主张向西方学习的人把唯识学作为新兴科学般看待，为其科学性张目，而唯识学的兴起又隐含着教派下的义理纷争，则必然有评弹中国化的如来藏学之声。

　　可以说，近代唯识学的兴起是在批判真如缘起论思想的基础上发展起来的，以内学院诸君对如来藏宗派的批评为甚。至于为什么要在批判

---

　　① 宋志明：《中国现代哲学通论》，中国人民大学出版社 2008 年第一版，第 3 页。
　　② 欧阳竟无：《欧阳竟无内外学》，商务印书馆 2015 年第一版，第 690 页。

主流传统的情况下来发展己学，唐大圆分析说："盖唯识自唐以后，日渐衰微，几成绝学者，实因贤首判教为小始终顿圆之五，仅列为大乘始教。世既苦其名相之难，况又教义之不高，则胡为掷有用之精力于无用之地，故缙绅皆弃而不顾，典籍因之散失，斯学不绝如缕。欧阳居士为欲重申斯宗，则唯有破斥贤首根本所依之大乘起信论。如树木既抉其根，而枝叶自萎矣。"① 在他看来，欧阳竟无及其门下对推崇《大乘起信论》的如来藏宗派的批判就是复兴唯识学的需要，要彻底从义理上提高唯识学的地位，而有此一番门户之争、义理之辨。

　　另外，唯识学在近代的兴起也是得益于其精密细微的庞大分析系统。这种理论特点尤为人们所注意，认为此能适应时代发展的需要，这种需要则是科学发展的需要，即把唯识学看作一门科学的学问。这就利于回应西方，以唯识学为应对西方文化冲击的"传统"武器。为此不惜对唯识学做一番现代化的诠释，期望能借唯识学的理性思辨来对治西学，以东方文化来回应西方挑战，唐大圆在《十五年来中国佛法流行之变相》中说："佛教中之有学，且足以纠今世科学之误，匡西洋哲学之谬而特出者，则莫如唯识之当机。"② 这反映了当时人们纷纷研习唯识的原因。连教界泰斗太虚大师也说，现在是弘扬新的唯识论的时候。这新的唯识论，一方面为新近思想学术所需求故，在唯科学至上，哲学节节败退毫无地位的氛围下，"夫在思想学术之趋势上，既欲求一如何能善用科学，而不为科学迷误之真自由法；继之又有非将一切根本问题，得一究竟解决不可之倾向，展转逼近到真的唯识论边"③，此使人有"山重水复疑无路，柳暗花明又一村"之感，故唯识学这一科学中的哲学则为时代所急需。

　　此外，在实证主义唯物主义的风潮影响下，太虚还认为，唯识学既非西洋的二元割据的唯心论，又非古代以来的有神论玄想，所以，唯识学"不但与唯物科学关通綦切，正可因唯物科学大发达之时，阐明唯识宗学！抑亟须阐明唯识宗学以救唯物科学之穷耳"④。而就佛教自身来

---

① 黄夏年主编《民国佛教期刊文献集成》第 189 卷，《海潮音》1935 年第一期，全国图书馆文献缩微复制中心 2006 年初版，第 218 页。

② 黄夏年主编《民国佛教期刊文献集成》第 189 卷，《海潮音》1935 年第一期，全国图书馆文献缩微复制中心 2006 年初版，第 219 页。

③ 太虚：《法相唯识学》上册，商务印书馆 2002 年第一版，第 72 页。

④ 太虚：《法相唯识学》上册，商务印书馆 2002 年第一版，第 74 页。

说，在批判传统、重估一切价值的风气下，晚清以来的台、贤、禅诸宗已成强弩之末，且如来藏学重视心性传统，早被视为玄虚之学，自然也不可能受到追捧实证科学的近代人士欢迎。所以，唯识学才得以在近代反传统的浪潮下夹缝生存。

法舫在《中国佛教的现状》中称，唯识学乃适应时代思潮而兴起，这可以说是时人的共鸣。大悟在《十五年来中国佛教之动向》中总结道："今人研学多重唯识，复有一种意义，即法相唯识学，为佛教中最适于现代思想之佛学，有科学的方法，有哲学的理论，人生宇宙之说明，社会自然之探讨，皆可取决于法相唯识学也。"① 可见唯识学自身的理论分析精密性、逻辑条理性，自然使它成为时人用来对治西学的重要工具，甚至被视为经验科学、观察学、心理学。不论是以己意进退佛说的学者还是佛教内部人士，人们都纷纷从回应西学，顺应时代思潮的角度对唯识义理做这样那样的运用或诠释，唯识学由此成为社会大众用来应对新思潮，诠释新思潮的武器。如有章太炎以《齐物论》释唯识，太虚佛化科学，诠释《新物理学与唯识学》《唯物科学与唯识论》，又如缪凤林《唯识今释》以唯识解西方哲学，再到熊十力从哲学立场诠释唯识，建立《新唯识论》。其实，太虚大师已提出新的唯识论的口号，强调唯识学应应时应机。而熊十力要建立的新唯识理论，则更多地从解决唯识学的理论问题出发，以唯识学反思儒家传统思想，在这一点上，《新唯识论》的出发点倒显得更传统，更具理论色彩。这与借唯识学而顾左右言他的做法不同，而是真正关注到唯识学的义理内部问题，并将目光转向儒佛之间的义理不同，由此引发近代唯识学与如来藏学的一波又一波争论，无疑对近代佛学的理论发展是具有重要影响的。

从近代佛学的发展看，《新唯识论》是佛教哲学化的产物，又是近代唯识学与如来藏学之争的理论产物。熊十力既是早期现代新儒家的代表人物，也受到唯识学复兴之风的影响，研读佛典，钻研佛学。他自欧阳竟无门下出，其所造《新唯识论》是在批判玄奘系唯识学理论的基础上建构其儒佛会通理论。这既反映了内学院唯识学思想对他的影响，也

---

① 黄夏年主编《民国佛教期刊文献集成》第189卷，《海潮音》1935年第一期，全国图书馆文献缩微复制中心2006年初版，第247页。

反映出他借批判唯识学，乃至佛教空、有两宗不足来阐发其会通主旨的目的。《新唯识论》就是对近代佛学发展的唯识学与如来藏系的思想交锋的总结与调和。这说明现代新儒家学者也卷入近代佛学争论中，并扮演了重要角色。这是由熊十力与近代唯识学的渊源，与内学院门下的渊源及早年潜心佛学的思想经历决定的。

同时，由《新唯识论》所带来的争论一方面将近代唯识学之争推向一个高潮，另一方面将原来的《大乘起信论》之争所带来的如来藏学问题也纳入进来，成为唯识学与如来藏学之争的思想汇流。而争论的过程又有来自儒佛立场不同的互相辩难，使《新唯识论》之争演变成儒佛之争的一部分，儒佛交涉成为《新唯识论》之争的另一特点。陈荣捷特别在其著《现代中国的宗教趋势》中指出由熊十力的《新唯识论》开启了佛教儒家化[①]之一流，说明了《新唯识论》在近代佛学发展中应有的地位和价值。所以，研究《新唯识论》的儒佛会通思想是近代佛学发展的重要课题，是了解近代以来中国佛教唯识学与如来藏学两系思想关系的重要参考。

然而，熊十力的《新唯识论》的特殊之处还在于以唯识学为契机建立中国式唯心论的哲学体系，这也是熊十力对儒家哲学的现代化所做的贡献。正如蔡元培在文言文本《新唯识论》的序言所说，近代以来好谈佛书，或以翻译经论为主，求藏、梵、加利文与汉文佛经异同，如陈寅恪诸先生，然此尚属整理经典活动，并未生发有关佛教义理的问题意识；或如欧阳竟无，则以倡导唯识学为主，但以心理学逻辑学求之，且未对唯识学予以批评态度，而能完全脱离宗教窠臼，以哲学家立场提出新见解者，则有熊十力。此为以哲学方法分析推求之，反思批判之，直言其惑，而试补正之，这些可以说都是《新唯识论》的可贵之处，也是《新唯识论》得以在近代唯识学发展中立有一席之地的重要原因。

再者，《新唯识论》的特殊之处还在于其会通儒佛的主旨。熊先生尝言，"新论一书，不得已而作"[②]，《新唯识论》的产生可谓有一番深意。熊先生早年曾是国民革命运动的先锋人物，积极投身于改造社会的

---

① 陈荣捷：《现代中国的宗教趋势》，台北文殊出版社1987年第一版，第170页。
② 萧萐父主编《熊十力全集》第五卷，湖北教育出版社2001年第一版，第8页。

革命运动中，然而，世道衰微，军阀各自为政，不是真正为人民谋福祉，在认识到自己并非事功之才以后，熊先生的关注点转向振奋民族精神的思想活动上来。然而，熊先生认为，"今当衰危之运，欧化侵凌，吾固有精神荡然泯绝，人习于自卑、自暴、自弃，一切向外剽窃而无以自树，新论固不得不出"①。民族精神日渐衰危，学习西方又茫无所取，正是中国向何处去的救亡图存问题和向西方学习什么这一问题在激烈的矛盾冲突下的反映。《新唯识论》正是为此而作，此是熊先生对民族文化精神思考的产物。而这一民族精神，自然不是以出世主义的佛家为旨归，而要倡导一种自强不息的生化之说，为振奋民族精神而作。正由于这种历史背景，《新唯识论》融通二氏而倡导刚健自化便不难理解。

再看熊先生的治学历程。他自言："余平生之学，本从大乘入手。清季，义和团事变后，中国文化崩溃之几兆已至。余深有感。少时参加革命，自度非事功才，遂欲专研中国哲学思想。汉学宋学两途，余皆不契。求之六经，则当时弗能辨审乱，屏传注。竟妄诋六经为拥护帝制之书，余乃趋向佛法一路。直从大乘有宗唯识论入手，未几舍有宗，深研大乘空宗，投契甚深。久之，又不敢以观空之学为归宿。后乃返求诸己，忽有悟于大易而体用之义，上考之变经益无疑。"② 正由于熊先生是从佛学入手才接契到儒家学问，他甚至说，若没有空有之学，不从其入手，将不知自用思，可见，出入儒佛而返求诸己，最终使他完成了其自身哲学思维的蜕变。

在弘扬民族文化精神，恢复民族文化的自信力和生命力的使命感召下，熊先生会通儒佛之旨便具有了现代意义和特殊的时代意义。会通，并非趋同、比附，他认为，"儒佛二家，通之则两全，离之则各病"③，"吾惟以真理为归，本不拘家派"④。会通，不是单纯的援儒入佛。严格地说，"会通者，必其脱然超悟之余，将推阐其旨，犹不肯守一家言或一己之见，而以旁通博采为务。固已自有权衡，于众家知所抉择，旁蹊曲径，令入通途，非漫然牵合，纷然杂集之谓也。哲学家所患者，自家没

---

① 萧萐父主编《熊十力全集》第五卷，湖北教育出版社 2001 年第一版，第 8~9 页。
② 萧萐父主编《熊十力全集》第七卷，湖北教育出版社 2001 年第一版，第 7 页。
③ 熊十力：《新唯识论》，中华书局 1985 年第一版，第 403 页。
④ 熊十力：《新唯识论》，中华书局 1985 年第一版，第 404 页。

有克治情见一段工夫,即根本没有正见,如是而言哲学,入主出奴,固是不可,即或涉猎百家,益成杂毒攻心,肤乱成说,横通持论,其误己误人尤甚。故哲学所贵在会通,要必为是学者,能自伏除情见,而得正见,然后可出入百家,观其会通"①。所以会通不是简单的概念比附或词语格义、两相对照、支离拼凑,而是超出一切情见、戏论和门户之见,辨异取同,自成体系。

他说:"会通则必自有正见,乃可以综众家而辨其各是处,即由其各是处以会其通。"② 他侧重于强调辨诸家之异而会其同,找到诸家学问的可融贯处,互相取长补短。实际上是发挥各家理论的长处,并倾向于认为这种长是诸家义理的共同趋向,以至于他认为,"真儒真佛则异而知其类、睽而知其通,决不会起诤也"③。诸家学问的同是可以会通的,是有可融贯处的,这是他在辗转于儒、佛诸家中体悟得来,并且善取其同,而创造出一种他认为融合了诸家义理精华的新理论。这种会通就具有了某种理论创造性,会通是在义理上的儒佛对话,也反映视域融合的理论精神,这也是《新唯识论》在方法论上体现的现代性,即已跳出近代思想界的纷争混乱,各行其是,或各执一词,互相攻评,此时,传统有其更传统之处,是包含了儒佛道诸家的中华文化千年大传统,而儒佛会通也有了其更深刻的理论可能,使传统文化向现代性的理论框架中迈进。

可以说,《新唯识论》的思想特点在会通,方法在会通,目的也在会通。对《新唯识论》的研究要把握其会通之旨,才能对其进行准确的定位和评判,理解其在近代佛学发展乃至近代中国哲学发展史上应有的意义。以往对熊十力及其《新唯识论》的研究尚未提及会通这一主旨,殊为可惜,而近年来对现代新儒家的研究已上升到儒佛会通的理论层面,特别是港台学者对现代新儒家的佛学诠释思路有了进一步的认识,作为现代新儒家源流人物的熊十力的会通思想无疑更应该引起重视。

本书即围绕《新唯识论》儒佛会通思想,以会通为主题,展现这一文本的思想史价值及哲学史意义。本书大体分以下四部分展开。

第一部分。第一章介绍《新唯识论》的问题意识及思想概要。《新

---

① 熊十力:《新唯识论》,中华书局 1985 年第一版,第 401 页。
② 熊十力:《新唯识论》,中华书局 1985 年第一版,第 404 页。
③ 萧萐父主编《熊十力全集》第五卷,湖北人民出版社 2001 年第一版,第 488 页。

唯识论》的问题意识主要源于熊十力早期的一些思想变化。其中，三种唯识学讲义的写作无疑是研究《新唯识论》思想形成的关键性材料。通过对熊十力在北京大学讲授唯识学期间所撰写的三种唯识学讲义的比较，可以看出，对佛教因果轮回观点的几番起疑和对唯识学当中的一些关键性概念的误读是导致熊十力后来告别唯识学走向创造性的中国式唯心论的关键。其会通儒佛的基本思路也是在扬弃唯识学的过程中逐步生发。从近代中国哲学的发展看，其会通儒佛，最后力图建立一种中国式唯心论的哲学体系，无疑是中国哲学现代性转化过程中的一个思想里程碑。

第二部分。第二章至第五章分别从本体论、心性论、体用方法论、认识修养论四个方面展现《新唯识论》的儒佛会通思想。本体论层面，熊十力提出了绝对一元论的本体观。其唯心的本体论的建立从批判唯识学的境识关系、真如与种子为二重本体开始，次之以真常唯心取代虚妄杂染的阿赖耶识，最后与儒家的本心本体论达到合一。在对本体的性质描述上则会通了儒家的仁与佛教的性空之寂，说明本体有生生之仁，而佛教对本体的否定、遮诠的描述也同样适用于儒家之本体。就本体与世界的关系而言，本体具有创生能动性，改造了佛教缘起论，以恒转翕辟成变的本体来说明宇宙万物的生成。整体观之，这是彻底一元论的本体 – 宇宙框架，包括心物一元、主客一元、体用一元等方面。

心性论层面与一元本体相应，延续着在本体论层面一元论的路线，从本体一元论到心物一元、主客一元，建立了本心一元论。其中包括对唯识学虚妄杂染阿赖耶识的批判和改造，即以本心统摄习心，以功能为净习气为染，区分先天与后起之性，等等。在对心与性关系的论述上熊十力大量引用禅宗语录，表现出与如来藏系特别是禅宗心性思想更为接近，因此对两者的异同须做一番比较，说明在语言形式上儒佛两家心性论描述相类。

体用方法层面可以说反映了《新唯识论》的思想特色。熊十力在《新唯识论》中反复强调其体用不二的思想主旨。他的体用论建立在对佛教体用义批判的基础上，并受到了欧阳竟无体用观的影响。可以说，从概念的表述来看，体用的含义及体用之间的关系在儒佛两家的运用上有相似处，但在实质内容所指上有不同。《新唯识论》在吸取佛教体用含义的同时扩大了儒家体用概念的使用范围，并借儒佛体用义以对比西方本体现象论之不同，这是熊十力在体用关系论述上的理论创造。

修养论层面，熊十力综合了儒佛两家各自的优点，但在闻熏修证和返本还原这两种方法上仍以突出返本还原为主。对闻熏修证的吸取在于提出量智说，特别注意到唯识学遍计所执性对现象界理智知识的保留，开出民主和科学应有的地位，补充了儒家对知识层面重视不足的缺憾。另外，量智服务于性智，《新唯识论》主要突出性智说，即在修养上突出个体对天道的体认，仍是回到返本还原的修养路子。结合他对性智说的强调和对量智说的划分可见，熊十力吸取了佛教修养论中的闻熏修证说，归纳出闻熏修证也可以作为一种对天道体认的补充，但突出个体对天道的体认，返本还原仍是他修养论的重点。

第三部分。第六章，反思《新唯识论》儒佛会通思想及其引起的儒佛之争。从思想史角度展现《新唯识论》的特殊价值及意义。在近代西学东渐思潮的背景下，《新唯识论》的理论意义超出了儒佛交涉的范围。近代的儒佛交涉关系在某种程度上得以产生哲学理论上的会通，与近代学人回应西学，以本土思想回应西方文化冲击的动机紧密联系在一起。《新唯识论》儒佛会通所反映的学理问题在熊十力的后学那里化为以会通佛学回应西方思想的一部分。郭齐勇在其《熊十力思想研究》中特别指出熊十力对佛学的解读目的是回应西方，是应对西方文化反思的产物。[①] 以佛学会通西学就是《新唯识论》儒佛会通理境下开出的中西对话路线。这对熊十力门下的现代新儒家人物，如唐君毅、牟宗三等人产生了重要影响。他们继承了《新唯识论》的儒佛会通路线，在以会通佛学来会通西学的方法上有了更深入研究，并各自在不同程度不同方面提出了以佛学会通西学的理论构想。

另外，在宗教对话的层面看来，《新唯识论》的儒佛会通思想也可看作一条亦宗教亦哲学的双重对话路线。一方面可以把它看成中国宗教内部对话的参考模式。儒佛会通，从中国宗教内部自身发展来看，就是传统民族宗教的内部对话问题。另一方面，可引申到中西宗教的对话模式问题。考察《新唯识论》的儒佛会通思路是为了更好地反思中西宗教对话之路，探索出一个适合中国宗教的宗教对话模型，摆脱西方中心主

---

① 郭齐勇：《熊十力思想研究》，天津人民出版社 1993 年第一版，第 203 页。

义思维下的宗教对话模式。

由此，文章的第四部分试图从宗教对话的角度对《新唯识论》儒佛会通思想及其引起的儒佛之争作一考察。正如熊十力所谓会通的本义那样，会通不是为了趋同，我们赞赏熊十力在会通之后所进行的理论创新，但更应该看到"通"并非"同"。从《新唯识论》本身的儒佛会通理论看，可以找到儒佛会通所引起的争论的问题实质，说明其中涉及儒佛两家义理上的差异，存在会通层面的可能性与不可能性。作为宗教的儒佛差异具有根本性，中西间的宗教文化差异也是如此，忽略双方宗教品格的个殊性，则儒佛之争就极易被当作一般的文化争论处理掉，儒佛会通问题也是如此。同样，以佛化西的方法问题也须从属于儒耶佛的宗教个殊性来考量。因此，从比较宗教学的立场审视儒佛会通，才能提炼出儒佛会通对宗教对话理论建构的普遍意义。

最后，《新唯识论》儒佛会通的做法对熊十力门下新儒家产生了重要影响，他们在会通问题上更突出儒家宗教性的一面，更注意挖掘宗教层面的儒佛会通乃至中西会通的理论问题。为了展现《新唯识论》儒佛会通的理论延伸面及其创新性，说明《新唯识论》与现代新儒家儒佛会通思想的理论联系，本书还将对唐君毅、牟宗三诸君略作考察，以期能对以熊十力为首的现代新儒家的儒佛会通理论，特别是他们以会通佛学回应西方的特点有综合而全局性的把握。

第一章 《新唯识论》的问题意识及思想概要

熊十力与佛学的因缘颇深，1918 年投身革命而深感失望的熊十力决定弃政向学之时，先是结识了梁漱溟，后在梁漱溟介绍下于 1920 年夏天投入欧阳竟无门下金陵刻经处（支那内学院前身）学习佛法，开始他的一段学佛历程。1922 年在欧阳竟无门下求学之际，又因缘际会，得蔡元培聘到北京大学讲授唯识学，才有了后来的唯识学讲义。在他写作唯识学讲义的过程中，则几次忽疑前说，几番思索后才有后来的《新唯识论》的诞生。然而，《新唯识论》诞生之后由于遭到多方问难，关于《新唯识论》的争论层出不穷，熊十力不得不反复申辩其旨，对《新唯识论》的思考可以说伴随着他的一生。

在唯识学理论方面，熊十力的所学出自内学院，故而有着欧阳竟无影响的痕迹。其造《新唯识论》的初衷在救护法唯识学之失，更重要的是会通儒佛，统观中西，体现出融合诸家学说而发挥创造的理论探索精神。而《新唯识论》所反映的问题恐怕要从熊十力早期、中期、晚期几个不同阶段的唯识学写作中寻找答案。

第一节 《新唯识论》的问题意识

《新唯识论》在成书前已经过了三个版本的酝酿，分别是 1923 年的《唯识学概论》、1926 的《唯识学概论》和 1930 年的《唯识论》。在 1926 年他还写了《因明大疏删注》，这是他对窥基因明学的研读心得。这三个时期的唯识学概论性著作可以说是《新唯识论》的思想前身。而在《新唯识论》产生之后，同年 12 月欧阳竟无即授意内学院刘定权撰写《破新唯识论》对之反驳，次年 2 月熊十力以《破破新唯识论》还击，由此拉开围绕《新唯识论》的儒佛之争的序幕。1933 年太虚发表《略评新唯识论》，此后撰文议论者络绎不绝，由《新唯识论》还引起了熊十力与吕澂《辨佛学根本问题》的书信往来以及印顺与熊十力的争辩，这些都是《新唯识论》之争引起的余波，将近代唯识学的发展推向一个新的高潮。

熊十力在应对多方问难之余，又陆续有关于《新唯识论》的问答和与友人讨论《新唯识论》相关问题的书信来往。除此之外，在 1936 年，熊十力还写了《佛家名相通释》，1939 年将《新唯识论》译写为语体文本，直到 1944 年 3 月全部语体文本最终完成，才确立他完整的哲学体系。与文言文本的《新唯识论》比较而言，语体本《新唯识论》篇幅加长，内容叙述更翔实，印证说明更丰富，但基本观点与前本一致。1948年他还写了《略谈新论旨要》（答牟宗三）、《摧惑显宗记》（答印顺）等短篇文章，不断阐发他的《新唯识论》宗旨。新中国成立后，他于1952 年又对《新唯识论》语体本进行删定，1953 年《新唯识论》删定本出版。此后，1958 年《体用论》出版，该书实为《新唯识论》思想的主脑部分，为他之前所写的《新唯识论》的核心，所以该书序言中表示此书问世，则可以将《新唯识论》尽弃。1959 年，《体用论》当中的最后一部分《明心篇》出版，并列为单行本，实际上是《体用论》思想的下半部分，两部分合起来就构成了《新唯识论》思想的最终样貌。这也是他晚年的代表作。而这部分实际上加重了对体用不二思想的阐发，而减少了对佛家的批评建构的内容，已经不再借用佛家义理来阐发儒家思想，实际上是他完全转向儒家，抛弃佛家所学的产物。可以说，对《新唯识论》的思考构成他哲学体系的主要内容。

根据熊十力几个不同阶段对《新唯识论》所著的相关论著内容，可以将《新唯识论》思想的形成大致分为三个时期。第一是草创期，以1923 年至 1930 年的三种唯识学讲义为代表，这是熊十力由唯识学转向己说的初期阶段。第二是确立期。这一阶段以 1932 年《新唯识论》文言文本的产生及 1944 年语体本的《新唯识论》的产生为标志，说明熊十力的新的唯识论思想已经形成，其唯心论的哲学体系已然确立。第三是演化期。在 1949 年后，问学者少，独居闹市而身心憔悴，年老精力不济的诸多因素影响下，熊十力仍然志心不改，对先前所学的阐发意犹未尽，故有 1953 年的《新唯识论》删定本问世，可以说是对早年的《新唯识论》的总结。此后，又做《体用论》和《明心篇》，完全脱下唯识学的外衣阐发己说。由于这三个阶段熊十力对唯识学的阐述侧重不同，观点也几番变化，说明其对佛教思想的把握有一演化过程。在此过程中，其唯心论的哲学体系则逐渐清晰成熟。从《新唯识论》的产生过程看，其早年的几个重要问题意识是促使《新唯识论》体系成熟的主要原因。

一　1923～1930 年三种唯识学讲义的演变

1923 年的《唯识学概论》是熊十力唯识学系列论著中比较忠于阐发唯识学要义的一本论著。绪言部分首先赞扬了其师欧阳竟无弘扬唯识学的远见卓识，继而介绍了唯识学发展的基本脉络，引出造此概论的思想基础——护法一系所传的玄奘、窥基唯识学。概论分为甲部和乙部两部分。甲部为境论，以阐明法相为主，是所知的一面，乙部为量论，即认识论，阐明所知之所以可能的理由。这与后来《新唯识论》的甲、乙两部分类和命名完全一致。而在境论与量论的关系上，熊十力又指出实则境论乃为量论发端，所以根本在量论，故"此书通作量论观可也"①。从一开头的这段说明便可看出，熊十力在 1923 年的这部概论中是以阐发唯识学为主，把唯识学分为法相和因明两部分，相论部分重在解析唯识学中的名词概念，而他对境与量两部分关系的说明则显示出他把唯识学的根本点归结到认识论上，即视唯识学为一门认识论方面的学问。把唯识学的落脚点放在认识论上，这就使他的学说一开始便与立足于转识成智的瑜伽修持旨趣不同，与繁杂纷纭的名相背后蕴含的唯识学解脱精神更难接契，故而有后来的新的唯识论的产生便不难理解。

从结构上看，1923 年的《唯识学概论》以境论为主。境论下又有识相篇，可见境论以明相为主。识相篇以下则依次说明唯识学的基本理论，分为唯识章、诸识章、能变章、四分章、功能章、四缘章、境识章、转识章。② 从这部概论的目录上看，该论详于境论，而对乙部量论则言说

---

① 萧萐父主编《熊十力全集》第一卷，湖北教育出版社 2001 年第一版，第 45 页。
② 1923 年的概论到这里结束，但 1925 年熊十力又写出《境相章》一篇论文，载于内学院年刊《内学》第二辑，内容与 1923 年概论中的境识章后半部相同，但更为精练，且其后附有内学编者的看法，故在《熊十力全集》中被收录附于《唯识学概论》之后，读者可翻阅《全集》查看，1925 年的《境相章》或为熊十力应内学门人要求而对其 1923 年《唯识学概论》"唯识章"一部分的整理，故可与《唯识学概论》中的"境识章"参照阅读。

甚少，实则只有境论而无量论。境论部分围绕识的观念阐发了唯识的意义、八识关系、识的能变、识的四分说、种子理论、四缘说、境识关系和识转变的理论。当然，识转变和四分说与量论不无关系，也可能是这样的缘故，所以熊十力并未单独再列出量论的章节，而是将量论的内容穿插在境论中，这种做法一直延续在他日后的几部唯识学论著中，迟迟未见量论章节的踪影。而诸识章、四分章、四缘章、转识章则唯独出现在此部概论中，1926 年以后的《唯识学概论》已经将其内容作出删改，对唯识学的这些基本概念的论述逐渐淡化，转向对唯识、功能、转变、境识关系的论述上，即突出识的构成、种子说、能变说，问题的焦点也就越来越明确。

　　从内容上看，此部《唯识学概论》对唯识学的论述并不十分系统，也不够详尽，但已经开始提出他在唯识学问题上的看法。在诸识章中，他对窥基解释的能变说提出异议。《唯识三十论》中提出由假说我法，有种种相转，而种种相归结起来则有能变三相，此能变为三者，依次为第八异熟、第七思量、前六了境识三类。玄奘的《成唯识论》则将"此能变为三"解释为因能变和果能变二种。因此说："此三皆名能变识者，能变有二种：一因能变，谓第八识中等流、异熟二因习气。……二果能变，谓前二种习气力故，有八识生现种种相。"[1] 窥基的《成唯识论述记》卷二（末）对此有一番解释，正是这番解释引起熊十力的问难。窥基对因能变解释道："此言因者，即所由故。谓种子也。辨体生现为现行生之所由也。"[2] 此因能变中又分为第八识中等流、异熟二因习气的熏令增长，所以，因能变即有种子转变生果之意，又因为种子的熏变包含了能生起现行之意，所以窥基进一步解释，这种因能熏"意显七识等诸现行法，亦名为因，亦名能变"[3]。这样，因能变就包含了一切种子的熏习而转变生种、现，这就是所谓转变之义通现、种。

　　熊十力认为，窥基对因能变的解释不当。他一方面以窥基《成唯识

---

①　韩廷杰校《成唯识论校释》，中华书局 1998 年第一版，第 96 页。

②　窥基：《成唯识论述记》第 2 卷，《大正藏》第 43 册，第 298 页。

③　窥基：《成唯识论述记》第 2 卷，《大正藏》第 43 册，第 299 页。

论述记》的解释①为据，另一方面以太贤的《成唯识论学记》为证。他说："按基解多分违论……因变中但有种生现义，基解转变无失，云通现行即非，果变中有现种相一语，基解自证分变现相见，亦合。"② 熊十力认为窥基的因能变解释问题出在因通现种上，据他对唯识学的了解，世亲的《唯识三十论》是严于法相的，不可能因果混淆、种现不分，所以，据因能变立种子，就不可能再将现行视为因，故他说："《述记》十二据不正义，以释因能变，淆现于种，非小失也。《论》言因能变，乃建立种子为识，生之因耳，若现亦名种，则法相淆乱。至因缘中有现生种一义，所以明新熏种之来源，别为一事，焉可并谈？太贤《学记》二第二十四页虽不取基疏，然其词义隐晦，未畅厥指。"③ 因能变中的变义，熊十力认为窥基解释为转变无失，因能变就是因的转变，而果能变的变突出的则是变现义，所以窥基说有缘法能变现，侧重自证变现相、见分果。也就是熊十力说的因、果二能变本唯一事，但义说两变，将识转变的过程以此二能变分解地说罢了。

然而，熊十力以一识转变说因果二能变，是以一意识师的观念来解读二能变的问题，为了便于将因果二能变统一起来。不过这仍然无法解释因通现种这一说。故熊十力以太贤为据，太贤在《成唯识论学记》中曾指出："虽有别义，种亦现因，现亦种因，各具二变，然杂乱故，三藏存前以为正义，准此基云六七熏言意显能熏，亦因能变，不正义也。"④ 所以，熊十力所谓基师据不正义的说法实则是对太贤《成唯识论学记》观点的转述，然而，正如熊十力所言，太贤虽未取基义，但词义隐晦，未深入讨论。所以熊十力并未对此展开深入的叙述。但这一观点深关宏旨，所以他在《破破新唯识论》中更对刘定权说，此因能变的争论早在

① 熊十力说此解释详见窥基《成唯识论述记》十二，然查《成唯识论述记》既无十二卷，又别处云《述记》四十九，皆无。《成唯识论述记》在《大正藏》中共计十卷，每卷又分本、末二篇，总共合计为二十篇，熊十力所列十二、十五、四十九等数字不知所指是卷还是篇，但与《大正藏》本均难对应。由此可知熊十力所见《成唯识论述记》本或为其他刻本，读者须自行分辨，切勿与《大正藏》本《述记》对应。
② 此处引文标点有改动。出自《熊十力全集》第一卷第53页，然《全集》此处标点有误，读者可参看《全集》第二卷《佛家名相通释》第501页查阅对比便知。
③ 此处引文标点有改动，《熊十力全集》第一卷第98~99页标点有误，可对比《全集》第二卷《佛家名相通释》第544页校正。另《成唯识论述记》中也并无此原文，故标点有误无疑。
④ 太贤：《成唯识论学记》第1卷，《卍续藏》第50册，第51页。

《成唯识论了义灯》里已有辩解，窥基的《成唯识论述记》解因能变太支离，直到 1937 年，熊十力在《佛家名相通释》仍持这一观点，并作了大胆猜想，谓"大抵基师于《论》文中，存护法之真，而《述记》乃自抒己见。然《义灯》不取，太贤《学记》亦不取。《述记》释因果变处，文字缴绕难理。曾见近人有节本，错误不堪"①。

　　之所以说这一理解深关宏旨，在《破破新唯识论》中熊十力已经道出了其中关键，即这一问题正是他对护法唯识学种现对立、二重世界划分的指责的由来，根据种现对立，因果分野截然两端的理解，则唯识学的因能变纯为种界，而果能变则指现界，熊十力认为，这样一来更说明种子为现行之因："然则现界既因种界而得生起，何故不肯承种界为现界之体耶？"② 熊十力此处便以窥基《成唯识论述记》的因能变解说为证，并指出窥基谬解了因能变，实则应以太贤为正解③，因为依据太贤的解释，则将因能变解为种子，果能变解为现行，更能顺应熊十力对护法唯识学种现对立的批评，否则，熊十力的批评就成了无的放矢，无稽之谈。

　　然而，正如熊十力所说，太贤在《成唯识论学记》里的记载过于简略，太贤为朝鲜新罗人，为西明寺门下道证门人，而道证同为新罗人，又是圆测门下弟子，圆测与窥基两人见解不合，在对唯识学的翻译问题上也各有所长，太贤在学记中说"三藏存前以为正义"一语，实难断定从何而来。然而，熊十力提到的《成唯识论了义灯》为窥基的嗣法弟子慧沼所撰，其观点应该与窥基一致，又何故熊十力说了义灯中已对此有所辨正，查《成唯识论了义灯》，慧沼此处将诸多异说一并列出，可见此问题在当时已有争议。慧沼说：

　　　　能变有二谓因及果。有多解释，且准论文及本疏意，因变但种子，果变唯现行。设现熏种不名因变，何以故，论但云一因能变，谓第八识中等流，异熟二因习气，既言第八识中二因习气，七现能熏非在八中，亦非习气，不同三相，三相诸文互说不定，二变更无

---

① 萧萐父主编《熊十力全集》第二卷，湖北教育出版社 2001 年第一版，第 502 页。
② 萧萐父主编《熊十力全集》第二卷，湖北教育出版社 2001 年第一版，第 188 页。
③ 熊十力在此处指出："余昔在北京大学所撰唯识讲义曾辨正之，后阅了义灯，知当时已有辨也。"这里提到的唯识讲义按照时间推断为 1923 年的《唯识学概论》。

异文说故。若尔，现熏种是何变，答，是果变，或非二变。何以故，若言因非习气，若言果五七不能现彼种相故。问，若尔，二变摄义不尽，答，不尽何过。二变据胜故。然枢要中作句数者以义说之，或现熏种亦因能变，若说为果，五七所熏岂是现相。此中意说自证所现名种种相故。若尔，云何不说能熏亦为因变，答，准下第八现亦名种，然说习气胜显相续，现因间绝，隐略不说。①

这里慧沼不仅列出因变但种、果变唯现的观点，还解释了现不名因变的原因，也就是太贤说的，若现名因变，则与《成唯识论》前文说因能变是特指第八识中等流、异熟二习气所致不符合，因为现中包括前七识，七现能熏非在八中，亦非习气，故不合前文。然而，慧沼进一步解释道，既然如此，那现熏种的情况该做何变，回答却模棱两可，或为果变，或二变俱非。以下则解答了这两种可能答案存在的理由，然而，设问者又说，若是这样，那因果二能变岂不是没能完全统摄能变的所有情况。慧沼又进一步解释，二变据胜，还是能较为圆满地涵盖能变三相，并引据窥基的《成唯识论掌中枢要》，现熏种亦因能变，此种解释比把现熏种划为果变更加合理，这样可以避免把五七识所熏视为现相。如此种种，循环往复的自问自答，表现出慧沼力图展现出当时诸弟子对此问题的看法，但又很难在此问题上轻下决断。所以，因能变究竟能否通现的问题就变得迷离莫辨。这也说明，单纯将因变说为种，果变说唯现行的做法并不够圆满。而熊十力据此断定护法唯识学是以种现对立为因果二重世界变显得过于轻率，由窥基再传弟子，圆测的二传弟子来断定玄奘《成唯识论》的因能变说，推翻窥基所言，本来就不是一件轻而易举的事，况且在此基础上论断护法唯识学，乃至世亲一系唯识学为种现对立，如何使人信服？当然，熊十力作为一个富有思想创造力的哲学家，能够敏锐地发现《成唯识论》因能变说中的漏洞，转而对窥基所传、玄奘的翻译提出自己的看法，不得不说是令人感佩的。

但是，根据熊十力的观点，若现生种具因缘义，则现能为因，从而推出亲办自果者的现能为种，则种现不分，因果淆乱，故他不取窥基义，

---

① 慧沼：《成唯识论了义灯》第 3 卷，《大正藏》第 43 册，第 716 页。

而他对于种现的这种二分理解则必然导致他后来与唯识学的分道扬镳。故可以说对因能变的理解深关宏旨，这是熊十力早年唯识学研究中未能厘清，从而导致他日后批判唯识学的一个重要问题。

另外，1923 年的《唯识学概论》还有一特殊之处，即以体用概念来解释诸法关系。如四缘章中说"不生灭是体，生灭是用。用中复分体用：功能是用之体，现行是用之用"①。这种二重体用的划分显然来自欧阳竟无的二重体用说。而诸识章中，以种离开识无别体，识为种体，一识体现起二用，体用不离而实不即，这里已经隐含了他对唯识学体用义的理解与后来他所倡导的体用不二有别。不过，此时熊十力对唯识学的理解大体上是按照欧阳竟无的思路进行，他对功能的解释也基本是以种子为功能，没有能习相混之说。他基本上按照体用、种现对立的界限来解释名相，而在《新唯识论》中则站在批判识为交遍的角度，倡导众生同源宇宙一体。并且他以种识为二重本体、种子自有实体，从而对护法唯识学大加批评。

1923 年《唯识学概论》出版后，他对所学产生疑惑，有重写《唯识学概论》的想法，1924 年他自己更名为"十力"，这是取自佛经中对佛菩萨十种大智慧力用的赞美，并研习因明学。1926 年他有《因明大疏删注》印行，并写出了第二稿《唯识学概论》，此稿已与 1923 年本有所不同。与 1923 年本比较，这一本概论已有背离所学而转向《新唯识论》的倾向。开篇即表示出了他的思想转变："余从《成唯识论》观护法持议，可谓周密。然审其理趣，终多未惬。"② 特别从方法论上指出护法唯识学分析可谓周密，但过于细致，并提出护法唯识学即用而显体，在用上则近于机械观，剖析过于零散，重用轻体而于用上实无可显体。这一批评与后来《新唯识论》对有宗的批评完全一致。"其何以明不测之神，而显如如之体？"③ 这明确了要探求一个宇宙本体，为不测之神，如如之体，显然与唯识旨趣不同。

此本《唯识学概论》对唯识学的意义解读有以下两方面的转变。

第一，解识义为构成论，以缘生为假说。他认为，缘生只具有遮诠

---

① 萧萐父主编《熊十力全集》第一卷，湖北教育出版社 2001 年第一版，第 129 页。
② 萧萐父主编《熊十力全集》第一卷，湖北教育出版社 2001 年第一版，第 418 页
③ 萧萐父主编《熊十力全集》第一卷，湖北教育出版社 2001 年第一版，第 419 页。

的意义，所以不必定执缘生，既然如此，解释缘生的识也就是假有，也就只具有遮诠意义。然而，"夫言识因众缘构成者，此乃变形之执耳"①。他认为唯识学有把缘生义转变为机械的构成论之嫌。

第二，论护法谬在混能为习，以功能为恒转。熊十力指出，识既然为假说，则但说为功能义即可，这样一来，识就是一个整体，而不必有八识之分。"七识本非异体。……七识同依赖耶而起。赖耶者，非断非常，谓之恒转。……此与护法等之说全异。"② 七识随阿赖耶识而起，是一个刹那刹那不断变化的过程，把赖耶称为恒转，即体现出这一过程的能动性和变化性。这为他后来《新唯识论》的恒转说打下基础。

整个宇宙的流行变化都体现在恒转的相续运动中，而护法之失则在于混能为习，赋予功能以种子义，又以能所种现二分，"护法执现推种，妄计因果，固已冥滞于物。余以为所谓现法，但是随情假说，据实而言，只此功能恒转，大用无边。用则浑尔宛尔，凭何虚构一分为能作因，一分为所办果？是故今言功能，无对果以命名，乃斥体而立号。斯与护法，异以天渊"③。

另外，此本《唯识学概论》还首次以"一屈一申"解释恒转之变，"屈申"（屈伸）实为一翕一辟，并且对宇宙生成解释上也假说功能为变，这是后来翕辟成变说的来源。其余对护法功能义的批评在此时的功能章里也基本具足。

在此本概论中，熊十力还提出了自己与唯识学相异的观念，即一种探源本体的思维。"余穷究生之自性，而豁然有悟，法尔本然之理，不宜据形物之理以推观。形物之理，即象而著。本然之理，昭而无象。……又乃如实了知功能者，则能悟入诸行无实，以诸行唯依功能屈申而假立故。"④ 这种想法可以说是对《新唯识论》的致思路线的概括。一方面，视护法唯识学有拟物之失，无法解释宇宙生化的活动；另一方面，出于一种探寻本体的思维，建构出恒转能动的解释系统。出于对唯识学的拟物解读，从而担忧心被物役，乃说："吾人决不能隐忍宇宙元只是大堆物

① 萧萐父主编《熊十力全集》第一卷，湖北教育出版社2001年第一版，第444页。
② 萧萐父主编《熊十力全集》第一卷，湖北教育出版社2001年第一版，第435页。
③ 萧萐父主编《熊十力全集》第一卷，湖北教育出版社2001年第一版，第462页。
④ 萧萐父主编《熊十力全集》第一卷，湖北教育出版社2001年第一版，第479~480页。

尘，即以生理为物尘之副产物。"① 这样一来，《新唯识论》本心本体论哲学体系的出现便不难理解了。

1930 年，第三稿《唯识学概论》问世，改名为《唯识论》，增加了批判唯识学的部分，在该书导言中坦言与初稿主张根本变异，于佛家本为创作，承用旧名而含义不必如本来。所以不再以《唯识学概论》来命名，表示熊十力此时已经有所自创。这一稿中的自创则不仅是对旧有唯识说的改造批评，还加入儒学思维来判摄佛学。在开篇论述境识关系中，即首次引用陆象山心外无宇宙、宇宙即吾心的说法，用阳明语录中心外无物的岩中花树一典故来解释境不离识，指出华梵圣哲相契会理，这既表明熊十力本心论思想的出现，也说明他已开始注意到儒佛异同问题。在对护法的批评上，则愈加站在儒家立场，如指责护法未知心识为不可分的流行不息之全体，实际上是站在生生不息的宇宙本体生成角度立论，并且将缘起改造为因缘自动说。功能义的改造则以中庸之性解释功能，而不再以种子为功能，这些都体现了他对唯识学的诠释已经发生变化，可以说是进一步地以己意进退佛说，是对唯识学的批判性改造。这种改造与前两稿相比则显然增加了儒家式的义理诠释，以儒家思想来观照佛学。1930 年的《尊闻录》中明言，佛家为非人生的寂灭趣向，"我对于那个根本主张，特别苦心参究，而最终之结果，则仍表同情于儒家底人本主义，以此为大中至正，而无贤智之过焉"②。

另外，他在《唯识论》中还首次提到欧阳竟无的体用说，而他对唯识学二重本体的批判可以说即导源于此。"吾谈用义，与旧说用义，截然不同训。旧学如护法诸师，以用对体立，直将体用说为两实。体固实有，用亦实有，此两种实有，果为如何关系，彼亦莫能详也。盖彼唯于用建立为实有，复不得不于体建立为实有，逐陷于两种实有之矛盾论而不觉耳。宜黄欧阳先生唯识抉择谈，以体用各分二重。……详此言体之体与用之体，明将体用看作两种实有。盖乃根据护法义以立言，非凭臆造。"③ 可见，以唯识学为两重实有论之说，实际上出于他在内学院门下

---

① 萧萐父主编《熊十力全集》第一卷，湖北教育出版社 2001 年第一版，第 484 页。此处作者解释道，生理即生命之别名。实则指前文所说与物相对之心。

② 萧萐父主编《熊十力全集》第一卷，湖北教育出版社 2001 年第一版，第 666 页。

③ 萧萐父主编《熊十力全集》第一卷，湖北教育出版社 2001 年第一版，第 528 ~ 529 页。

所学，而他对欧阳竟无体用义的理解则直接影响到他对唯识学体用义的理解。故说护法以真如为本体，又在现行界推求种子为其根源，则构成另一重本体，可以说，《唯识论》基本上已经奠定了《新唯识论》的理论基调。

二　对佛教轮回观念的认识转变

在熊十力早年的佛学研究中，因果轮回问题始终是一个关乎其最终思想立场的重要问题，从他 1930 年印行的《尊闻录》中可以看出他在轮回观念上的思想转变历程，这也是他最终由佛入儒，造出《新唯识论》的关键之一。

《尊闻录》是对熊十力 1924 年到 1928 年间的论学语录及读书心得的记录，开篇其弟子高赞非即说："先生自言，始为轮回论者之信徒，其初所作唯识书，虽于护法诸师之理论多所破斥，而对于佛家根本观念，即轮回观念，固与护法同其宗主而莫之相悖也。"① 关于熊先生对佛教轮回说的深信不疑，可从其 1918 年的《心书》一篇题为《张翊辰李专遗事》的文中可见一斑。此文举张李二人事迹为证，谓轮回确有其事，并引诸居士乃至章太炎先生语以劝导世人增信。② 可见，在尚未写作唯识学相关论著以前，熊先生对轮回说持肯定态度。另外，这里说到的唯识书为第三稿的概论③，此本概论以为，人生自古以来的重大问题，就是宇宙人生的生化问题，而这一问题有两种解释：有人认为诸种生物各各独化，无始无终，不虽形而尽，也有人认为宇宙有大生，肇端乎大化，而品物流行，故物形尽而生也尽。第一种说法即是生界交遍说，第二种则为同源说。交遍则互不相妨碍，同源则自一实体生出万物。熊十力认为，佛家持的就是第一种说法。"吾尝徘徊两说之间，累然而不释也。转复宁息推求，旷然自喻，吾生之富有，奚由外铄？"④

这种说法可以从 1926 年的《唯识学概论》中得到印证。在此本概论

---

① 萧萐父主编《熊十力全集》第一卷，湖北教育出版社 2001 年第一版，第 566 页。
② 萧萐父主编《熊十力全集》第一卷，湖北教育出版社 2001 年第一版，第 33 页。
③ 参见《尊闻录》高赞非语，《熊十力全集》第一卷，湖北教育出版社 2001 年第一版，第 566 页。
④ 萧萐父主编《熊十力全集》第一卷，湖北教育出版社 2001 年第一版，第 566 页。

里，熊十力在功能章指出，佛家对于生命的看法是无始以来法尔而有，念念生灭而相续不绝，"是故群生虽同分而不同源，宇宙乃各足而互相网，此自上哲证真之谈。余耽玩有素，疑怖万端，忘怀理度，终于净信"①。不仅如此，他还抨击了众生同源说，认为功能者恒转，此功能又由于众生各具种子不同，故属同类（同分）而不同源，那种认为众生从同一恒转功能所出的观点实为大谬。再者，生命既然相续不断，则一切众生形体虽死，而生命却不断绝，此生命即是一种识，与扶尘根之肉体不同。

1930年《唯识论》中再度批评了众生同源说，特别是推究众生为同源生力，此中同源，并非后来《新唯识论》当中所主张的恒转功能，而是特指生物器官的同种，这是他对同源说的认识的变化。总之，同源说要么认为生命有穷尽，要么就是以生物机体的官能相同来解释宇宙，此均不是熊十力可接受的。

尽管如此，熊十力对佛教所持的生命轮回说也并不完全释然，故徘徊两说之间。《尊闻录》记载，一日，他又忽毁其稿，怅然曰："吾书又须改作矣。"② 随后友人林宰平来访，他即对友人说，已打破轮回观念。从时间上看，此事当是在1930年《唯识论》成书之后，因《唯识论》中尚无此种说法，但又与此段记载在思想和时间上均有联系性。林宰平问其缘由，熊十力道出了对识神问题的不解，若依据佛家而言生命，则一切有情生命无始无终，各各有迥脱形骸之神识，若如此，则植物和其他动物有此识否？这是一个疑问。再者，动物中有切断身体而能复生的现象，是否神识也可以随着体段的变化而各自成一体？若说宇宙有无量神识，则一生物体割去一部分，则另有神识依附其身，则神识之发现过于忽然。如此等等，通过对其他动植物的现象观察，熊十力对识神说做了种种臆想，最终对轮回说难以完全置信。林宰平则认为，轮回之事，要信就笃信下去，不可仔细推求，也不可完全以理智解决。这种只求心灵上得安慰，不求证据的想法显然也难以说服熊十力。

最终他得出结论："言有轮回，不过将我之生命上推之至于无始，下

① 萧萐父主编《熊十力全集》第一卷，湖北教育出版社2001年第一版，第460页。
② 萧萐父主编《熊十力全集》第一卷，湖北教育出版社2001年第一版，第567页。

推之极于无终。诚如其说，则长劫轮回，不知曾幻作许多众生身，是即有无数之我。若无轮回，则我独出长劫中之某一期，更无第二之我。如是，则我之价值，岂不更重大？我之生活意义，岂不更优美？"① 此种转变事关重大，其弟子高赞非于是问，那现在将作何主张？熊十力答："只是方便显示本体。"② 又问，这是不是融会贯穿于此土三玄及梵天般若之间，熊十力即说是。可见，此时已显示出熊十力独著己说，转向会通儒佛的立场。

再者，既然不再相信轮回，认为一期生命更能彰显人的主体价值和生命意义，那么，此时他对宇宙生成，大用流行是何看法？这里出现了一个转变，即由《唯识论》中的维护佛说，抨击众生同源转向了肯定众生为同源。然而，此同源与他先前所理解的同源却不同。所谓同源，并非诸生命体同出于一生物细胞，而是认同此心之一体、仁体，他尤举四端之心以为证，并坦言是经过真切体味后方领悟的众生同源之本源义。③ 这种同源便是从本体的角度肯定众生共本，此本体便不是外在于人而独立的创生实体，而是万物统体之仁即个人生命主宰，直须于大化流行中识得主宰，由此向内展开心性之学，摆脱此前对个体生命的生物学问题上的纠缠困扰。这种对宇宙认识的思想转变使他最终完成了从机械的形而下的生命构想向形而上意义的本心本体论的飞跃。

三　中国式唯心论的构想

促使《新唯识论》产生的另一个重要问题意识，还在于熊十力对儒佛易诸家的体认。这一体认的结果，便是肯定宇宙生命本体，阐发本体之学。由对唯识学的怀疑批判到对佛教缘起思想，轮回观念的质疑，究其根本，关涉到如何理解宇宙生成和个体生命的价值。而熊十力在经过诸家苦心浸淫后，特标举本体一语，概括他对中国文化大传统的理解，完成其中国哲学现代本体论的建构。

依《新唯识论》文言文本的序者之一蔡元培先生所说，其时人们研究佛法有两大趋势：一者如陈寅恪先生以梵、汉、藏的语言功夫对勘译

---

① 萧萐父主编《熊十力全集》第一卷，湖北教育出版社 2001 年第一版，第 568 页。
② 萧萐父主编《熊十力全集》第一卷，湖北教育出版社 2001 年第一版，第 568 页。
③ 萧萐父主编《熊十力全集》第一卷，湖北教育出版社 2001 年第一版，第 569 页。

本，整理经典闻名，此是对佛教内典之材料整理，尚未涉及其中微言大义；二者如内学院欧阳竟无一派，专以提出法相唯识学为主，类似经院学派，对唯识学维护多而批评少。其中能独以哲学家立场阐扬新见解，提出新观点者，则属熊十力的《新唯识论》。更特殊处在于，其独于当时所谓玄学，即哲学者情有独钟，更以本体论为哲学的问题中心加以探讨，可谓既对佛教做宗教之外的哲学上的分析推求，又确立中国哲学的本体论视域。蔡元培的这一番评价，已道出《新唯识论》的基本精神。文言文本的《新唯识论》开篇明宗章尤为著名，在三个不同时期不同版本的《新唯识论》里，此段开头的内容均未有改动，可见熊十力探寻本体的主张之坚决。开篇即说："今造此论，为欲悟诸究玄学者，令知实体非是离自心外在境界，及非知识所行境界，唯是反求实证相应故。"① 其反求实证相应之主张，粗略看去，似乎与宋明儒者并无异，连文言文本《新唯识论》的序者之二的马一浮先生也认为其书乃在于穷变化之道，明万物之本，见大化流行而尽物知天，可见马一浮先生对《新唯识论》的理解，仍侧重其承继传统儒者的性与天道之说，以此平章华梵，囊括古今。

然而，若整体观此段宣示，则熊先生强调实体（本体）的观念则不可忽视。反求实证，只是言其见体之方法别无他途。而真正关键处在于，此实体，或说为本体，非离自心而外在，由此才有对本体的认识、把握。个体能够认识本体、把握本体的关键即在于此。造论目的，乃在于方便显体，将不可说之本体言说出来。为了说明本体是什么，故而有境论，为了说明个人如何能内证本体，才有量论。境论与量论构成《新唯识论》思想的两大部分。量论最后虽未问世，但据熊先生所说，大体内容已隐藏在境论中，只是随时点出，未成系统而已。所以他后来虽有造量论之意，但仍只以《体用论》《明心篇》谢世，说明阐发境论之紧要，境论对量论的统摄作用可见一斑。

再从《新唯识论》的章节结构看，如马一浮先生在序中所言，开篇明宗，说明本体非离吾人而外在，须反求实证，此是其书宗旨。再者唯识章，说明现象界从何而来，以识之幻有说物质世界之缘起，借唯识学

---

① 熊十力：《新唯识论》，中华书局 1985 年第一版，第 43 页。

表明本体非心非物，与西方唯心论或唯物论均不同。其次，转变章，以转变为核心，说明缘起的幻有世界却是本体的大化流行，以显本体之不仅不离于人，且无所不在，不离于现象界，本体之所以为人所知即通过转变之大用来彰显。进而有功能章，从即用见体的角度具体分析本体之大用体现在什么地方，以显神用之不测。再者，由本体大用分说现象界之存有非实，故有成色章，成色章足以表明熊十力唯识的立场，从这一章来说，他对宇宙现象的解释是佛家式的，非儒家传统宇宙观。最后，以明心章作结，在说明了本体如何大用流行之后，回归明宗章所昭示的本体非离吾人内心而外在，以本心灵明知觉见体说明反求内心实证本体的重要性，全篇以此呼应传统儒家内证式的心性学，走向知性知天，与天道相通的大传统中。

依全篇结构看，熊先生显然是借批评佛教思想，改造儒学传统学说，从而建立他对传统哲学本体论式的理解的。本体一语，本为近现代以来的新鲜词语，与熊先生交游甚好的另一位现代新儒家人物梁漱溟在《读熊著各书书后》中也直言，熊先生的毛病乃在于好谈本体。而这正是熊十力造《新唯识论》的用心。为说明他对几千年中国传统哲学的理解，对儒佛易诸家思想的领会，特标举出本体一语，以本体来概括中国哲学中的天人一体，体用不二，看似新瓶装旧酒，实则包含了他对中国传统哲学——儒家也好，佛家也好，道家也好——的理解，种种异说可以此体用不二的本体论框架一并观之，这是《新唯识论》的特殊处。

何以提出"本体"一语？熊先生认为，这是由哲学（玄学）的基本任务所决定。与其时代的其他思想家一样，熊十力注意到科学与哲学的区别，在标举科学民主大旗的新文化运动思潮下，熊先生特别为哲学与科学的分野做一番阐述。科学者，从日常经验生活世界出发，理智认识客观事物，此客观，也可说为研究物的外在，或者说对象化眼光。而哲学者，其根本范围、科学所无法取代的部分，乃在于本体论。本体论究万化之源，其认识方法、思维方式，都与科学甚为不同。他对哲学与科学的分辨，可以说是当时思想界关于哲学与科学认识之争的缩影。

然而，熊十力明确指出本体的特殊问题性在哪里，为什么其无法被科学取代。若说本体只是寻求宇宙本源，此与科学寻求宇宙本源又如何见出分野？所以特殊者，在于本体并非科学的认识对象那样，如外界事物可以理智推求、经验分析。本体根本非外界事物，从本体之非理智所能知而言，本体非科学所能认识的范围。这一点在熊先生早年的《心书》及《尊闻录》中已见端倪。《尊闻录》在记述《新唯识论》的致思经过时曾指出，熊十力所作新论，一在勘定佛家根本主张，评判佛学出世主义态度，倡导人生主义要义，其二则是因对中国哲学思想的研究而理出脉络，即"哲学发端，只是一个根本问题，曰宇宙实体之探寻而已。……故私怀尝谓中国他无所见长，唯有哲学比于西人独为知本"①。由此亦见出哲学于宇宙人生的特殊意义，非科学知识所能取代。

再者，西方哲学界历来也讨论本体问题，然为何熊氏言中国哲学比西人更知本？熊先生认为，过去哲学家谈本体的毛病诸多，才致使本体隐而不显，寡为人知。他说："哲学家谈本体者，大抵把本体当做是离我的心而外在的物事，因凭理智作用，向外界去寻求。由此之故，哲学家各用思考去构画一种境界，而建立为本体，纷纷不一其说。不论是唯心唯物、非心非物，种种之论要皆以向外找东西的态度来猜度，各自虚妄安立一种本体。……更有否认本体，而专讲知识论者。"② 这里指出过去人们对本体的一些认识弊病。一则，将本体看作离个人而外在的事物，所以根据个人理智猜度，构画出或唯物或唯心，或其他名相概念来言说本体。这一类错误可以称为观念论的故弄玄虚，宇宙对他们而言是客观独存的，本体则是离此世界之外的，显然，二元论的思维均属此类。再者，近现代以来，质疑玄学者，受到科学思潮影响的人们则往往以为哲学只是认识论，抛开本体论而只追求知识从何而来的问题，显然与传统哲学大相径庭。所以，熊十力作《新唯识论》，首先标举"本体非离人心而外在"这一核心要义。

如此一来，熊先生自觉地将《新唯识论》的本体论与以往的本体论做一区分，表明非唯心、非唯物的立场。在他看来，过去哲学派别虽纷繁，但是"其解说宇宙之所以形成，其根底终不出唯心唯物二派之论"③。然而，心与物在熊十力看来，均是相对而立的有待之名，何以可能堪当指认本体之名。本体者，非思议理智所行境界，非言可表，说似

---

① 萧萐父主编《熊十力全集》第一卷，湖北教育出版社 2001 年第一版，第 615~616 页
② 熊十力：《新唯识论》，中华书局 1985 年第一版，第 250 页。
③ 萧萐父主编《熊十力全集》第二卷，湖北教育出版社 2001 年第一版，第 255 页。

一物即不中，《新唯识论》所谓本体的六义，实则表明本体之不可言说，难以名状。然而，本体又不可说为无，若说为无，则宇宙人生何所指归，大化有何凭借？此非有非无之本体，超越物表，于是只能从即用见体的角度，在宇宙流行中见其主宰，于生化流行中体悟本体。

依据即用才能见体的原则，在宇宙生化流行中体认本体是唯一方法，别无他途。而宇宙之生化流行，则总括为恒转。恒转是对本体之大用的概括，从恒转的角度看本体，则知本体是不变易中包含能变，若无能变，则没有宇宙的流行生灭，流于佛家的空寂。恒转用来形容本体的大用，侧重从非断非常来说，宇宙的生化是瞬息万变的，所以用佛家所说刹那刹那言之。在刹那变化中，其具体过程又通过恒转的翕辟两部分展现。翕辟表示大化中的两个矛盾的运动趋势，一开一合，展示相反相成的变化法则。然而，从《新唯识论》对翕辟两部分的描述看，翕辟非二元，而是一个整体。又有人以为翕成物，辟成心，则翕辟分别代表物和心，这也非熊十力所认可。"翕和辟不可看做为各别的实在东西"①，在《新唯识论》中，心与物只有假名，"所谓物者，只是收凝的势用即翕之所诈现，并非有实在的物质，但因其现似质碍的东西，却又不妨名之为物。……所谓物，也就如其所现的样子"②。从这里可以看出，翕辟都是从大用流行上说，只有成心成物之趋势，而无实质的心物，以此见出熊十力与传统儒者的不同。从物为诈现，如其所现的如如来看，其论著名为新的唯识论，亦不可谓无理。这也解答了旁人对该书名称的问难。

依熊十力所说，哲学上之派系无非唯心唯物，或有持非心非物论者，也不外侧重心或物两途。"吾非唯物论者，不以唯识名吾书，而将何名？吾书之作，由不满有宗之学而引发，不曰《新唯识论》，而将何名？且吾之言学，夙主会通，夫岂无故！"③此段话是针对旁人质疑书名而发，也透露出其唯心论的思路。所言唯识者，与唯心不无关系。以下一段解答更为明确，所谓夙主会通，通的是儒佛两家，"而两派又同是唯心之论"④，显然，此人同此心，心同此理的心同理同，实则仍是他之前所讳

---

①　熊十力：《新唯识论》，中华书局 1985 年第一版，第 330 页。
②　熊十力：《新唯识论》，中华书局 1985 年第一版，第 330 页。
③　熊十力：《新唯识论》，中华书局 1985 年第一版，第 671 页。
④　熊十力：《新唯识论》，中华书局 1985 年第一版，第 672 页。

言的唯心论。由此引发出一个问题，其所赞同的唯心论与其所批评的唯心论有何区别，何以排斥唯心唯物的本体观，而独建其即用见体式的中国式唯心论？

追根溯源，要从熊十力对中西哲学本体论的理解上考虑。[1] 在 1944 年《新唯识论》语体本中，他特别对西方哲学的本体观有一分殊。依熊先生的理解，西方哲学中本体乃与现象相对立名，本体犹如现象之外思议构画之世界，则形成两界对立，无法于宇宙流行中证真。前所言以理智向外追逐本体，即指西方式的本体论。无论唯心还是唯物，无外乎此。说到底，"西人长于分析，故承认有外界，即理在外物，而穷理必用纯客观的方法"[2]，以此说，熊先生实以内证修养为中国哲学的特点，为此"从事于东方哲学之发挥，《新唯识论》所由作也"[3]。而西方唯心唯物论的弊病，就在于对本体的二元割裂式理解。语体本《新唯识论》对这一毛病下了一较为详细的注解，"本体不是外在的物事，更不是思惟中的概念，或意念中追求的虚幻境界"[4]，唯物有将本体物化之嫌，而唯心论又有思议构画概念，以逻辑观念求本体而落入玄远虚幻之嫌，均无法展现本体对宇宙万有的生化和能动影响，更无法将本体与吾人心性联系在一起。依熊先生对本体的理解，"实体不是超脱现象界而独存之一世界，唯空诸法相，方乃于一一法相而透悟其本有真性。此中真性即谓本体"。[5] 由此看，心物或其他观念的抽象构画，都只是玩弄名相，本体只有空诸法相，而见于诸法实性，才能说明自我与宇宙非二，生命与自然为一。为此，唯有以传统哲学的体用关系来言说本体，才能够勉强于用中见体。这就是《新唯识论》将心物说成相对概念的原因，一切皆从本体之大用出发，依用来说，心物乃意指翕辟而成的趋势，实则无真正的心物。又何来唯心唯物论？

然而，中国哲学式的本体论，到底又离不开心，"本体的性质不是物质的，故唯物之论此所不许；却亦不是精神的，然必于此心之不物于物

---

①　关于熊十力对中西本体观的分殊，在本书第四章体用论第一节中有一较为清晰的说明。这里仅概括其要点。

②　萧萐父主编《熊十力全集》第二卷，湖北教育出版社 2001 年第一版，第 310 页。

③　萧萐父主编《熊十力全集》第二卷，湖北教育出版社 2001 年第一版，第 310 页。

④　熊十力：《新唯识论》，中华书局 1985 年第一版，第 245 页。

⑤　熊十力：《新唯识论》，中华书局 1985 年第一版，第 658 页。

处，而识本体之流行焉。故儒者不妨假就心以言体，但绝不同于西洋的唯心论者……本体是无内外可分，不可当作一个物事去推寻，所以非心非物之论，亦此所不许"①。依此而论，熊十力反对西方式的唯心论，而力主内证的，天人合一的儒学为真正的唯心论，可谓对唯心论的新解。从翕辟的从属关系说，辟代表着刚健自胜而不肯物化的动势，从即用见体的角度说，可以假名为本心，依本心来理解体，所以说儒者不妨假借心之名来言说本体，这一层体用不二意义上的唯心，是中国式的，自然与西方唯心论不同。本体非指斥某一观念、理念、抽象的心或绝对精神，而是天人一体，生化万物，周遍流行的，从本体之大化流行来看，中国式的唯心论是能动创生的绝对主客合一一元论，而一元中也包含了多，所以，用体用不二来表述更为确切。这是熊十力在《新唯识论》中反复以体用不二建构本体论的理由。总之，"将本体论、宇宙论、人生论融成一片"②，破除心物对立，超二元而绝待，反求内心实证相应，才是真正的唯心论——一种中国哲学式的唯心论。因此，贺麟先生在《论熊十力哲学》中指出，熊十力的高明之处在于将与心物对待之体均抛弃，乃是非本心、非本体，一切都是本体显现之一面。所以，"既能打破科学常识的拘束，亦不执着泛心论，而归于绝对先天的本心"③，这里所说的绝对先天的本心，显然是在中国哲学体用不二语境下的。

需要思考的是，熊十力对中西本体观的这一分辨是否成立？谢幼伟先生尤其注意到了这一问题，他在 1942 年阅读了语体本《新唯识论》④后，对此提出疑问。依谢幼伟所说，西方哲学中也绝非毫无体用不二说，并列举柏烈得莱⑤、怀黑德⑥、罗素、杜威等西方哲学家为例，说明西方

① 萧萐父主编《熊十力全集》第二卷，湖北教育出版社 2001 年第一版，第 302 页。
② 萧萐父主编《熊十力全集》第五卷，湖北教育出版社 2001 年第一版，第 539 页。
③ 萧萐父主编《熊十力全集》附卷上，湖北教育出版社 2001 年第一版，第 670 页。
④ 语体本《新唯识论》于民国三十一年（1942）出版了上中两卷，后 1944 年由商务印书馆出版了上、中、下三卷的全本，依谢幼伟《熊十力〈新唯识论〉》所说，他阅读的是 1942 年的两卷本。参见《熊十力全集》附卷上，湖北教育出版社 2001 年第一版，第 646 页。
⑤ Francis Herbert Bradley（1846~1924），英国唯心主义哲学家，又译名布拉德莱，代表作有《现象与实在》。
⑥ 怀黑德，又译名怀特海，英国哲学家，代表作有《过程与实在》，谢幼伟先生曾受教于哈佛大学怀特海门下，为近代怀特海哲学研究专家。

哲学中心物二元论已成过去，心物同为一整体中的两个方面，等等，依此说，西方哲学也不是全然量智行事，"著者之说，已非与西哲异趣"①。熊十力因此撰文答谢幼伟，重申中西哲学异趣。"中学以发明心地为一大事，西学大概是量智的发展"②，具体而言，中国哲学以见体为旨归，见体则唯赖性智，这一修养功夫思路与西学路径并不同。再者，西方哲学中现象与本体的不二，或心物关系的整体与否问题，不管其表述如何，虽可能令人在言语上以为与中国哲学体用不二接近，但其实质却不必相同。要言之，因"西洋学者所谓本体，毕竟由思维所构画，而视为外在的。新论则直指本心，通物我内外，浑然为一"③。所以，熊十力尽管并未阅读怀黑德、柏烈得莱等人的作品，但坚持认为这种"相似"实质并不同，这一不同可以说是内外的不同，主客二分还是主客合一的不同，再次返回内证的传统哲学思路中重申己意，以内证本体来言说中国式唯心哲学的立场显而易见。

第二节 《新唯识论》的思想概要

如前所言，从时间上看，《新唯识论》虽经历了从文言文本到语体本，再到1949年后删定本的旧貌新颜，但其实质主张和核心精神并未转移。无论是哪个版本的《新唯识论》，其开篇语都一如既往，表明确立内证本体的思路。究其思想的源与流，可以看到，对传统儒家思想的吸取，创立本体学说是熊十力的鲜明主张，而这一主张又通过会通儒佛，扬弃佛教思想来实现。这种会通儒佛，创建本体，肯定中华文化大生命的思路又使熊十力得以成为现代新儒家的思想之源，影响了其后的现代新儒家人物，分流出唐君毅、牟宗三、徐复观等诸位新儒家，完成现代新儒学的理论延续和建构。

一 立传统儒学之本

熊十力自言："《新唯识论》，虽从印土嬗变出来，而思想根柢，实

① 萧萐父主编《熊十力全集》附卷上，湖北教育出版社2001年第一版，第657页。
② 熊十力：《新唯识论》，中华书局1985年第一版，第678页。
③ 熊十力：《新唯识论》，中华书局1985年第一版，第679页。

乃源于大易，旁及柱下漆园，下迄宋明钜子，亦皆有所融摄。囊括万有，要归于认识本心。"① 归于本心即是熊十力对传统儒学的精要概括。早年积极投身社会革命熊先生对世学之变深有体会，他以为"吾国今日之乱，不缘新旧思潮异趣；仁义绝而人理亡，国无与立也"②。可见，早年的革命生涯使他意识到仁义之本的重要性，这是他转向于学的过程中以儒家思想为精神旨归的原因。

其中，传统儒学对他影响较深的有三方面：一是易学的生机观；二是孔孟之学及至王阳明的心性学传统；三是船山之学。这构成他儒学思想的理论来源，也是他在《新唯识论》中借以阐发自身会通理论的儒学基础。

第一，就《新唯识论》本体论建构看，其本体的生生不息的观念即来自易学传统，在具体解释上又结合了老庄思想。③ 熊氏认为，儒家根本思想在易。儒家的两个优点，一为大中至正，极高明而道中庸，其次富于容纳性，正是不易之变易思想所致。④《新唯识论》中多次强调生生之谓易，以阴阳大化流行、宇宙万物生机之乾坤大用来说明本体必是能生，必是自动，认为《易经》中兑卦说明本体备万理而具众德，圆满无缺，而未济卦则说明大用流行健而无息。他对本体的无形象无声息而运生万物，具备生德大用的描述均出于他对易学思想的赞同，本体能知动静观变化即是如此。而折中空有而归于易则体现在他创造性地运用易学中翕辟的观念来解释万物运生，以恒转功能翕辟成变来说明心物起源，解释境识关系，这个一元本体而产生万化功能，一翕一辟成物的宇宙起源的解释模式可以说完全是泰初阴阳生万物，由一生二继而生三的易学传统而来。如他解《易传》"乾知大始"，认为乾即相当于他所谓辟。以

① 萧萐父主编《熊十力全集》第一卷，湖北教育出版社 2001 年第一版，第 665 页。
② 萧萐父主编《熊十力全集》第一卷，湖北教育出版社 2001 年第一版，第 36 页。同书第 24 页熊氏又言："近世学者之患，皆物为之累，而气不自振；奸生于心，而诐辞以祸世。邦人君子，倘返求诸先哲，由诸祖以证唯心胜义，而不滞于物；上溯诸儒气节文章之盛，而求无愧于先；慎独而可示于众，乐群而不私己；日渐月溃，成为风气，世乱其有瘳乎！"可相资以证。
③ 熊十力甚至认为："庄子深于易者也，实孔学之支流。庄子谈变化极精，直自易出。"参见《熊十力全集》第一卷，湖北教育出版社 2001 年第一版，第 574 页。
④ 萧萐父主编《熊十力全集》第一卷，湖北教育出版社 2001 年第一版，第 623 页。

乾为辟，辟为本体自性之显发，所以万物资具此而始萌，可谓肇始万物，所以说"乾知大始"。由此他说："本论初出，世或以黑格尔辨证法相拟，实则本论原本《大易》，其发抒《易》《老》'一生二、二生三'之旨"①，可见他的恒转而翕辟成变实源于此。但与《易》《老》不同在于，"要在于变易而见真常，于反动而识冲和，于流行而悟主宰"②，这便与老学分道扬镳。

第二，就孔孟心性学传统而言，这促使熊十力划分本心习心，并以此批判唯识之识心为妄，阿赖耶识作为杂染识无法解释万物起源，必须有一清净真心。这在儒家便是本心，至善之心。而此心在人则说为性，这就转入孟子性善论中。"本心亦云性智，是吾人与万物所同具之本性。"③乃至王阳明的良知也是此本心。而熊十力认为孔门之学旨要即在自识本心，从《易》以乾元为万物之本体，而在人则名为仁，即本心。万善自此而发显，"逮王阳明作大学问，直令人反诸其内在的渊然而寂，恻然而感之仁，而天地万物一体之实，灼然可见。……盖自孔孟以迄宋明诸师，无不直指本心之仁，以为万化之原，万有之基，即此仁体"④。这可以看作《新唯识论》的主导思想，《新唯识论》通篇即在说明本体非离开人而外在，这个内在而可以反求自心的本体即仁体，也即人的本心。这是孔孟心性之学所倡导，也是熊先生尤其强调的。

寂而仁的本体可谓灵明活泼，而体证之智，证会本体这一思想到王阳明的致良知才圆满。熊十力认为，孔孟的心性学传统至王阳明方发挥到极致。⑤他有见于近世哲学与科学的矛盾，欲为科学知识寻求合理地位，遂特别重知。也正因如此，他认为致良知恰恰反映出本体之可知，且本体并不离于人心而沦为外在产物。本体虽不可由知识得到，但本体可于悟得之智中反思、存养、以本心去把捉。同时，所谓致，又可在事事物物中去由本及末，"智是大本，将这智推致之事物上而得其理，便成

---

① 熊十力：《新唯识论》，中华书局 1985 年第一版，第 244 页。
② 熊十力：《新唯识论》，中华书局 1985 年第一版，第 244 页。
③ 熊十力：《新唯识论》，中华书局 1985 年第一版，第 548 页。
④ 熊十力：《新唯识论》，中华书局 1985 年第一版，第 568 页。
⑤ 熊十力以阳明为宋明理学的集大成者，认为中土底形而上学到阳明才发挥尽致。参见萧萐父主编《熊十力全集》第一卷，湖北教育出版社 2001 年第一版，第 598 页。

知识，而此知识却是末"①。这种解释虽仍以知识为末，但其肯定知识地位，不主张反知，更批评王学末流狂禅之风，调和心物之争，显然又折射其调和哲学与科学知识的苦心。这就使他在赞扬王学体认本心之良知学说之余，又感叹"朱学以明体不能不有事于格物，主张甚是。王学力求易简直捷，在哲学上极有价值，惜不为科学留地位"②。此也成为《新唯识论》重智，主张性智与量智不可分的思想来源。

如何致良知，则涉及发明本心的工夫论。在工夫论上，熊十力不同于宋明儒的主静。他认为，宋明儒者的工夫论有其短处，即受到佛教，尤其是禅宗的影响，所以用功多在消极方面，如因绝欲而偏于主静上用功，这是他不赞同的。他说："我不是主张纵欲的，但用功去绝欲，我认为方法错误。只要操存工夫不懈，使昭昭明明的本心常时提得起，则欲皆当理，自不待绝了。"③可见，在工夫论上熊十力力图回到孔孟，以操则存之、养浩然之气的主动持守为本。所谓"存天理灭人欲"最令熊先生反感。在这一点上，熊先生持人生主义的态度，强调人的正常欲望的合理性，反对绝欲弃欲，以免流于佛教的寂灭主义中。

就强调平易自然的人格气象看，熊十力自然更服膺识得主宰的阳明学。《新唯识论》性修不二，即工夫即本体的主张就来源于对宋儒主静的出世倾向之流弊的矫正。他特别将宋明儒学家讨论的保任工夫即工夫见本体、静中见体的修养方法加以融合，突出强调个体对天道的体认，高扬主体的能动性，可以说是对王阳明心学传统的继承。

第三，船山思想的影响。熊先生在《心书》中尝言，年十三岁便登高伤怀，顿悟万有皆幻，所以放浪形骸，由此又悟幻不自有，必依真而起，在追问何者为真的过程中读了船山之书，于是领悟道器一元，幽明一物，由此究天人之变，求得安心立命之道。④船山学说对熊氏的影响至为关键。⑤而船山易学的解释模式及船山社会政治主张，则使熊十力

---

① 萧萐父主编《熊十力全集》第一卷，湖北教育出版社 2001 年第一版，第 600 页。
② 萧萐父主编《熊十力全集》第一卷，湖北教育出版社 2001 年第一版，第 603 页。
③ 萧萐父主编《熊十力全集》第一卷，湖北教育出版社 2001 年第一版，第 631 页。
④ 见萧萐父主编《熊十力全集》第一卷，湖北教育出版社 2001 年第一版，第 5 页。
⑤ 熊先生言，颇好船山学。后读章太炎《建立宗教论》，遂益进讨竺坟，始知船山甚浅。更臆想船山晚年或于佛学有所窥，故有《相宗络索》等篇目。其早年对释教之青睐可见一斑。参见《熊十力全集》第一卷，湖北教育出版社 2001 年第一版，第 6 页。

一直以儒家内圣外王为己任，特别关注社会政治现实，关注民生。熊先生有言："清季学人都提倡王船山民族主义。革命之成也，船山先生影响极大。"① 可见船山思想对时人影响之深。这也决定了早年投身于社会革命的熊十力始终站在民族主义、传统文化的立场来思考问题，特别是力主改造社会，积极入世，因"明季王船山、颜习斋、顾亭林诸巨儒，都是上溯晚周儒家思想，而不以宋明诸师底半倾佛化为然。这个精神极伟大，吾侪当继续努力"②。其最终明确儒佛分野，回归儒学之本也就不难理解了。

综上，从熊十力早期的思想发展轨迹来看，他虽深受儒家传统的影响，却不止于此，而是力图另开局面，自成一派，体现出其思想的现代性和哲学性，与传统儒家拉开距离。可以说是出入儒佛易，而有所得。所以他自言不拘家派，全靠心悟和体认，表面看，亦儒亦佛，实则不可以世俗所谓援儒入佛单纯理解之。因在熊先生心中，有一理体，有一个人所见，即古人所谓穷其理尽其性所得。熊先生多次表示，自己这种治学式的创获苦心。"自家思想毕竟不是浮泛或驳杂的见闻所混乱凑合而成的，毕竟是深造自得的，毕竟是自成伟大的体系的"③，"一般人说我是援儒入佛者，这等论调是全不知道学问的意义和甘苦"④。《新唯识论》所体现出的学问苦心、有所得，实际上便是建立生生不息的宇宙本体，确立天人关系的根本——体用不二论，由此完成熊先生对中国式本体论的构想。

谢幼伟评价《新唯识论》时指出，切不可认为此书仅仅是儒释二家学说之混合品，"实则全书乃著者个人实证有得之见解，乃其玄学上系统的著述。著者直本其个人所见，据理而谈，而以儒释二家学说为其说明工具，非有意援儒入佛，目标所在，但求此理之是而已"⑤。此段评价可谓已切中熊十力著《新唯识论》之要害。

二 儒佛会通的基本思路

从《新唯识论》本身及与之相关的其他文章来看，熊十力的儒佛会

---

① 萧萐父主编《熊十力全集》第一卷，湖北教育出版社 2001 年第一版，第 636 页。

② 萧萐父主编《熊十力全集》第一卷，湖北教育出版社 2001 年第一版，第 637 页。

③ 熊十力：《新唯识论》，中华书局 1985 年第一版，第 349 页。

④ 熊十力：《新唯识论》，中华书局 1985 年第一版，第 349 页。

⑤ 萧萐父主编《熊十力全集》附卷上，湖北教育出版社 2001 年第一版，第 647 页。

通思路是基于他对佛教理论的改造。他对空、有两宗均有所批判，并吸取了空、有两宗的一些概念，特别是对唯识学的批评和诠释促使他最后站在会通儒佛的立场上来吸取佛家智慧。在此基础上他对佛教理论进行了某些修改而创造出他所谓新唯识学理论。

首先，结合空宗破相显性的遮诠方法和鉴于有宗体用分离之失，熊十力确立了体用不二的根本思想。他继承了空宗的遮诠，认为本体不可形容，不可言说，故对本体的说明只能从遮诠的方面来进行，由此他提出即用显体，即通过对本体之作用的了解来把握本体。从本体的角度看，则是本体显现为万法，从作用的角度言，则万法都是本体之显现。如此则必须建立起体用不二的根本思想来认识本体。这是熊十力新唯识学理论的根本方法，也是他反复阐明的儒佛会通之旨。

其次，针对有宗的二重本体之谬，他确立了彻底一元论的本体观。他主张众生同源、宇宙一体，均属本体之流行显发。而此一元论的本体是统合于心物的，是主客观的完全合一。即万物本源与众生本性是合一的，这就归结到天地万物与人心同具一体，万物同源上。这个思维，也就回归了印顺所说的台、贤及北朝地论学者的思想中，与华严宗的一多相即、一即一切、一切即一甚接近。

针对佛教不说真如显现为万法，熊十力强调本体是寂而仁，仁而寂的。他认为，禅家直澈心源也是发明本心。只有将儒释本体之说融合起来，方可见本体性德之全貌。综合儒家的生生之德与佛教的涅槃寂静，他突出了本体能生，并主宰宇宙流行的特点，即在创生能动意义上赋予本体一道德价值意涵。这与《大乘起信论》的真如能摄一切法，生一切法又在思维模式上达成共识。无怪乎论者及后来的研究者都或多或少地将其思想归入如来藏系一流之中。

在心性论方面，他转变了唯识学的功能与习气说。他认为功能应是本有，习气为后起，功能唯净，习气唯染，而非唯识学所谓习气有染有净。功能与习气是性与习之别。所以，他确立了儒家为本的至善心性论。功能即本心之用，而本心即性，性即天道。但是他与传统儒家的心性理论不同在于，他的心最后归结为功能，由翕辟成变而产生心物对立。若从本体言，实则无所谓心与物。但不妨方便显体，故说有本心。如此一来，宇宙万物的存在他也不承认，这就接近了他所谓破相显性的空宗思路。实则是承认了诸法性空。

由此带来的修行方法则强调返本，自识本心自见本性，强调觉，这些都与如来藏学的思想有所接近。

综合观之，熊十力的新唯识学理论是吸取了佛教空、有两宗思想而加以阐发的，并且是接近于如来藏学思想的，他在批判唯识学的同时不自觉地落入了如来藏学的思想里，也就不知不觉地走上了以如来藏学来改造唯识学的道路。由此引发一个问题，即熊十力对有宗的批判与阐发是不是以如来藏学来融摄唯识学的尝试呢？这是熊十力留给他后来的新儒家们的理论问题。

从熊十力对佛家的态度看，他采取批判的继承立场而又有所创获，在于他将儒佛两家均作为中国文化的最高智慧的代表，是民族文化的根基所在。所以，会通儒佛的目的还反映出他对回应西方的思考，而《新唯识论》则是他试图回应西方，为未来文化发展提供的答案。一方面他有感于佛家智慧卓尔冥证，"仰之莫测其高，俯之莫极其深，至哉佛之道也"①；另一方面他认为佛法毕竟主出世人生观，与乱世的人生主义不合，而就他对宗教的理解而言，则佛法毕竟带有宗教气息，所以应"会通其哲学思想，而涤除其宗教观念，则所以使人解其缚而兴其性者，岂其远人以为道也哉"②，而建设中国文化的底子应以儒家为本位，加上佛家哲学思想，以此来复兴民族文化，回应西方科学万能论和唯物质主义的风气。

陈兵、邓子美所著《二十世纪中国佛教》归纳近代唯识学的复兴指出，近代唯识学的复兴有以下几个方面：一是相宗新旧译不同的争辩；二是法相、唯识分宗之辨，这是由欧阳竟无提出法相唯识应分宗而引起的，太虚持反对意见，认为法相唯识不宜截然分开；三是关于唯识学源流的探讨，这就涉及唯识古今学的不同；四是相、见种为同为别之辨，这个问题在《新唯识论》中也有所反映；五是对真如缘起论的批判③，这就涉及唯识学与如来藏学的交会，唯识学家对《大乘起信论》的批评，其中不乏内学院对熊十力也纳入如来藏学一系大加贬斥。而熊十力

---

① 萧萐父主编《熊十力全集》第一卷，湖北教育出版社2001年第一版，第623页。
② 萧萐父主编《熊十力全集》第一卷，湖北教育出版社2001年第一版，第623页。
③ 陈兵、邓子美：《二十世纪中国佛教》，民族出版社2000年第一版，第249~256页。

所造《新唯识论》引起佛学界内外人士的广泛议论，引发儒佛间的广泛争议，无疑也是近代唯识学复兴运动的一流。可以说，《新唯识论》在理论上是有创造性的，对唯识学的诠释也是一种现代性的哲学义理诠释，应将其视为唯识学的一个儒家诠释立场的产物。

三　对熊门后学的影响

熊十力的《新唯识论》对其门下新儒家的影响是广泛的。陈荣捷在《现代中国的宗教趋势》一书中特别把熊十力的新唯识学作为 20 世纪佛教唯识学思想发展的一个浪潮，还称"他就是佛教儒家化之趋势的实例"①。这无疑是站在近代佛教发展的角度来看待熊十力及其《新唯识论》的地位。从佛学发展的角度说，这个趋势还未终止，而是在熊十力门下的新儒家那里得到进一步阐释。唐君毅、牟宗三在佛学上继承熊十力儒佛会通之学的思路走得更远。《新唯识论》儒佛会通思想对他们的影响可以从总体上和分别加以说明。

首先，从总体上说，《新唯识论》可看作熊十力建构的一个完整的思想体系。其后的《体用论》《明心篇》等著述均是《新唯识论》思想的延伸。熊十力对《新唯识论》进行了从文言文本到语体文本、再到删定本的修改，并且在《新唯识论》引发的争论中他撰写了其他文章反复阐明其主旨，对他的理论加以完善，构成了他的新的唯识学理论。而由《新唯识论》的内容来看，这种新的唯识学实际上则是一种会通儒佛之后的理论。走儒佛会通的路线，这是熊十力在对待中国传统文化不同学派时给出的一个明确答案。他对儒佛易的会通，对儒释道的融合，都体现出一种充分肯定中国传统文化价值和视域融合的眼光，这是他对其后新儒家学派产生的第一个重要影响。牟宗三认为，从肯认中华民族传统文化的智慧和生命，接续中国传统文化智慧光芒这一点看，熊十力的《新唯识论》是在充分肯定儒佛易、吸收各家思想理论精华而试图会而通之的基础上进行的。从这一点来理解《新唯识论》至关重要。以会通融合儒佛道各家学问来应对中西文化冲突，反思中国传统文化发展的去向问题，这些都基于对中国传统文化要给予充分的肯定这一前提。这与

---

① 　陈荣捷：《现代中国的宗教趋势》，台北文殊出版社 1986 年第一版，第 38 页。

其同时代的批判传统的思想倾向极为不同，而是主张重新树立起中国传统文化之根。这种对中国传统文化的价值认同使熊十力用视域融合的眼光来看待儒佛两家的思想差异，而试图走会通路线，这也是唐君毅、牟宗三在儒家立场上融合佛、道思想，发挥中国传统文化之精华所走的路线，这是从价值上、方法上对熊十力的全面认同和继承。

其次，《新唯识论》主要从一元本体论、本习合一的心性论、体用不二方法论、反求实证的工夫修养论这四方面来会通佛学。这也对熊十力门下诸君有影响。他们虽然在文化关注点、思想倾向上对中国传统文化的阐发各有不同，但在本体论上都受到熊十力一元本体创生义的影响，强调宇宙万法的圆融合一，生生不已。并且随着熊十力对天道的体认面的强调，他们尤其继承并侧重阐发本心对天道的体认。这与熊十力将唯识学改为唯心学分不开，突出本心的能动能觉性，也就必然地突出人在实践修养方面的能动自觉性，对主体的修养实践的强调也由此加强。而自本体至主体性的人上下贯通，来源于熊十力体用不二的方法。体用不二是《新唯识论》的思想核心，也是熊十力在会通儒佛之后的思想结论。在这一点上，唐君毅、牟宗三、徐复观诸位与此相同。

从会通佛学的角度观之，熊十力侧重对如来藏学的吸收，其思想理论最终也比较接近如来藏学思路。这也促发了其后学对如来藏学宗派思想的吸收。他们对华严学、天台学都有所发挥，其实走的是以佛教如来藏学融合儒家的路线。而对于熊十力在无意间提出的如来藏学与唯识学融合的问题，他们也有所察觉。如从牟宗三对熊十力与内学院诸君争论的评价看，牟宗三走的就是融合如来藏学与唯识学的路线，力图证明如来藏学是从唯识学内部合理发展出来的。

当然，从中西文化的角度讲，熊十力会通儒佛的目的还在于回应西方。这是在近代西学东渐思潮的背景下熊十力应对西方文化挑战所表现出的一种文化保守主义策略。而其后的新儒家学者们在会通儒佛来回应西学、会通西学上走得更远。他们大多沿袭《新唯识论》开辟的会通路线，对《新唯识论》之争以会通佛学来会通西学的方法有了深入研究，在回应西方文化冲击上借助了儒佛两家的合力，并不同程度地提出了以佛学会通西学的理论构想。并且对西方基督宗教、哲学的关注使他们在对儒佛两家的态度上更注意到儒佛宗教性的层面，这使他们在开辟儒家宗教境界上大大超过熊十力。

　　分别观之，熊十力对其门下唐君毅、牟宗三、徐复观各人的影响是多元的。在儒佛会通方面继续熊十力《新唯识论》思想路线的主要是牟宗三、唐君毅。牟宗三特别重视对佛教的研究，并且走的是以会通佛学实现会通西学的思路。他的佛学思想渗透在他对中国哲学研究的系列著作中。他写作的两卷《佛性与般若》阐述中国佛学发展的思想脉络，其中吸取了太虚、印顺诸人的佛学研究成果。其他诸如《现象与物自身》《智的直觉与中国哲学》则侧重于以佛学来会通西学，在挖掘如来藏系宗派思想的深度并以此解决中西哲学理论问题方面多有创获。他在佛学上推崇天台宗，在哲学上以《大乘起信论》的一心开二门为中西哲学理论的一个公共模型。并且借唯识学的遍计所执性开出执的存有论，借儒佛道中国传统哲学的智的直觉开出无执的存有论，其实是以佛学确保两层存有论的实现。在消化西学上，他继承熊十力体用不二思想，并以佛学体用观观照康德的现象与物自身，最终把康德哲学纳入儒佛道的中国哲学框架中对古今中西文化思想进行综合判教，实际是借佛教的判教方法反思中西之别。可以说，对于儒佛两家本身的思想差异，牟先生比熊先生看得深入，而对于如何利用佛学思想会通西学，特别是消化康德哲学上，牟先生对佛学的阐发是独具特色而富有哲学深度的。可以说，他的哲学思维和理论视野主要是继承熊先生而来，又将《新唯识论》的儒佛会通之路推向一个新的高度。

　　唐君毅则发挥了《新唯识论》一多相即的宇宙境界论，将儒佛宗教境界涵容西方耶教境界，以心通九境的宗教境界论解决了哲学上的中西争端，体现中西对话的和合整体思维，创造出一种境界形态的形上学。这也是继承熊十力一元论思路的结果。在心性论上他倾向于如来藏系真心思想，侧重梳理佛教心性思想的发展演变，认为中国佛教发展的心性论转变就是突出心的清净至善性，将性转向一种真心说，这就将心性论的重点放在心上，从佛性论转向人性论，人心论。实际上是以仁心本体的儒家心性论来会通佛性论。这也促使他在对唯识学的批评上沿袭熊十力的思路，提出杂染的阿赖耶识无法保证成佛的必然性，肯定《大乘起信论》一心二门说的价值。

　　总体看，唐先生将熊十力所言说的本体落实为道德主体，由对本体的诠释转向对道德主体的把握，开辟内在而超越的境界哲学，以道德主体意识强调天人合一，天人一体的工夫如何证成。同时，唐先生将道德理性分殊于文化领域诸方面，以文化学的视野开拓哲学新境界，使中国哲学的视域和范围更恢弘广大，不囿于哲学领域，这是唐先生不同于熊先生之处，也是其境界哲学的特殊性所在。

第二章　本体论层面之儒佛会通

《新唯识论》对佛家的首要改造是建立本体论层面的唯识论。熊十力之所以有别于佛教的鲜明转变正在于此。他对佛教宇宙论和本体论两方面的批评是融合在一起的，同时又吸取了佛教义理促成己说。就批评的方面看，他认为佛教缺乏一个对宇宙产生问题的完满解释，对宇宙万物的来源没有终极性的说明，导致佛家的本体论有一个重大缺陷，即不讨论本体创生功能。本体的创生与否决定了宇宙来源问题和生命本源的终极意义问题。实际上他着重探讨的是宇宙创生意义上的本体，关注本体与宇宙的关系。就融会吸取的一面看，他将唯识转向唯心本体，将缘起改为能生，完成他生生不已的本体论构想。

第一节　从唯识论转向唯心本体

对唯识学的批评改造是熊十力建立其本体论的第一步。他认为，空宗不谈本体，直到有宗才发展出唯识理论来解释宇宙万有，这才有了佛教的宇宙本体论。他通过吸取唯识学的境识关系理论、批判唯识学的二重本体、转变佛教缘起思想来建立彻底一元论的唯心本体。

一　对唯识学境识关系的改造

熊十力对"唯识"的解释着重从境识关系出发，他认为唯识主要是针对境识关系来说。他引用窥基《成唯识论述记》序中对唯识的解释："唯遮境有，执有者丧其真；识简心空，滞空者乖其实。"[①] 他指出这句话前半句是对的，即唯遮境无，表示离心无外在之境，所以遮境无过。但就识简心空而言，他认为未是了义。取境之识即是妄识执心，又怎么

---

① 熊十力：《新唯识论》，中华书局 1985 年第一版，第 46 页。

能不空？"若以妄识，认为真心，计此不空，是认贼作子，过莫大焉。"①所以，他认为不空的应该是真心而非妄心，"妄心亦依真心故有"②，在他看来，识也应该说是空，而真心才是有。实际上这里已经暗示了他和唯识学的重大差别，唯识学确实是要突出依他起意义上的识有，而非真心一元论。然而，他对窥基"唯识"定义的理解也不无问题。窥基所谓识有，是从心王心所皆以识为主，从境不离识离言，突出识对境的了别。另外，《成唯识论》从假必依实的方法论立场看，认为识是胜义有，境依内识假立，是世俗有。窥基《成唯识论述记》解释，真俗二谛各有四重，俗谛当中初是假名无实谛，二是随事差别谛，三是证得安立谛，四是假名非安立谛。其中，识所依作胜义解，属于俗谛中的随事差别谛摄，同时也相应地属于真谛当中的第一重体用显现谛，识的胜义是针对识作为随事差别出体能显现真胜义，但尚未达到真谛的第四重胜义不可施设。窥基开篇解释唯识宗旨时就强调以识为宗但并不与性空法门相碍。所谓佛经体有文有义，书面文字是所依，其中的义理是能依，如来实不说法，一切文义是如来识上所生，所以属权说经体。③ 从真谛看，唯识说法也是如此，"能说法者识上现故"④，"识有"也就远非熊十力所认为的本体有，真谛有。

为了破除识执，熊十力对境识关系的了别性作了新的诠释，即遮境执与破识执双管齐下。在他看来，境与识是一个整体中两个不可或缺的方面，识对境而立，反之亦然。与唯识学的境识关系中境从属识不同，熊十力更强调境与识的相辅相成。他认为，所缘缘无须分为亲、疏二种，必须具备四个含义方成立：一是有体法，二为识所托，三为识所带，四为识所虑。其中，为识所虑托，这是《成唯识论》对所缘缘的提法，不足为奇。但就如何托来说，熊十力认为是识必须仗托境才得生，而玄奘所谓挟带，熊十力认为是能缘冥入所缘，宛若一体，浑然不分，最后，

---

① 熊十力：《新唯识论》，中华书局 1985 年第一版，第 46 页。
② 熊十力：《新唯识论》，中华书局 1985 年第一版，第 46 页。
③ 总论体有四重：一摄相归性，二摄境从心，三摄假随实，四性用别论。窥基认为佛说法经体不出此四重，以真如为体，而经文各说法不同，所谓唯识，是从摄境从心而言，同时也体现性用别论，可见对唯识的释论不与真如教体违背，更不与其他诸宗派相悖，而是阐释方法上的差别。
④ 窥基：《成唯识论述记》第 1 卷，《大正藏》第 43 册，第 231 页。

"由境有体，能引令识托彼带彼缘虑于彼，方许望识作所缘缘"。① 境对于心有力为因，能引发心令其与己现起，所以境和心是相互和同关系，是一个整体，甚至可说无内外之分，这样一来，境的地位在他那里得到加强。这与他对识的虚妄性的认定分不开，识与境是整体内在矛盾运动的两方面，所以境不离识，识对境有了别作用，识是能动的缘虑的，而境对识也有反作用，境与识是两种功能差别，而非主从关系。因为从本心本体的立场看，境与识都是虚妄的。这涉及他对识的理解。

识，在他那里常常与"心"这一概念混同使用，在论述境识关系时心识不分，其实有些地方指妄识，有些地方指真心，心在他那里包含了真心和虚妄杂染识两层意义。如说：

> 识者，心之异名。唯者，显其殊特。即万化之原而名以本心，是最殊特。言其胜用，则宰物而不为物役，亦足微殊特。新论究万殊而归一本，要在反之此心，是故以唯识彰名。②

这里的宰物之心就是真心而非妄心。但就体现出本心的殊特作用而言，识又笼统地包含了真、妄两方面。这使他在解释境识关系时，常常一方面从妄识与境相对的关系出发论述唯识，一方面又站在本心的立场批判唯识学的境识理论。所以他所谓唯识实际上不同于唯识学中的唯识义，而偏向于唯心，特别是唯一本心、真心立场。因此，他对境识关系的论述就包含了两方面，一是从妄识的立场解释唯识学原有的境识关系，二是从真心、本心立场来解释心境关系。

就第一方面言，他从妄识与境相对的角度来解释唯识学的境不离识，指出境不离识并非不承认境的存在，而是说离开识没有独立外在的境。"因为心是对境而彰名的，才说心，便有境，若无境，即心之名也不立了。实则心和境，本是具有内在矛盾的发展底整体。"③ 这里的心就是妄识，妄识与境是同一层面上的概念，两者相待而立，相互作用。境与识都是人的取境之心妄执有内和外之分别，有我和境之分别，所以境自然

---

① 熊十力：《新唯识论》，中华书局 1985 年第一版，第 62 页。
② 熊十力：《新唯识论》，中华书局 1985 年第一版，第 239 页。
③ 熊十力：《新唯识论》，中华书局 1985 年第一版，第 270 页。

非实有，而是妄心所执。由此看，识也非实有，而是世俗谛假立。他说：

> 一方面安立俗谛，说心和境都是依着真实的显现，而始起此妄计所执的相，并不是骨子里全无所有的。一方面依真谛的道理，说心和境都无自体。①

如此，他认为心、境均只是相状诈现，心和境的自体都是毕竟空、无所有的。所以，就妄执之识和境的关系看，熊十力与唯识学的境识关系看法相同。唯识学的境识关系从依他起上立言，也是从俗谛成立一切法相，安立一切法相，境无识亦无，境识关系也是相待的，最终从依他起性上破除遍计所执性，达到圆成实性。但熊十力在妄执之识与境之外突出一个能动的本体真在，所以有本心呈现来统摄境识，就走上了不同于唯识的一元论本体道路。

另外值得注意的是，与当时西方科学思潮、近代科学发展的背景有关，熊十力对这个由心所现妄执之境又做了新的补充分析。他指出由心所现之境不同于镜子、照相机对影像的摄取。他特别地与当时科学中的物体成像区别开，指出识之现境，是了别，有认知力，镜子照物、照相机摄取人影，是没有思虑作用的，不随心转。而境之不离识，离识无外在之境则强调境随心转，境之呈现时时刻刻都有变化，都随人的妄执之心识活动而表现出不同。所以，识的力用殊特就体现在识能了别境这一能动作用。这个能思虑能了别的识是侧重从妄心的角度、现实人心的角度来解释境识关系。

就第二方面言，在唯识学原有的境识关系、妄心与境相对的关系之外，熊十力还从本心立场解释心境关系。他强调心境不离而为一整体是从心境混融的角度立言，将识的能了别和本心的感应于物统一起来。这体现在从人与宇宙的关系出发，心境关系又可总结为会物归己和摄所归能两方面。会物归己，就是不把外境看作离心而独在的事物，由此把宇宙万物与自己会归一体，与绝对精神为一。摄所归能，则以心的了别为能，以外境为所，把境从属于心，显出心为境的主宰而证入实智。而这

---

① 熊十力：《新唯识论》，中华书局1985年第一版，第306页。

个心，他认为是真实心而非唯识学的虚妄唯识，他在识的虚妄义之外又提出本心说，而心才能表示出真实无妄之心。所以他对境识关系的第二层描述是立足于本心与境的关系，是心境关系上的境不离本心。

所谓会物归己，摄所归能，心境混融，就把境识关系上升到心境关系，把心的真妄两面区分开，在真心的意义上可以会物归己，心境混融。就宇宙本有真心而言，心的地位不同于相对而立的境识两个概念，而是统摄境识。所以他的境识关系论是妄识与境相对意义上的境识俱无，同时本心能统摄境识，本心与境浑然一体。他指出这是吾先哲固有传统："吾国先哲对于境和心的看法，总认为是混融而不可分的。"① 他以"合内外之道"为《中庸》了义，并且引程颢、陆象山等宋儒为言：

> 合内外者，即是心境混融之谐。盖诚明之心通感天下万有而无碍，所谓境随心转，无有对待纷扰之相。"万物皆备于我"，子舆氏之密意也；"仁者浑然与物同体"，程伯子之实证也；"宇宙不外吾心"，陆象山之悬解也。②

及至阳明的心外无物，都是"华梵哲人，所见不异"③ 的证据。而这个会物归己之己、之心，实际上不能说完全是华梵所见不异，因为这个宇宙吾心是一本心而非识，故而才有"智体炯然独立"④。这个能照体独立之心，是体万物而不遗的真心、本心，而非唯识之识。这个心讲究的是对万物的体认、体知，以与天道合。在这个意义上的宇宙同源、万物一体是本体论形式上的，而非单纯境识相对关系上的。由此才不至于使自家生命与宇宙万物析成两片。这个析成两片，恰恰是他后来重点批判唯识之识的地方。由此看，他强调的心境关系是心能感应物，并且心的感应、与物同体，这些都是就本心上说。从识与心的概念运用看，他就与佛教区别开。他认为，对外境有主宰作用的，不应该是虚妄的心识，而应该是本心。而与境相对的识只是妄识，故境无识亦无是就境与识均

---

① 熊十力：《新唯识论》，中华书局 1985 年第一版，第 273 页。
② 熊十力：《新唯识论》，中华书局 1985 年第一版，第 54 页。
③ 熊十力：《新唯识论》，中华书局 1985 年第一版，第 55 页。
④ 熊十力：《新唯识论》，中华书局 1985 年第一版，第 55 页。

在相对的层面而言，即虚妄的识与由此识而带来的境是同时幻灭的。故不存在识有境无的说法。识与境应该都属于虚幻不实的。他把唯识的识分成了本心与虚妄识两部分来理解。从本心言，本心不可空，非虚妄。而从境识关系看，心与境是妄识与境的关系，这里的心就不同于本心，而是唯识学所谓妄识。与境相对的心就是妄识，这个心在熊十力那里又被称为习心，即所谓虚妄唯识是在习心意义上而言。所以，唯识学的理论强调虚妄唯识，这在熊十力看来是可以成立的，但他认为境与心的相对关系应该从属于更高一层的本心与境的关系。唯识学侧重的妄识在熊十力那里则被改造成了本心。而执取境的识自身也就没有自体，属于缘生。从识也归于无自性这一点看，这与唯识学并不矛盾。但熊十力着重强调的是建立一个能为宇宙主宰的本体，而在即用显体的角度说，只有本心、真心才能充当相应于本体之用的角色，就心即体的意义来看本心，姑且可与本体的真实无妄相应，虚妄杂染识自然不能成为这样一种本体。他把唯识学的唯识理解为一种对宇宙本体的最终说明，故而有此一番分辨和改造。由此唯识的境不离识就变成了从本心能感应物而言的摄所归能，会物归己，两者虽形式上有相似，但实质意义已不同。

值得注意的是，就境无识亦无，境识皆虚妄这一点看，熊十力的境识主张确然受到了佛教思想的影响，与传统儒家肯认宇宙大化流行之境已然区别开来。对境识关系的思考可以说源于他自身的佛学见解，同时也是他与传统儒家问题视域不同之处。

二　对唯识学二重本体的批判

熊十力认为，有宗弥补了空宗侧重认识论而缺少本体论的问题，而以阿赖耶识和种现说来解释宇宙万法来源，这样就成立了法相说，并侧重从依他起上来建立宇宙万象。但是，如此一来，他认为有宗又犯了二重本体的毛病。

言有宗变缘起说为构造论，基于有宗建立了种子说，并且有宗之识有八识之分。他对唯识学种子说的批判，包括三个方面：一是误解种子为实有；二是曲解种现关系，导致二重本体之论；三是将八识裂为诸多部分，从而得出唯识学为构造论的结论。

首先，误解种子为实有。熊十力认为，护法所谓种子不同于早期无著唯识学的潜在势力，而变为实物、实有。熊十力不反对将种子理解为一种潜在势力，但他却认为护法以后的唯识学种子说有拟物之嫌。他说：

> 他们所谓种子，也就是根据俗所习见的物种，如稻种、豆种等等，因之以推想宇宙本体，乃建立种子为万物的能作因。①

又说：

> 但旧师所谓种子，在他说来并不是一个抽象的观念。他以为种子是有自体的，是实在的，是有生果的力用的。他并且以为种子是各别的，是无量数的多的，是不完整的。②

这里说明，熊十力认为护法的种子为实体是因为种子有能生果的力用，《成唯识论》明确说种子能亲办自果，就种子为亲因引生自果这一点，熊十力理解为一种实体生成，所以种子自然有一重本体之嫌。这涉及熊十力对唯识学的"生"的含义的理解，在他看来，缘生这一概念应该是遮诠而非表诠，所以他赞同空宗的遮拨法相，但他同时指出，世亲之后将缘起转变为表诠，对宇宙万法的确立有了正面意义的建构，而这种建构，就指的是种识说、种现说、八识成立万法等系列唯识理论，这样一来，宇宙万法就成为一种构造论，缘起说的真义就丧失了。

那么，应该如何理解种子能亲生自果的说法？《成唯识论》卷二说：

> 一切种相应更分别。此中何法名为种子？谓本识中亲生自果功能差别。此与本识及所生果不一不异，体、用、因、果理应尔故。虽非一异，而是实有。假法如无，非因缘故。此与诸法既非一异，应如瓶等是假非实。若尔，真如应是假有，许则便无真胜义谛。然诸种子唯依世俗说为实有，不同真如。种子虽依第八识体，而是此识相分非余，见分恒取此为境故。③

---

① 熊十力：《新唯识论》，中华书局 1985 年第一版，第 423 页。
② 熊十力：《新唯识论》，中华书局 1985 年第一版，第 280 页。
③ 韩廷杰校《成唯识论校释》，中华书局 1998 年第一版，第 105 页。

　　此段话中有言，种子是本识亲生自果功能差别，而与本识非一非异。所以，种子是根据阿赖耶识生起现行的诸功能差别建立，阿赖耶识由此也被称为种子识，含藏无始以来诸法种子。《成唯识论》归纳种子有六个特点：一是刹那灭，说明种子非常法，是处于不断生灭变化的；二是果俱有，说明种子与现行果法俱现和合，依据所生现果而立种子名；三是恒随转，即相续持久，自类相生而不间断，这样才能积聚受熏而引发现行；四是性决定，即种子随因缘力决定其现行为染为净；五是待众缘，种子引生自果要依靠诸缘和合作用方成，并非单有种子即可顿生自果；六是引自果，说明自类种子生自类果，破斥外道所谓一因生一切。①所以，根据阿赖耶识中种子的功能差别而说有无量数，种子是这些不同功能差别的统称之名，"外谷、麦等识所变故，假立种名，非实种子。此种势力生近正果，名曰生因。引远残果，令不顿绝，即名引因"。②种子是借用谷壳、麦子之类种子的名称来形容这种能生诸果的力用功能，所以说是种子，也可以说功能即种子，又因为这种功能势力强盛，是生果的亲因，所以又说为生因，引因，这是作为生的含义的种子的本来意思。

　　但种子与阿赖耶识"虽非一异，而是实有"，并且依世俗可说为实有，所以，所谓实有的说法，在护法唯识学理论中是存在的。而且从窥基《成唯识论述记》看也以实有说种子，但这个实有，并不同于熊十力所理解的实有。种子依第八识体，而为第八识相分，这与种子作为一种功能差别并不矛盾。所以，熊十力指出护法种子实有自体，这并非虚说。但这个实有是依他起意义上的，非熊十力所理解的谷种之类，这是他对实有一词的误解。

　　其次，《瑜伽师地论》第五十二卷解答种子义与此相同，而这一解答却正为熊十力所认同的。论中有言：

　　　　复次种子云何？非析诸行别有实物名为种子，亦非余处；然即诸行如是种性、如是等生、如是安布、名为种子，亦名为果。当知

---

① 韩廷杰校《成唯识论校释》，中华书局1998年第一版，第124～125页。
② 韩廷杰校《成唯识论校释》，中华书局1998年第一版，第125页。

此中果与种子、不相杂乱。何以故？若望过去诸行，即此名果；若望未来诸行，即此名种子。如是若时望彼名为种子，非于尔时即名为果；若时望彼名果，非于尔时即名种子。①

《瑜伽师地论》的种子义可以说是对《成唯识论》种子义的最好的注解，种子非实有，非别有实物显而易见，随如是生、如是性而安立，同时，种子与其所亲办之果也非二重本体关系，实则展转变化，果与种子才不相杂乱。可见，种子与果的立名都是随事相而显起，无必然的一一对应，更无种子与果之间的本体创生关系。

耐人寻味的是，熊十力在1937年的《佛家名相通释》中已看到这一点，并引用《瑜伽师地论》的此段话来解释唯识学的种子义，更说："吾昔治世亲学，每不满于其种子说。及读《大论》至此，欣然豁目，如获至宝。"② 甚至有不觉其乐之至而手舞足蹈的快感，可见他对此种解释的印许。然而，他认为护法唯识学的种子义与此不同。因为护法唯识学有一切心、心所、见、相分，种现、能所条然各别，"此与前述法相家之种子说，其意义不同显然矣"③。而熊十力在其《新唯识论》中所保留的便是《瑜伽师地论》的种子义，即以种子为功能，由此假说翕辟。

但是，《成唯识论》的种子说是否如熊十力所说，与《瑜伽师地论》不同，有二重本体之嫌，则恐难成立。种子是有为法亲办自果的功能，但种子与果之间并非创生的本体含义，这是熊十力对种子亲生自果的解释中最值得商榷的地方。在缘起的诸种因素中试图寻找一个第一因、根本因来解释现行，这就很容易把种子看作现行之根本，乃至以种子为现行的本体。这种想法与《瑜伽师地论》所说的因中有果论者相似。因中有果论者认为，"常常时、恒恒时、于诸因中具有果性"④，这就是一种试图从诸多因素中寻找已有恒定之果，因中已定具果性的观点。然而，众缘所成才有果，非某一种某一缘能成，论中反驳到，若如此，则何为

① 玄奘译《瑜伽师地论》第5册第52卷，宗教文化出版社2008年第一版，第1352~1353页。
② 萧萐父主编《熊十力全集》第二卷，湖北教育出版社2001年第一版，第378页。熊十力所说的《大论》即《瑜伽师地论》的简称。
③ 萧萐父主编《熊十力全集》第二卷，湖北教育出版社2001年第一版，第379页。
④ 玄奘译《瑜伽师地论》第1册第6卷，宗教文化出版社2008年第一版，第106页。

因相，何为果相，因果为异为不异，因中有果则是已生还是未生相，若因中已有果，何待因而生果，如此等等。总体上是为了说明，因果皆缘变，在变化中众缘和合，因缘具足才能生果，此因果关系是刹那刹那展转变化的。若熊十力所言，种子为现行之因，从而推论出种子为现行之本体，则跟因中有果论者一样，陷入实有论的陷阱中。如此来理解种现关系，则种子由因变为实体，与唯识学之种子义南辕北辙。

在对种子做了一番实体化的理解后，他对种现关系又有一番评说。他进一步指出，种子不仅实有，且又有无量数之多，并且种子有本有与新熏之分，而种子与现界又分为二，一为潜在一为现实，且种子生现行，这在熊十力看来无疑是以种子作为现界的本体。这样一来，有宗就犯了二重本体的毛病。

但是，唯识学的种子生现行，现行生种子，是种现互熏的关系，种现不是截然对立的，而是互为因果、展转变化关系，也就不存在熊十力所谓以种子为现界第一因，故种子为本体之说。对种现对立的误解可以说早见于熊十力的唯识学思想中。其1923年的《唯识学概论》以因果二种能变分释种现就已经为后来的二重本体说埋下伏笔。如前所说，熊十力对因果二种能变的理解是以窥基的后学，太贤、慧沼等人的论述来解读《成唯识论述记》，进而以之解释《成唯识论》，从而以《成唯识论》解读护法唯识学，这种以小见大的研究思路无疑是不够全面的。再者，窥基对因果二种能变的解释是否如熊十力所说，则又不无问题。

那么，窥基对因能变的解释是否如熊十力及太贤所说，为不正义呢？这就必须回到窥基的《成唯识论述记》上。窥基指出，因就是因由之意，"此言因者，即所由故。谓种子也。辨体生现为现行生之所由也"①。所以，因能变的因的第一义是现行生之所由，这里显然只有种义而非通种现义。其次，要结合因能变中的能变来理解，这里能变的变首先是转变义。所谓转变，就是下文紧接着说的第八识能持种受熏，所有等流、异熟习气能现气分，感召而引生后自类同类现行，余识得以产生。所以，能变以转变为意，说明这是识转变的关系。

那么，为何有因通现种之说？窥基进一步认为，"明因能变，即是种

---

① 窥基：《成唯识论述记》第2卷，《大正藏》第43册，第298页。

子转变生果。果通种子，及与现行，自类种子亦相生故"①。可见，转变还要包括种生果的结果的部分，这样，能变就不仅仅是识转变的过程，还说明由转变带来的果也属唯识。而转变所生的果又由于本有种与新熏种的现起，种子生现行、现行生种子而不断相继而起，这一整个过程刹那俱现，互为因果，所以果通种现。但是，由于种现的此种互生关系，因变所说的能熏之意，就很难将现排除在外。因此窥基说："举因能熏，意显七识等诸现行法，亦名为因，亦名能变。故二习气各举能熏，诸因缘体辨体生果者，名因能变故。"② 这样，因能变即是指能辨体生果者，且包括了八识转变，从第八识等流、异熟习气中熏生余七识，七识现行反熏第八，将诸识转变涵括在因能变的意义中，自然，现行生种也在其中。

　　但是，正如慧沼所说，因能变明明说的是二种习气，现行不名习气，何以能划入其中。这就涉及不同情况下的因能变与果能变的划分问题。窥基认为，由于八识转变的情况不同，其中的各自种现类别也各异。"种因变唯在第八，现因变通余七识"③，而"第八唯果变而非因，种子因变而非果，现七识亦因亦果能变"④，这样就可以看出，因能变与果能变的划分不能对应于种现的划分，不能因为能变的情况为二，要么因要么果，就认定因果二能变就对应于种现二相，这种想法，恰恰是对识转变的一种静态的机械的曲解。在不同的立场和角度下，种现二法是相互转化的，且第八识从种的角度说是习气聚集所，故此时唯种变，然而，第八现行又能熏生令七识得以转变，现行七识又复能熏第八，所以现七亦因亦果能变，这种情况恰恰说明因果二能变的划分是细致的，也是十分严密的。

　　下文又以问者的提问引出，有问说，既然现行能为因能变，"种子何故非果能变"⑤，显然这里的问者所持的就是与熊十力一样将因果二变理解为种现二分的观点。而窥基解释得就非常明白了："对谁名因，答此中果变。谓有缘法能变现义，故种子非。若体是果而能转变，种子亦是。

---

①　窥基：《成唯识论述记》第 2 卷，《大正藏》第 43 册，第 299 页。
②　窥基：《成唯识论述记》第 2 卷，《大正藏》第 43 册，第 299 页。
③　窥基：《成唯识论述记》第 2 卷，《大正藏》第 43 册，第 299 页。
④　窥基：《成唯识论述记》第 2 卷，《大正藏》第 43 册，第 299 页。
⑤　窥基：《成唯识论述记》第 2 卷，《大正藏》第 43 册，第 299 页。

今论但说有八识生现种种相，故知但说现行果法名果能变，由以变现名
能变故。种子但以转变名变。"① 窥基这里解答了两个问题，首先，因果
二变的划分是相对的。以谁为因，要根据其所生果的彼此二者关系来确
定，种子既然是生义，自然不能名为果。其次，因果二变的变的含义是
不同的，要根据变义的差异来确定其中谁者为因能变，谁者为果能变。
故而窥基说，如果体是果而能转变，那种子符合称为果能变的条件，因
为有现行生种之义。但是，论中是以变现名果变，是有缘法的变现名果
能变，那就只有现行才符合。如此看来，因果二变实则变义不同，因能
变侧重转变名变，而果能变则指的是变现名变。

　　这样一来，问题的解决就从因果的划分转移到变的划分上。因果二
能变实则是能变的两种不同情况，一指转变，以第八生余七的识转变为
契机，描述第八识引发的整个种现活动过程，二指变现义，侧重说明由
诸识转变而引起的所缘境差别相，说明境的生成过程。这样就把唯识中
的以识转变而现起诸法的两个不同侧面展现出来。因能变，从识自身的
变化来说明识的活动，而果能变则从自证能变现相、见二分果来说明诸
法不离识，因果二变是可以摄尽能变三相的，而种现关系就不能简单理
解为是因果二变的对应符号。

　　此前窥基已说，因能变的因是所由之义，从这一点上说为种子，所
以，太贤、慧沼所说因能变唯种，在一定程度上理解了窥基的前半句，
但未能在变的意义上理解现行的意义，这样就把因能变单独视为第八识
自身种子的活动，何以能和余七识联系起来，第八岂不是与前七难以连
续？若如此，则能变为三的三，便有被分裂为三种不同的能变识的趋势
了，这样一来第八识的统摄意义便不存在，识转变的一体关系便模糊掉
了。这是在因能变中必须注意的，也是关系到唯识学是否如熊十力想的
那样可以理解为割裂零散的剖析术的重要问题。熊十力在 1923 年的《唯
识学概论》中以"本唯一事，义说二变"② 的方式解答因能变的问题，
虽然是以一意识师为据，但此解释尚能将唯识的意义保留下来，故并未
在种现问题上走向二分，可惜未能贯彻到底。

---

①　窥基：《成唯识论述记》第 2 卷，《大正藏》第 43 册，第 299 页。

②　萧萐父主编《熊十力全集》第一卷，湖北教育出版社 2001 年第一版，第 53 页。

再者，种现关系的联系性还可以从因缘义上看出。熊十力对此也有一番理解。他在 1937 年的《佛家名相通释》里曾解释因缘义，因缘为四缘之首，因缘义按照《成唯识论》的说法，其体有二，一为种子，二为现行。所以，"虽云因缘依种子立，要不可说因缘即种子……今此谈因缘中，有现生种一义，所以明新熏种之由来，不可与因能变义并为一谈"①。熊十力以种现为因缘体的解释出自《成唯识论》，《成唯识论》第七卷解释种现关系时说，因缘义是有为法亲办自果。"此体有二：一种子，二现行。"② 故因缘义通种现，以此说明现行熏生新种，这种解释是成立的。但是，此因缘变是解释种现关系而说的，与前所说因能变解释识转变虽不能混为一谈，却可见出种现之间并非截然二分关系。此正是四缘说的解释意义所在。熊十力却因此引申以为种子为现行之因，从而以种界为现界本体，将种子说为因能变，现行即果能变，走向二分说，这体现出他在理解唯识学上的矛盾。一方面，既然意识到因缘义与因能变分属不同解释面，故说种现皆为因缘体，却以因能变为唯种，用因能变上的种现二分来拆解因缘义上的二体；另一方面，再根据这种因能变上的二体论来解释因缘变，将种现划分为二界，更以种子为现行之本体，在体的意义上横生枝节，无形中又将因缘义上的种现二体视而不见，四缘说的成立便毫无意义了。

最后，熊十力还从构造论的角度批判了唯识学，认为八识之说是在种子说的基础上对唯识观念的割裂，导致一种多元论、构造论，与佛教的缘生说相悖离。

熊十力说：

> 一、他们所谓现界，是众生各各别具的，并不是一切人所共同的。二、他们所谓现界，不是一个整体，而是析为各个独立的分子，即所云八识是也。……每一人，皆具有此八识。而每一识，又不是一整体，复析为心和心所。心是一，为多数心所之统摄者。心所乃多，而同依一心，成为一聚。……综前所述，将八个识析而言之，

① 萧萐父主编《熊十力全集》第二卷，湖北教育出版社 2001 年第一版，第 544 页。
② 韩廷杰校《成唯识论校释》，中华书局 1998 年第一版，第 508 页。

只是一切心及一切心所。又将一切心和心所析而言之，只是无量见分及相分。归结起来，这无量的见分、相分，通名现界。[①]

以此类推，现界也是各各独立的分子，也为多元论。由无量数的种子而组成各个不同的八识，又由这些众生各各不同的识产生不同的现行，由此种子又被熊十力称为现界之因。但是，正如熊十力在引文中所言，八识是统摄于一心，即阿赖耶识的，故八识并非八个各不相干的独立单体，而是一整体。

其实，如果按照内学院诸君对《新唯识论》的批评来看，他们认为，构造说的诠释方法恰恰从侧面反映了诸法无自性，乃因缘和合，依靠种种条件而生，而不能将这些条件落实成种种物事，否则便如熊十力那样将这些条件定执为固定的分子。最重要的是，缘起论与构造论有本质区别。构造论的本质是将宇宙万法分析为一个最小的单位元素，是基于元素说、质料因的角度解释宇宙万物。在唯识学的认识构成论中虽然有精密的分析结构，有八识之分，见相之别，但并不是为了通过这些纷繁的概念来确立宇宙本体，更不存在一个最小的单子微粒作为宇宙万物的基本构成元素。唯识学的诸多名相分析表明，宇宙万法以识为性，突出心识的力用殊特，而识本身却并非一个构成万法的单子微粒。

可以说，对识转变的因果二种能变的理解直接导致了熊十力对种现关系的误解，而对种现对立的理解则造成了他对唯识学为构造论的曲解。再者，种子既然为现行界的本体，那么，种子与真如是何关系，阿赖耶识又为一重本体，阿赖耶识与真如又是何关系？这就导致他后来批判唯识学二重本体论的一系列问题。

三　种识转变与唯心本体

在对有宗种子说的本体化理解基础上，熊十力对种识关系又有一番本体论的解读。他说：

他们既建立种子为诸行之因，即种子已是一重本体。然而，又

---

① 熊十力：《新唯识论》，中华书局1985年第一版，第359页。

要遵守佛家一贯相承的本体论，即有所谓真如是为万法实体。

……

于是，一方讲宇宙论，要建立多元的和生灭不断的种子，来作诸行的因缘。这个种子自然是诸行或宇宙的本体了。另一方又谈真如，只许说是不生灭，或无起作的。这却别是一重本体了。如是二重本体作何关系，有宗也无所说明。真如本身既不可说是生生化化或流行的物事，种子之中如本有种法尔有故，不可说是真如现起的。以真如自体无起作故。后来以习气名新熏种，其非真如所显，尤不待言。据此所说，种子自为种子，真如自为真如，此二重本体，既了无干涉，不独与真理不相应，即在逻辑上也确说不通了。①

这一段论述表明，熊十力对种子的理解是独立于种识关系之外来看待种子义。这样一来，种子与真如便成了两体，此两体该做何理解？这就成为熊十力批判唯识学的二重本体的由来。

然而，种子是阿赖耶识亲生自果功能差别，潜藏在阿赖耶识中，故对种子的理解应基于种识关系，不能越过阿赖耶识来直接谈种子与真如的二重关系。对唯识学二重本体的批判则与他对阿赖耶识本身含义的解读有关。对种识关系的新解读是他改造唯识的第三方面。

熊十力认为，阿赖耶识是虚妄杂染的，而每个人都有不同的阿赖耶识，则每个人形成自己的一个世界体系，所以这既是一种神我论，也是一种多元论。他说：

大乘赖耶，本为含藏种子。吾谓习气，亦不妨假名种子。但此习种，千条万绪，实交参互涉，而为不可分离之整体，亦可说为一团势力，不必更为之觅一所藏处。夫赖耶实等于外道之神我。果如其说，则众生无始以来，有一染性之神我。而自性菩提，果安在耶？②

这里说明了两个问题，一是熊十力只强调阿赖耶识作为所藏的功能，

① 熊十力：《新唯识论》，中华书局 1985 年第一版，第 427~428 页。
② 熊十力：《新唯识论》，中华书局 1985 年第一版，第 592 页。

二是他认为杂染的赖耶识无法说明净法的来源。他认为，种识理论是从众生的习气、习心上说生命现象，直接将众生之天命说为杂染，这与如来藏学说的本源自性清净心，即心即性是不同的路子。而杂染的赖耶识在说明如何保证净法必然产生上确实有自己的困难。

第一个理解导致了他认为种子说是一种多元论的宇宙理解模式。但是，从第一个理解看，阿赖耶识是否如熊十力认为的那样只是含藏种子的场所则值得考虑。实际上，从赖耶识含藏无量多样的种子出发，这才导致了熊十力认为种子说是一种割裂宇宙观，是将宇宙万物割裂成零零碎碎的片段，他把种子说看作一种宇宙要素构成说，这出于他对种识关系的误解，即所谓阿赖耶识的含义，并不仅仅是含藏种子的仓库那样可以随意取消。种子说不能独立于阿赖耶识这个第八识作为本识的特殊性来加以理解，否则就导致将种子直接视为宇宙万物的构成元素。

就阿赖耶识为能藏、所藏、我爱执藏三义说，阿赖耶识为种子识。种子在《成唯识论》那里又可为习气之异名，种子、习气、功能三者非一非异，而非玄学所谓本体能生万物。而第八识与种子的关系非常复杂。一方面第八识自身有自身的种子，第八识的种子又产生第八识现行，第八识现行复熏成种，而另一方面第八识含藏无量种子，太贤《成唯识论学记》卷二解释认为："本识是体，种子是用，理非一异，体之用故。种子是因，现行是果，亦非一异。定一，如一物无因果差别。定异，如相违互非因果说。"① 种子在第八识中是能生自果功能差别的，而这种能生，是以第八识为体。如《唯识三十论颂》说："由一切种识，如是如是变，以展转力故，彼彼分别生。"② 《成唯识论》对这句的解释是"此识为体，故立识名，种离本识无别性故"③。种子说的成立即来源于阿赖耶识自身有能了别的功能，就是《成唯识论》所说的：

　　　　阿赖耶识因缘力故，自体生时，内变为种，及有根身。外变为器，即以所变为自所缘，行相仗之而得起故。④

① 韩廷杰校《成唯识论校释》，中华书局1998年第一版，第106页。
② 世亲造，（唐）玄奘译《唯识三十论颂》，《大正藏》第31册，第61页。
③ 韩廷杰校《成唯识论校释》，中华书局1998年第一版，第504页。
④ 韩廷杰校《成唯识论校释》，中华书局1998年第一版，第132页。

而其他诸识就是建立在第八识了别的基础上，由各自的种子受熏才现行，并非如熊十力所说的各各独立的八个单体。八识统摄于阿赖耶识，故阿赖耶识才得以称为本识。脱离阿赖耶识而谈种子，谈种子六义，把种子作为宇宙万物的本体，这就违背了唯识学的原意。

从第二个理解看，对阿赖耶识杂染性的责难是可以成立的。在承认阿赖耶识对八识具有统摄作用，特别是种子统摄于阿赖耶识之下，我们可以进一步追问，阿赖耶识自身为清净还是杂染？这关乎修行上如何转染成净，如何保证成佛的必然性。在这个问题上，显然熊十力不满意阿赖耶识的杂染性，所以他以本心来说明心境关系，以真如本体来责难种子本体，引发二重本体之争。他认为，杂染的阿赖耶识无法保证清净种子现行。但第八净识的现起，在唯识学自身转染成净的理论中是存在的，净种是先天本有而寄附在阿赖耶识中的，并非后天熏发，若后天熏发才有，自然存在有无必然性的问题。当然有漏种也有先天本有之说。至于说阿赖耶识造成多元论的问题，唯识学也有自己的解答。即在每个人不同的阿赖耶识现行中，又有共相和自相的分别，而山河大地是众生共业所感，共相所变，这就确保了人们看到的宇宙世界是同一的。也就是说，多元和一元的思维方式在唯识学中均存在，是在对待不同名相关系时相应地做出不同解释的需要，所以也可以说仅仅具有相对意义。从这里也可见出熊十力对唯识学方法论上的误解。对唯识学自身这些概念的繁琐分析，熊十力并不感兴趣，他的目的是化繁为简，直证本体，所以走向彻底的一元论。由此，他认为种子说可以保留，但不必以杂染的阿赖耶识来确保，只将种子理解为一种潜在的势力、习气就可以，其实也是对种子说的一种活用。他说：

> 假设将种子活讲不必析成各别之粒子，又不将种现剖为二界，只将第八现说为宇宙大心，说一切种是大心中具足无量势用，《新论》谈本体所谓备万理、含万德、肇万化是也。①

---

① 萧萐父主编《熊十力全集》第五卷，湖北教育出版社 2001 年第一版，第 257 页。

　　所以，他用心来统摄种现，由此解决了他所谓种现对立的唯识学疑难。如此就将唯识转移到唯心上来，以心代识，突出心为清净本心而非杂染阿赖耶识。这是他对唯识学的吸收。也是他不同于传统儒家处。即以唯心的一元论来理解宇宙，将外境归摄于心，而不承认外境的实有。在这一点上，他与唯识学相类，即以境为随心而转现的幻相。传统儒家虽然心学中有唯心倾向，但大体观之，儒家传统中对于宇宙万物的存在是先天认定为有的，而不从认识论的角度来讨论心境关系，更不会摄境归心，以外境为幻有，这一转变无疑是他会通唯识学之后得出的结论。

　　另外，他不满意的是唯识学的种子有无量数，且因为功能不同而分属有别，在他看来无疑是各各分裂为一一物事，并且真如和种子是何种关系，他并不理解。一方面他明白唯识学的真如是常如其性，表无变异之义，是凝然不动的，故非有为生灭法所摄，自然不存在能动创生；另一方面他无法接受这种真如不显现为万法的观念，以为本体与现象不能分割成两个完全没有联系的世界。至于他说见相别种的二分对立，则更无道理。四分说的确立应该从认识论的角度做整体观，见相之分是能所差别，是就识转变上的主客观面加以描述的相对概念，相分从根源上是出于识的见分而产生了别影像。如此种种，均在于熊十力从体用二分的立场来分析唯识学的诸概念，以割裂的眼光看待这些纷繁的又彼此交互影响的概念，从根本上他是要建立一个一元论的本体观，说明本体创生的一以贯之。

　　其实，熊十力对种子、习气、真如的理解与唯识学本意并非天渊之别，问题在于他认为唯识学当中的真如与种子、无为法与有为法的关系并不圆满，才产生了这些曲解，他对唯识学体用二分的批判也源于此，他是借用唯识学的概念来赋予新诠释，阐发他体用不二的本体论思想。

　　另一个值得注意的问题是，熊十力始终从宇宙论构建、本体论生成的角度来理解唯识学，这是他错解有宗的原因。唯识学的唯识意义是从认识论的角度引申出对宇宙万法的形成的解释，境不离识是着重从人的认知角度来阐发的，唯识学理论从一开始就是认识论的思维方式，以解释人的认识形成出发而推广到宇宙生成的解释，最后返回人的修养自身，转识成智，一切围绕着业力所感的阿赖耶识来进行论述。熊十力认为空宗不涉宇宙生成，其实，唯识学也可以说非宇宙建构论，因其本身意不在此。一切佛说的最终目的是涅槃解脱，这是对生命价值的终极判断。至于本体论建构确实并非佛陀本怀，印顺法师明确表示佛法是宗教而非哲学，并不会意图构造一个本体形上学的世界来满足人的求知欲，这也恰恰是《箭喻经》所阐发的道理。以万法存有的现象观之而做缘起的解释，说明万法的因缘和合，最终目的是离苦得乐，超脱世间，这当然不是为建构本体论而生成的学说。从假必依实而建立解释万法生成现象的唯识学更是如此，唯识学所言唯识，应立足于众生心、识的角度来理解，若抛开人的认识心，则无所谓宇宙，无所谓现象万法，无所谓相，境识俱泯。唯识之识是侧重从依他起性立言，以虚妄分别的阿赖耶识为一切法的依止，从种现熏生的依他起说一切现象界。由此对宇宙万法的建立有所说明，有所安排，所以最终应升华到证圆成实的真如性上，而不能以依他起为了义。熊十力完全抛弃阿赖耶识本意，跨过阿赖耶识来谈种子和真如，自己站在一个相应于佛教所谓圣义谛的高度来建构形上学本体，来反观唯识学依他起法、有为法，无疑是一种立场不平等的批判。

第二节　从佛教缘起论转向能创生之本体

对于佛教以缘起法来解释万物产生和来源的问题，熊十力则显然与之彻底不同。他将唯识学改成唯心论，就是为了从唯心的角度解释宇宙起源，所以自然不能认同缘起论。

一　对佛教缘起论的诠释与批判

佛教缘起论认为，万事万物的产生都是因缘和合而成，因缘具足才会形成宇宙万物，没有一物是独立能生的，故说此有故彼有，此灭故彼灭，从这一点说，宇宙万物都是缘生的，无自性就是对缘生义的一种表述。这是释迦牟尼佛从对宇宙万物的现象观察得知，也是对宇宙万物存在状态的如实观照。换言之，从经验可见的事物来说，没有一物不是从缘起，不是赖他因，不是与他物产生联系的，因果关系如环无端，找不到一个事物产生背后的根本因和创生主宰性的本体。从这种现象界的生灭无常推而广之，则得出生死无常，诸法无我的结论，走向人生追求上的终极涅槃。这是从现象界推广到个人修养的一个证悟过程，从这一点看，佛法显然不同于哲学建构的本体论，因它不是从本体推广开来说明宇宙万物，而是从现象出发，如实观照而得出这种结论，这个结论的得出，自然也不是为一个最高本体服务，这就是印顺所说的佛法是宗教而不是一般玄学建构的本体论思路。

同时，佛说缘起的不同之处在于缘起而性空，性空而缘起。缘起是基于对诸法无自性的认定，包含了诸行无常、诸法无我的人生论，包含了对宇宙万物存在的价值判断取向。这使缘起论成为一种宗教理论而非一般意义的因果关系论，在价值上与其他学说区别开。但是，熊十力在谈缘起思想时，就是用这种割裂的眼光来看待缘起性空的，导致他把缘起论逐渐理解为一种构造论。一方面，他赞同性空，用来解说本体，则认为本体不可言说，是为空性，另一方面他抛弃缘起，将缘起仅视为一种方便说法，于是在保留性空义的基础上修改了缘起，改成了能创生之本体而非缘生。

具体分析，他对缘起性空的解释首先源于他对空宗的评价和改造。他认为自己与空宗在遮诠方法上是一致的，但认为空宗不谈本体，只谈认识论，殊为可惜。他说：

> 我们在本体论方面，对于空宗涤除知见的意思，是极端印可，而且同一主张的。[1]

他认为，空宗的主旨是破相显性。空宗遮拨一切法相，乃至《中论》破四缘皆无，说明空宗的特点就在于遮诠的方法，如此而扫除一切知见，破除宇宙万象，而直见真如。但熊十力认为空宗只是站在认识论的立场来破除法相。他由此比较了自己和空宗的区别如下：

> 甲：真如即是诸法实性
> 乙：真如显现为一切法[2]

---

[1]　熊十力：《新唯识论》，中华书局1985年第一版，第373页。
[2]　熊十力：《新唯识论》，中华书局1985年第一版，第374页。

他以甲句代表空宗，乙句代表自己的主张。由甲句真如即是诸法实性，是从诸法性空、无自性上说，"由甲语玩之，便见诸法都无自性，应说为空。因为诸法的实性，即是真如，非离异真如别有诸法之自性可得。故知诸法但有假名，而实空无"①。由乙句而言，则诸法虽无自性，但是并非无法相可得。真如显现为一切法的意思有两层含义，一是从真如言，诸法有其法相，"由法相即是真如的显现故"②，所以诸法会入真如实性，即是摄相归性。他引用《大般若经》卷五百六十二"一切法，皆会入法性"③，说明法性即真如之别名，这就包含了甲句真如即是诸法实性的意思，但是从摄相归性而言，就不是单纯的遮拨法相，而是突出诸法即真如之性的显现。另一层含义，是就法相来看，他认为法相虽无自性，但有种种功用诈现，由此假立现界，成立外在世界，随顺世间，不坏假名而说诸法实相。一是摄相归性同时又不坏假名，保全了甲句诸法性空之理，但是优于甲句在于不完全遮拨法相，就保证了宇宙万法的成立。这也可见出他对空宗的遮诠是从本体论的角度来理解，遮诠之最后的破相显性，本是性空之理，无性可显，但强以之为本体，显现出的自然就是本体之流行大用，由此《新唯识论》所谓破相显性实际上是显本体而非显性。

他认为，空宗的因缘义是侧重从认识论上说的，而到了有宗，则把这种因缘义做了宇宙生成上的解释，他说："空宗说依他，元是遮拨法相。有宗说依他，却要成立法相。"④ 其实，依熊十力上面所说，成立法相并没有什么不对，从不坏假名而说诸法实相出发，法相是可以成立的。他反对的是有宗建立法相的方式，即一种集聚论、构造论，乃至多元论。这一认识的根源在于他认为有宗的种子说含有无量无数种子，"故立种子为因，而以心识为种子所亲办之果。种子法尔分殊，心识于焉差别，此所为以亲办自果言因缘也。顾彼不悟心识为流行无碍之全体，而妄析成八聚，此已有拟物之失，又复计心从种生，能所判分，其谬滋甚"⑤。另

---

① 熊十力：《新唯识论》，中华书局1985年第一版，第374页。
② 熊十力：《新唯识论》，中华书局1985年第一版，第374页。
③ 熊十力：《新唯识论》，中华书局1985年第一版，第374页。
④ 熊十力：《新唯识论》，中华书局1985年第一版，第415页。
⑤ 熊十力：《新唯识论》，中华书局1985年第一版，第57~58页。

外他将阿赖耶识看成诸法生起的第一因，而这个第一因他认为是一种多神论，因每个人的阿赖耶识各各不同。由此，他认为缘生从遮诠上理解方可成立，若按照有宗的依他起上理解，则缘生义就变成了构造、集聚论。

基于他对缘生义的这种判断，他认为佛教缘起论应看作一种方便说法，是佛陀说法的一种权益教化，而不能作为了义。在空宗那里，缘起说成立，在有宗那里，缘起说变成了构造论。问题就在于缘起之说是可变的，是可改的，故就本体而言，缘生也是遮诠的角度立言。他认为本体不可言说不可状貌，因为本体是一真绝待的，超越一切现象之上。从本体论的角度看，就是要扫荡一切相，故只能以遮诠的方式来探讨本体。说明本体无形相、无方所，不可言说，不可用一般事物来比拟，破除人们的执着。他说：

> 我们应知，缘生的说法，只对彼把心识看做独立的、实在的东西的人，用这种说法，以攻破他的迷谬的执着，正是一种方便，是遮诠，而不是表诠。如或以为表诠者，将谓缘生为言，是表示心识由众多的缘，和合而始生，好像物体是由多数分子和合而构成的。这便是世俗的情见，应当呵斥。①

所以，他不承认缘起关系为一种实有的普遍关系，而仅仅把它作为一种对本体不可言说处的方便诠释。既然缘生只是一种方便遮诠，那么如果能找到更好的说明宇宙生成问题的方式，自然可以抛弃缘起论了。

进而他又说：

> 诸佛菩萨说缘起者，在当时元是应机说法，若其真实义趣，只欲明诸行性空，令证实相而已。识得此意，即不沿用缘起说，而但无背于诸行性空之理，则不得谓之违佛非法。②

---

① 熊十力：《新唯识论》，中华书局 1985 年第一版，第 299 页。
② 熊十力：《新唯识论》，中华书局 1985 年第一版，第 179 页。

这里就对缘起性空提出了质疑，并改变了缘起性空的根本说法，以诸行性空代替缘起性空，这是他对佛教因缘论的一个重大改造。说因缘，却不承认缘起，说性空，却只说诸行，如此就把性空看作对色心诸行现象的一种判定，而不是对诸法缘起这一根本前提的判定，说因缘却废缘起，则因缘也仅仅是对诸行的描述，而不具有根本意义。不承认诸法缘起而空头说诸行性空，这就在根本上保留了其恒转本体的地位，而破坏一切法从因缘生的根本法则。

在这个潜在的前提下，熊十力提出了一种即用显体的方法来说明宇宙生成，即内因自动说。这就将缘起改成了一种第一因说，以第一因生成万物。

熊十力认为，本体虽不可言说，但本体之用却可言说，故不妨在本体的用上见出本体，即所谓即用显体。本体虽不可知，但通过本体之用，人们还是可以了解到本体是什么。而宇宙万物都是本体流行之用，都是本体之显现，所以探讨宇宙万物流行的规律，无疑是对本体的一种探讨。而这个规律，他假说为内因自动。他说：

> 我们改定因缘的义界云，识的现起，虽仗旁的缘，但他决定是具有一种内在的、活的、不匮乏的、自动的力。我们假说这种自动的力，是识底现起的因缘。①

而这个先于识，促使识生发的力用，是内在自生的、自动的，具体说，就是熊十力所谓性智的发用。由这个自动的第一因，性智的发用，而产生识与境，这就解释了宇宙万物的来源。性智的发用，其实就是本体自身的发用的一种说法。他说：

> 此中所谓自动的力，实即性智的发用。但克就发用上说，则是性智的力用发现于官体中，而官体易假之以自成为官体的灵明，是故由其为性智的发用而言，应说此自动的力是固有的，非虚妄的。若从其成为官能的灵明而言，又应说此自动的力是后起的，是虚妄

---

① 熊十力：《新唯识论》，中华书局 1985 年第一版，第 281 页。

的。然吾人如有存养工夫，使性智恒为主于中，不至役于官体以妄动，则一切发用，无非固有真几。①

从这段解释看，性智的发用又分为两种情况，从其为性智之发用言，这是称体之用，故是先天的，这是内自动因，若从假借人的官能之形体来看，则又为后起，因它还需要在人自身发现出来，属于先天与后天的结合。但是，这种第一因，内自动因的说法，无论是从个人还是从本体的角度看，均不同于佛法缘生理论。这是从第一因产生宇宙万物根源，是本体内在的有一种自动创生之力，发用而显现在人身上，通过人表现出来，才产生境识相对的宇宙万象。本体的创生能动性在这里被强调出来。

值得注意的是，熊十力的本体创生之能动性与佛教的缘生是不同的。同样为生，但生的含义在熊十力看来有差别，他认为缘生之生是一种假说的生，并不具备实质性的生成含义。而他所谓识的自动，则是对有宗的改造，他把有宗的种子说和阿赖耶识第一因改为一种自动的力，"心识现起，元为自动而不匮故，假说因缘，非谓由有种故，定能生识，方予因名"②。说到底，一切都只是本体的大用流行。

二　恒转本体的翕辟成变

由前一个问题所引发的，就是熊十力之所以要修改缘起论，又变内因自动说，是为了建构一个能创生的本体，试图沟通本体和现象界，避免体用二分。概括地说，这是一种彻底一元论的儒佛本体会通模式，既是心物一元，也是主客一元，熊十力以体用不二来贯穿他对本体和现象界的理解，但最终会归于本体，这个本体，就是彻底一元论的本体，并且带有唯心一元论的倾向。说唯心的一元论，是站在性体的显发于人而言，本心能体认天道，有境识相对。若纯粹从本体的角度，而不考虑本体的显现，则不说唯心也可。而此一元论本体在他看来又是恒转能变之体，这由本体的性质决定。

---

① 熊十力：《新唯识论》，中华书局 1985 年第一版，第 282 页。
② 熊十力：《新唯识论》，中华书局 1985 年第一版，第 58 页。

　　就本体的含义说，本体是一真绝待的，无相可得，一方面备万德具众理赅万有，另一方面无定在又无所不在。熊十力之所以赞同空宗遮诠，即出于他从本体出发来理解遮诠。本体无形相不可言说不可思议，只能从即用见体的角度上，姑且从体之功用上得到对体的一点认识。就前面所说的真如显现为一切法而言，就是本体要显现为无量无边的功用，对体的认识只能透过体显现出的无边无量的功用，即变易中见不变易。变由此成为体的特征，是即变用中见不变体。就宇宙万法都是体的流行大用而言，则前面所说的境识相对、心物相对，其实本性上都无自体，也就是熊十力所说的境无识亦无，境空识亦空，境识只是相对待的一组概念，实际上都是本体流行之大用而已。简言之，宇宙万法都是空无自体的，都只是本体的流行、显现。

　　那么，既然心物诸行都无自体，都是相状诈现，主宰流行变化的能变者为谁？熊十力自问自答，指出这一能变者，即本体，否则，宇宙万法成为一团无规律无头绪的纷乱运动，这是不可想象的。他认为，宇宙处于周遍流行之中，这源于本体的能变作用。但这个能变不同于唯识学的能所相对之能，他特别强调，所谓本体的能变并无所与之相对。他说：

　　　　我们把本体说为能变，这是从功用立名。因为本体全显现为万殊的功用，即离用之外亦没有所谓体的缘故。我们从体之显现为万殊和不测的功用，因假说他是能变的。①

　　如此，则本体与用是合一的。能只是假说，从用上看确实有流行主宰的宇宙生机，所以说为能变，但从体上说，则无所谓能所，而是无能而无所不能。本体虽不可名状，但它对于宇宙有能动的势用，这是本体显现的无边无量的功用。具体说，这种能变是有规律的，又名为恒转。这就是他提出的本体如何成变的问题。能变者确立为有，就是本体，其次就来探讨本体是如何成变、成就万物的，这就从功用上立言，提出恒转的概念。

　　恒转，这是熊十力对本体的描述，从即用显体的角度说，恒转也是

　　　　────────────

　　①　熊十力：《新唯识论》，中华书局 1985 年第一版，第 314 页。

本体之异名。从用上说，也就是能变。"恒字是非断的意思，转字是非常的意思。非常非断，故名恒转。"① 他从本体显现为大用的角度说，本体是变动不居的，所以说非常，若为恒常，则无变动，就无法成大用，又以变动不居之故，说非断，若为断灭，则无变动可言。所以，综合不常亦不断来说，本体是变动不居的，由此成就能变，所以名之为恒转。恒转，也就是至无而善动的。

而恒转之变，其成变是有规律的。这个规律熊十力又称为相反相成的法则。因为变化，他认为应该是有对的，没有对待不成变化，有对待则有内在的矛盾，在矛盾中互相作用而推进事物的发展，这个变化，他根据《周易》卦爻的图表示为一生二、二生三、三又会归一的一个循环圆圈。其中，恒转是一，恒转之动，相续不已，前一动灭后一动生，刹那刹那，如电光一闪一闪，宇宙万法的来源即本体恒转而产生势用，形成一翕一辟的运动。恒转之一动，产生一种摄聚，即翕。他说：

> 每一动，恒是有一种摄聚的，如果绝没有摄聚的一方面，那就是浮游无据了。所以，动的势用起时，即有一种摄聚。这个摄聚的势用，是积极的收凝。因此，不期然而然的，成为无量的形向。形向者，形质之初凝而至微细者也。以其本非具有形质的东西，但有成为形质的倾向而已，故以形向名之。物质宇宙，由此建立。②

他把这种收摄凝聚而成形向的动势，称为翕。翕指的就是有形质的趋势。由翕的产生，而有事物形成事物的趋向，表现出物化的一面，这是恒转的一动。另一方面，这种动势起时，恒转上还有另一动势与之相对而俱起，这就是辟。辟在势用上说是与翕相反的运动，并且是依据恒转而起的运动。所以，就恒转上说，辟又可以说是恒转的显现。他说：

> 这个势用，是能健以自胜，而不肯化于翕的。申言之，即此势用，是能运于翕之中而自为主宰，于以显其至健，而使翕随己转的。

---

① 熊十力：《新唯识论》，中华书局 1985 年第一版，第 315 页。
② 熊十力：《新唯识论》，中华书局 1985 年第一版，第 317 页。

　　这种刚健而不物化的势用，就名之为辟。①

　　对应于前面一生二、二生三的运动圆圈来看，恒转为一，翕为二，辟为三。但是，就实际功用上说，只有翕辟两种运动方式，"一"是假说为恒转，"一只是表示体之将现为用的符号"②，所以"一"是表示运动之起源，而不是实际的运动趋势。真正开始运动的是二和三，翕辟两种势用。但是，熊十力又认为，翕、辟是同时俱起的，二和三又不是片段可分的两种前后关系，所以虽然说二生三，但其实并没有先后之别。只是就恒转的势用上，为了表示出恒转的运动是有内在矛盾的相对运动，所以从恒转为一先是有与其相反的翕的动势，而后有回归并与一相同的辟的动势。翕是物化的方面，辟是不肯物化的方面，不肯物化而回归本体恒转的势能，就此看，一生二、二生三其实并不能完全表示出熊十力的本意，他自己也说是借用了《周易》和《老子》，但本意与它们并不相同。所以，恒转的运动其实只是翕、辟两种势能同时俱起，相互影响，而体现出本体的全体大用。

　　但是，就翕与辟的关系来说，翕辟成变的运动是有主从不同的，辟主宰翕，翕为从属。翕表示物化、成物，辟表示刚健不物化，乃属于心。翕与辟的关系又可以说是物与心的差别，这里的心则是本心，先天之心，非肉团的物质的心脏之心。熊十力又将辟说为宇宙的心。辟表示恒转的动的方面，翕表示恒转的摄聚成物的方面。在恒转的变化中，一方面有一种静的力用，收摄凝聚，而成有形之物，同时又有相续不断的运动，刹那刹那的转变俱起。熊十力说：

　　　　恒转现为动的势用，是一翕一辟的，并不是单纯的。翕的势用是凝聚的，是有成为形质的趋势的，即依翕故，假说为物，亦云物行。辟的势用是刚健的，是运行于翕之中，而能转翕从己的，即依辟故，假说为心，亦云心行。③

---

① 熊十力：《新唯识论》，中华书局 1985 年第一版，第 318 页。
② 熊十力：《新唯识论》，中华书局 1985 年第一版，第 318 页。
③ 熊十力：《新唯识论》，中华书局 1985 年第一版，第 319 页。

所以，翕与辟是恒转势用的两种不同分殊，是一个有机整体。翕表示收摄凝聚而向下运动的趋势，故能形成有形质之物，是物化运动的一面，而辟则表示向上运动，刚健而不肯物化的一面，是显发本体之用。但是，就翕辟的两种趋势而言，熊十力自己表示，他对这对概念的运用虽来自《周易》，但只是借用其名，而与《周易》本意的翕辟内涵并不完全相同。他指出易学家一般把物说为向下的、把心说为向上的趋势。如汉儒说"阳动而进，阴动而退"①，这是以阳表示心，说明这是向上的进的意思，而阴表示物，是向下的退的意思。而他所谓的翕辟虽然也是物与心的区别，但并不完全是一个向下、一个向上的截然对立的一对关系。他区分说：

> 说辟是具有向上性，这和我的见解是无所违异。说翕是向下的，却于理有所未尽。应知，翕只是个收摄凝聚的势用。这种摄聚，是造化之妙所不期然而然的，克就摄聚的势用而言，不定是向下的，但从他摄聚的势用诈现的迹象而言，便可说他有向下的趋势了。然虽有此向下的趋势，要不是决定如此的，翕本来是顺从乎辟的，易言之，翕是具有向上性的。因为翕是顺从乎辟，而辟是向上的，则翕亦是向上的了。②

这里说明了熊十力的翕辟含义与《周易》本身的翕辟有所不同。就翕辟一为物一为心、一为向下一为向上而言，熊十力认为不可执定为必然如此。也就是说，翕辟的向下和向上两种运动趋势是相对而言的，相对于它们自身的特点而言可以做出这样的区分，说一为向下一为向上。但是，从恒转的功用上说，翕是从属于辟的，翕顺乎辟，统摄到辟上来说，则翕之向下的运动趋势实际上也仍然归于向上的辟。所以翕虽然有向下的物化的趋势，但从绝对一元论的本体出发来看，翕辟是同一于恒转本体的，并没有心物的截然对立。他是把物统摄于心，所以心物合一，向下也是恒转本体自身运动趋势的一方面，也还是归属于辟这种恒转本

---

① 熊十力：《新唯识论》，中华书局1985年第一版，第320页。
② 熊十力：《新唯识论》，中华书局1985年第一版，第320页。

体的运动自身中去。

就翕辟的运动上的区别来看，就翕辟的运用含义上的这种特殊不同看，熊十力实际上又把辟看作更为本源的运动趋势。所谓一生二、二生三其实也就是恒转的辟势运乎翕而使之与自己相反相成，成就大用变化之道而已，实则都是辟的功用。由此，他指出，严格地说，只能于辟上识得本体的全体大用，"即唯辟可正名为用，而翕虽亦是用，但从其物化之一点而言，几可不名为用矣"①。所以，翕辟虽同属于本体的恒转功能，但有不同，相对翕的物化而言，辟可名为称体之用。辟才能表现出恒转之用的方面。翕是与辟相对的一种相反作用，所以翕是从属于辟，辟是本源性的。所以，虽然心与物都统摄在翕辟转变的运动之下，均属于本体之用。但就一为称体之用一为不称体之用而言，则区别很明显。从心物关系上说，从物化只是恒转之翕的刹那诈现来看，其实无所谓物，物仍然统摄于心之下。

由此看宇宙万物，世间万法，则是翕辟运动的一个整体，都会归于本体的大用流行，其中只有万殊无量的体的功用，这些功能又互相涵摄而成为一浑一的全体。他用大海水与众沤的比喻来形容。大海水是体，一一众沤是大海水万殊的功用，但每一沤都是大海水全整的直接显现。落实到人来说，宇宙是一个大全，而每个人的宇宙都是大全的整体的直接显现，又譬如月印万川，这就是众生同源，宇宙一体。

这就回到了本体恒转功能上。就宇宙万法为本体的流行功用而言，实际上并无心物的存在，具体的事物都只是变的过程的刹那诈现。他借用佛教的刹那一词，说刹那并非具体时间空间的概念，他引用窥基《成唯识论述记》卷十八的"念者，刹那之异名"②为据，故刹那只是个人心中一念现起的念念相续，故刹那是无暂住性的，更无物可暂住可存在。所以一切物都是才生即灭，翕辟就是刹那刹那的生生灭灭，只可说是向下或向上、物化或不肯物化的趋势，而并非真正有心或物的存在。所以恒转功能这个翕辟成变的整体，在他看来只是对功用的描述，是说明一翕一辟这样运动各有无量功用，是处于变化当中。对于变字，他又作了

---

① 熊十力：《新唯识论》，中华书局 1985 年第一版，第 322 页。
② 熊十力：《新唯识论》，中华书局 1985 年第一版，第 332 页。

自己的诠释。他认为，变有三义。一是非动义。说动，就是有转移，有转移则表示有时间空间概念，则是肯定有有限的有质量的物存在，而恒转大用是本体之用，是抽象的、超时空的。他引用《中庸》的"不动而变"①，说明对本体的变不能看作一般物理学有限物之动来理解。

二是活义。恒转大用的变既然不是物体转移，那就是活的意思了。活的意思他又分为六个。其一是无作者义，就是无主宰，不是有一个操作者来拟造，变是属于本体的，并不是被造出来的。其二是幻有义，恒转为法尔本有的功能，是大用流行，所以只是刹那刹那的运动，而非真有实际物体可触可见而实际存在。其三是真实义，这个真实是就活可以表示出本体的运动而言，是恒转的显现，所以在本体的意义上，只有这个运动是真实的。其四是圆满义，就万事万物，宇宙万法都是如此恒转的显现大用来看，如海水显现为众沤，众沤都是海水的全体的显现。其五是交遍义。他以华严宗帝网重重作比喻，活也体现出一多相即，交遍无碍，如千灯于一室内，各个灯光变满而互不相碍。其六是无尽义，活之为活，说明变的妙用无穷无尽，造化不已，生生不息。

变的第三个含义是不可思议。思议，即是对心行之物，是向外驰求，可以为人所推理议论，是属于量智的范畴。而本体之变是不可思议的，超出理智范围的，是需要证会的，体悟的。所以，归结到本体上，则人们对于本体，只能反求实证，于流行中识寂静之体，于虚静中见翕辟之机。

因此，从个人与本体的关系看，也是彻底一元的。本体非离开人而外在，而是内在于吾人心中，人对本体的认识，对天道的体认与本体自身的流行显现是一以贯之的，人的本心的显发就是本体之用。这属于辟的方面。他指出：

> 言心即本体者，即用而显其体也。夫曰恒转之动而辟者，此动即是举体成用，非体在用外也。②

---

① 熊十力：《新唯识论》，中华书局1985年第一版，第351页。
② 熊十力：《新唯识论》，中华书局1985年第一版，第550页。

　　从本心能体认天道来说,这种辟的动势与本体是一致的,故说为本心一元论也可以。这是为了在个人修养上确立根据,即人可以自识本心,促使本心显发,上达天道,体认本体。个人修养就是一个如何不物化,其实就是以辟的称体之用来抵御物化之翕的不称体之用,形成一个矛盾辩证的运动过程。从这个角度看,实际上熊十力是偏重于本心的,不物化的,也可归为唯心的一元论。这是针对个人与本体的关系而言,在人为心,在天为德,才有会物归心之说,才没有主客二分的对立。

　　从本体自身说,则无所以心与物、境与识的相对,都归属于本体恒转功能。所以,不论是宇宙生成上的一元论,还是本体心物一元论,其实都是彻底绝对的体用不二。由此达到宇宙本体、道德本体和认知主体的完全合一。

三　以寂、仁融会儒佛本体

　　就本体的恒转功能看,本体是静而动,动而静的。这在对本体性质的描述上,熊十力就归纳为寂而仁、仁而寂。寂而仁、仁而寂的本体,是综合了儒佛两家之后得出的结论。在前面提到的空宗那里,熊十力认为空宗虽然遮诠方法与自己相同,但对于空宗遮诠之后所要显的这个本体之性,即空宗的破相显性之性,他表示了怀疑。他认为空宗所要显之性,未达到性德之全,而是空性。这就从内容上对佛教的真如实性提出质疑了。

　　他说:

　　　　空宗诠说性体,大概以真实、不可变易及清净诸德而显示之。极真极实,无虚妄故,说之为真。恒如其性,毋变易故,说之为如。一极湛然,寂静圆明,说为清净。①

　　他对性体的解释,说真实无妄,不可变易,可以说是从《成唯识论》言真如常如其性、表无变易②得来,对于空宗的性体,他也作如此

---

① 熊十力:《新唯识论》,中华书局1985年第一版,第378页。
② 韩廷杰校《成唯识论校释》,中华书局1998年第一版,第598页。

理解。他是认定佛教无论空、有宗，也是有本体，有性体的。而这一个性体，最后落实点在寂静上，他指出佛教的三法印落实在涅槃寂静。所以，佛家各宗派都是以寂静言性体的。如此则不领会性体生化的作用。他说：

> 空宗只见性体是寂静的，却不知性体亦是流行的。①

> 印度佛家，毕竟是出世的人生观。所以，于性体无生而生之真机，不曾领会，乃但见为空寂而已。谓空宗不识性德之全，非过言也。②

所以，大体上熊十力是以佛教各宗派的性体为寂静的，他归纳佛教的性体特点就在于寂静。寂静表示本体的无作无为，本性空寂，同时本体不可言说，绝对无待。因此他认为，说性体是寂静的并没有错。性体常如其性，表无变易，自然本性空寂。但是，在这一层意思上，熊十力认为本体还应该是寂静中有神化、有能动作用的，无为而无不为。他说：

> 然至寂即是神化，化而不造，故说为寂，岂舍神化而别有寂耶？至静即是谲变，变而非动，故说为静，岂离谲变而别有静耶？夫至静而变，至寂而化者，唯其寂非枯寂而健德与之俱也，静非枯静而仁德与之俱也。健，生德也。仁，亦生德也。③

这里熊十力就提出了本体的寂静是在寂静中有生灭，有造化万物的生生之德，应是至静而变的，如此生生之德为性体之仁的体现。他引用乾卦的"元亨利贞"作性体的描述。元，表示性体之仁，为万德之首，万德不离性体之仁，所以为元。亨，表示仁之通，性体造化万物，通达无碍，此为亨。性体造化万物而无往不利，使万物各适其位，是为利。贞，则表示性体的仁德恒固不变。如此则性体寂静而圆明，生而不有又

---

①　熊十力：《新唯识论》，中华书局 1985 年第一版，第 381 页。
②　熊十力：《新唯识论》，中华书局 1985 年第一版，第 382 页。
③　熊十力：《新唯识论》，中华书局 1985 年第一版，第 379 页。

生生不息。他坦言这是综合了空宗与《周易》得来。他指出空宗对性体的寂静领会很深，但有沉空滞寂的倾向，因为空宗扫荡一切相，否定一切，但是，涅槃本身岂能亦如空如幻，亦要扫荡否定？熊十力认为，就性体之寂静圆明来看，涅槃也是不可空的，也是应该保留的，"涅槃，亦性体别名也"[①]。就本体的存在而言，涅槃自然不可为空无虚妄的了。所以，他指出性体的寂静是指性体的不可执为实物，与一般物体相类而应做抽象观。但性体的空寂并非无生化无作用，性体的寂静中还应该包含了不可空的生生之德，包含了宇宙万法的大用流行，如此，则做到体用不二。

这里可以看出，熊十力所谓本体之仁，也就是生化的意思。仁，即是生生之德，创万化而含万物之生机。而仁这方面，熊十力认为这是儒家传统所强调和尤其侧重的。他认为只有将佛之寂静与孔之仁结合起来，才能对性体的全德有所认识。他说：

> 夫寂者，真实之极也，清净之极也，幽深之极也，微妙之极也。无形无相，无杂染，无滞碍，非戏论安足处所。默然无可形容，而强命之曰寂也。仁者，生生不容已也，神化不可测也，太和而无所违逆也，至柔而无不包通也。[②]

寂和仁两方面结合起来，才能概括本体备万德的特点。偏于寂则易导致沉空，偏于仁则只见到生机而不识本体之清净幽深。所以寂而仁，仁而寂，就体现了本体无为而无所不为，既独在而超越，同时又内在于宇宙中流行不已，充满生机，成就万物。

就仁的方面说，熊十力认为儒家尤其谈得多。但是就寂的方面，熊十力认为之所以可以与佛家会通，并非凭空而起，他指出儒家义理中性体也有寂的一面，他以寂作为儒佛两家本体的共同特点。儒家之寂，他自己做了一番解释，他说儒家对于本体之寂的一面只是引而不发，没有特别突出罢了。他举《易传·系辞上》的"易无思也，无为也，寂然不

---

① 熊十力：《新唯识论》，中华书局 1985 年第一版，第 381 页。
② 熊十力：《新唯识论》，中华书局 1985 年第一版，第 574 页。

动，感而遂通天下之故"，又"唯神也，故不疾而速，不行而至"，说明本体的神化作用即是如此，本体虽然无思无为，但是能感而遂通，这是对性体寂静方面的最好的描述。又结合性体的寂而仁来说，举王阳明《天泉证道记》的"无善无恶心之体"① 为例，此句正说明本体的虚寂圆明，正因为本体为虚寂，清净无漏，所以乃有《大学》所谓至善，这个至善之体，也就达到了无善无恶的无分别境界。这里所谓善恶相对的世俗善恶，并不是虚寂本体上的有善有恶，而恰恰说明本体是至纯无碍，不与善恶相对，由此说明了本体的寂静而圆明，无丝毫挂碍。

值得一提的是，这种将佛之寂与孔之仁结合起来，并认为佛与儒在寂静方面均有所阐发的思想，其实是熊十力继承欧阳竟无而来。欧阳竟无对孔佛之异同曾有一番辨析，他指出，在本体上两家的意思有很多共同处。就本体的寂静义来说，本体之寂是儒佛共有的，寂静者，涅槃义。寂静者，也相当于儒家的"止于至善"义。他认为至善即含有寂静的意思，所谓善，乃一阴一阳之谓道，这个道，就是天命之谓性，乃天道所赋予，是成天地万物而自然而然的。所以至善是无声无臭、于穆不已的，此为儒家的寂静。同样的，他也以"寂然不动，感而遂通"为例，说明孔道在于寂然不动之体而能感通天下，成天命之德。② 欧阳竟无对儒佛之体的这种认识无疑影响了熊十力，使熊十力在本体上结合了儒佛两家仁本体的特点，对本体的寂静而又生化有了更深入的思考。

但是，从熊十力对佛教生化方面的批评来看，熊十力对佛教寂静义的理解与欧阳竟无还是不同。就生化方面，熊十力对佛教空、有两宗均提出批评。空宗遮拨一切，涅槃亦如幻，这是空宗不悟生化、不谈本体生生之德的表现，有宗的真如也只是空寂无为，与宇宙本体原为两重世界种现割裂。总之，归咎起来，佛教的性体只寂静而不生化，他说：

　　　夫滞寂则不悟生生之盛，耽空则不识化化之妙。此佛家者流，所以谈体而遗用也。③

---

① 萧萐父主编《熊十力全集》第四卷，湖北教育出版社 2001 年第一版，第 380 页。
② 欧阳竟无：《悲愤而后有学——欧阳渐文选》，王雷泉编，上海远东出版社 1996 年第一版，第 365 页。
③ 熊十力：《新唯识论》，中华书局 1985 年第一版，第 391 页。

　　这样，熊十力又把佛教之空寂本体最后归结到出世入世上的儒佛差异。他指出佛教的出世观决定了佛教之本体是无法领悟生化流行之德的。"我们玩味佛家经典所说，便觉得佛家于性体之空寂方面，确是有所证会，但因有耽空滞寂的意思，所以不悟生化。或者，他们并非不悟生化，而只是欲逆生化，以实现其出世的理想。"① 出世，这在熊十力看来，就是求解脱超度，所谓涅槃就是寂灭之意，要涅槃寂静，就要出离世间，何来对宇宙万法流行的成就？从这个理解出发，熊十力是把佛教的寂看成寂灭，而不仅仅是前面所说的寂静。寂灭，也就是一片死寂，断灭，这是在寂静无为的基础上加上了对佛教涅槃寂静的批评。"寂灭，谓烦恼断尽也。烦恼亦云惑……惑尽故，始契寂然真体，故云寂灭。"② 所以，在无余涅槃时，则个人生命出离而寂灭。可见，他对佛教的寂静义的理解不同于他论儒家本体的寂静义，而是在儒家的寂静无为的意思上加入了寂灭义，把佛教的寂静理解为出世的一种消极描述。

　　这一批评，遭到欧阳竟无的反驳。欧阳竟无在《答陈真如书》二则中指出这是熊十力以凡夫心恐惧无余涅槃的表现。他特别强调涅槃有四德，即常乐我净。"不生不灭是常，大寂静离闹是乐，大牟尼名法是我，解脱是净。"③ 而涅槃四德其实都归结于寂灭，这个寂灭也没什么可怕的。从世间正法观之，诸行无常，诸法无我，所以"诸行无常，寂灭为常也。生必灭故，寂灭为乐也"④。只有如实认识到世间万法这种生住异灭的规律，才可以做到以寂灭为乐。寂灭是一种法界清净的定境，同时寂灭并非断灭，而是要在清净无垢中不住于世，不住涅槃，实则烦恼虽断尽，而法身常存。这就涉及对涅槃寂静的价值取向的认识不同。熊十力从体用不二出发，认为佛教之体始终不正面肯定并生化万物，对宇宙大用之流行并不赞天地之化育，而是如实从生生灭灭的现象规律中度脱世间，既不存在创生之体，更不存在体用不二，如是种种，就与欧阳竟

无对佛教涅槃寂静的肯定南辕北辙了。

当然也可以说，佛教确实没有将缘生视为一种创生，缘生之生并非为构建哲学本体论而设立，而是对万法现有关系的描述。按照我们前面的分析看，缘生一方面是从现象界得出，是不毁诃现象界万法存在的，是肯定其存在但以因果关系来看待它的无常无我。另一方面从性空的角度看，对宇宙万法的判断在于其无自性。所以，说佛教不悟性德之全，若站在儒家创生性的性体角度看是成立的。但这样的批评没有什么实质意义，因为佛教本身并没有儒家式的本体创生论，正如同儒家本身没有佛教的涅槃寂静论一样，双方理论上的不同并不能成为互相批评的理由。但是，熊十力抛开缘起论，而假立内因自动，又以现象界为幻有，境识相对而生，把现象界统摄于本体，作为本体的显现之用，其现象界也就与佛教对诸法性空的判断难以区别。很难说明哪种理论比较完满。按照熊十力的内因自动、本体创生看，宇宙万法也属于性空，即寂的一面，并且其产生还是假说本体恒转而来，实际上是毁诃现象界的存在。这既不同于传统儒家，也与佛教缘起性空的价值判断所带来的宇宙观有一定的区别。佛教的缘起论虽没有实质性的本体创生意义，但并非毁弃现象界，而是如实观照世间万法因缘和合这种现象，而得出性空的结论，并没有给现象界一种归属于本体论的解释。从这一点看，佛教缘生论面临的理论困难还比熊十力会通儒佛之后的性体创生论要小些。当然，这取决于如何理解佛教缘起论，这是一个复杂而深远的问题。

第三节　彻底一元论的本体架构之延伸

《新唯识论》这种本体建构模式推广开，则体现出注重整体性的思维特点，特别与分析见长的唯识学不同，在突出境识关系的同时也更注意到心识的能动性，这种思路在唐君毅、牟宗三那里得到进一步发扬，他们同样站在整体观立场建立一元论的哲学体系。就唐君毅而言，他吸取熊十力对境识关系的探讨，并更加强调心境感通的相互作用，对心境间的互动、混融作了大量说明，肯定妄依真起，实则是一元真心论。在确立一元真心上避开熊十力的翕辟作为一对内在矛盾而成变之说，更多地转为对作为道德意识的真心的能动性的阐发。就牟宗三而言，他延续《新唯识论》会通儒佛本体的寂而仁，仁而寂的思路，吸取了熊十力对缘起思想的理解，并且完全肯定儒家也具有缘起义，正式将性空的寂静与能生的仁德统一起来，说明缘起与道德意识创生内涵并不矛盾。

一　唐君毅心境混融论对主客二元对立的超越

应该说，唐君毅在探讨本体论方面与其师熊十力的侧重点不同，熊十力的儒佛会通核心问题之一就是建立一元论本体，而唐君毅则更侧重对心境关系的诠释。唐君毅在他提出的心通九境的哲学理论中主要围绕着个体生命存在的心灵感受进行，对于宇宙人生的认识也是从个体的人出发。而与熊十力一元本体对主客二分的超克相同，唐君毅也致力于探索中国文化中的超二元对立面，并以此作为调和西方哲学二元对立特别是主客对立的思维模式的重要方法。这使他的心通九境理论成为他在本体论上对熊十力一元论思维的补充。

唐君毅的心通九境理论中围绕的问题是生命存在与心灵境界活动关系。生命存在也就是指包括心灵、生命、精神在内的复合体，而以心灵感通活动为主，与之相应的是心灵感通活动之境，简单说就是心灵与心灵相对之境的关系。而所谓境的含义则比较广泛。不仅仅指物，他认为物在境中，而境不必然在物中，物的范围比境要狭小。同时物质是实的而境包含虚实，物可以说是境，但境本身有多种纵深变化不同，所以以境统物，以境统界，而单独强调境。在此意义上，他区分了佛家境的含义与己意之别。唯识学中以所缘缘为境界依，所缘也就是与心识相对，境即心之所对、所知，能所关系是截然分明的。这个意义上的境与西方的 Object 即对象一词比较接近，都是指心外之对照物。

就心与境的关系而言，心灵可以说是个人生命存在之体，则感通活动为其用。境则为心所感通，心境关系就是感通关系。这里唐君毅又强调只能说境为心所感通，而不用佛家的所谓境由心所变现。因为心感通境之时，境不是被动地由此而生，当主体感通外境时，外境即自呈现其性相于心中。同时，"境亦可说有呈现其性相之'活动'或'用'，而后此境与其性相，方得呈现以'存在'于心；而通于境之心，亦必因此而自变为以'呈现此境之性相'，为其'性相'之心，此心又必有此自变之‘活动’或‘用’，乃有此所变成之心之呈现以‘存在’”①。照这个说法，境呈现于心时，境有其性相和作用，而使心又自变其呈现此境之相，其实就是境对心有某种间接力用而使心自变境。如此说，则境由心所变现是心境感通活动中的一个环节，还有境对心的反作用使心又自变其境相，所以唐君毅认为心境关系是相互为用，不能只说心变现境。另外，心变现境只是就特定的与心相应之境而言，但心所感通又不限定于境，而是超于其所变现的特定境而别有所通。也就是说心变现眼前特定某境之外，更能超越于此现量境而达到某种更高的境界，所以不能笼统地说境由心所变现。当然，佛家的心变现境并不能狭隘地理解为境只是被动方，就唐君毅所谓境可呈现其性相于心而使心有力用来说，类似于唯识中种子熏现行、现行又熏习种子的关系，境识关系同样也是互动的，且识并不能离开境而单独存在，虽然境由心所变现，但境灭识亦不现，这种境识相对关系使心境活动同样是一个感通过程，不能仅仅将境理解为对象。

除了相互作用外，心境感通还是俱起关系。心境感通是相应而多样的，如眼见色与耳闻声，两种作用同时为心灵活动而感通之境不同，又如妄心感通妄境，视觉听觉所感所通俱起而为妄，而知此妄心妄境者为真心，真心又必与妄境之上的真境相应。也就是说，妄心感通活动自身复杂多样，同时有真心感通活动在其中，形成错综复杂的心灵感通活动中真妄混合而有高下、内外、先后次序的不同。则某一种特定之境有与之相应的心灵活动，每一种心灵活动感通之境不同，不同的心灵活动和由此而生的复杂多样的境相对，构成一个完整而多样多重关系的作用过程。

所以，心境关系除了境由心变现之外，唐君毅更强调心境两者的相互作用，特别是其中心灵感通活动对境的多种多样的影响。并且还深入细致地对心境关系作了分门别类的具体分析，可以说把唯识当中八个识的不同活动特征综合到心境关系当中，又以一心灵概念来统摄这些活动。然而，与唯识学以阿赖耶识来统摄八识不同，唐君毅按照心灵感通活动之真的方面，肯定感通活动的正面价值，提出妄依真而起的观念，走向

①　唐君毅：《生命存在与心灵境界》上册，台湾学生书局 1986 年第一版，第 13 页。

一元真心论。他承认妄是存在的，学必先知有妄，然后才能如实观妄而知真，求如实知。但是，就个人心灵活动的深层而言，人有探求如实知的心灵活动，此是能的方面，在心灵活动的诸多自相感通过程中妄才混入其中而起，由此看，"此心灵活动，能自往来相通，则原是心灵活动之实相真相，则一切妄即皆依此真起"①。这些妄具体包括了感官刺激、记忆、想象等心理活动，被称为"混妄之知"，其中虽然妄居于真之中，但并非完全没有作用，而构成心灵活动认识事物的一个重要方面。至于真能统妄，则本源上是肯定有一体，这个体既是认知主体，也是心灵活动感通主体，也是本体。就心灵活动的感通作用而言，这种作用是一种动力，而动力必有其能动之原、发动者，他说：

> 此动力，乃通于主观与客观世界之一形而上之生命存在与心灵，自求一切合理之理想之实现之动力。此动力，是一能、一用；其如何去除不合此理想者，以有理想之实现，是其相，而由此能此用相续不断，即见其有原。此原即名为体。②

他还将中国先哲所谓本心、本性、本情均解释为对体的描述。将实现人之心灵活动理想的动力来源作了形而上的解释，必有这么个形而上的本体、天道，而能实现天人合一，性命合一，他说这是人可以从其道德生活中反省而自证知的。这个体就是他所谓心灵活动与境界关系的根本来源。所以，心灵活动与境互为感通，而皆归于个人生命存在中这种形上本质，有体而有探求宇宙万物之动力，有感通活动道德实践活动的根据，才能转妄成真。个人生命活动即在于求此本体，此也可说为宇宙万物之秩序、大全，一切心灵活动、宇宙事物都是按照这个最大的类、元序而活动的，也称为最根本的理。值得注意的是，虽然妄依真而起，真妄并观而存于生命存在心灵活动中，但唐君毅并不主张像熊十力那样确立一个恒转功能自身有翕辟两种内在矛盾趋势。他不承认主体自身一开始即包含了内在矛盾，而这种相反相对的运动趋势的出现并不是本体

---

① 唐君毅：《生命存在与心灵境界》上册，台湾学生书局 1986 年第一版，第 21 页。
② 唐君毅：《生命存在与心灵境界》下册，台湾学生书局 1986 年第一版，第 493 页。

所发出。这是个人在即用见体、在感通活动过程中向上追溯本源时而设立的，实际上妄虽依真而妄不属于真，妄不当有，所以妄不应该属于本源性的。这就直接将妄作为后起，彻底避免了一元论中混含二元思维。从这一点上看，唐君毅更多地回归儒家，强调体的至真至善性，而不像熊十力那样大费周章地肯定妄心、习心，而将物化归心，又将心物化归恒转之用来得出一元结论。

就心境感通活动的过程看，唐君毅又分为九境，根据心灵感通活动的种类、层级、次序的不同，而又逐步上升至最高境界的九个阶段。这种根据个体心灵感通活动层层进升而达到最高阶段的动态发展的境界观，可以说与熊十力晚年倡导的进化论式的精神境界说相似。熊十力在晚年所作的《明心篇》中也表达了宇宙生命进化的思想，将人类心灵的彰显看作宇宙生命有机体进化到高级阶段的反映。他从哲学综观全体出发，认为"宇宙之发展，由物质层而进于生命层，乃至心灵层，显然是生命、心灵一步一步战胜物质，而卓然显露出来。上极乎人类，飞跃而升，则生命、心灵之盛，庶几光焰万丈"①。人类终不为物欲所迷，而与天地合德，与日月合其明，尽人道以完成天道。唐君毅的心灵净化九境发展说也是如此。但他更细化了这一发展过程。这九个阶段是按照三个心灵活动的三个不同方向来分的，每个方向上有三个境界，所以合起来为九境，其实是三向度关系中的九境。包括由前向后、由内向外、由下向上的三方向及相应的三个逆转向，也就是说这三方向的心灵活动是可逆的，是一个纵横交错的活动过程。第一组前三境是针对感通活动所观的特点，将所观的世界视为客体之世界，也就是将境对象化为客体世界的三境。中间三境是从自觉活动中有所感通。而自觉以主摄客的主体境，包括感知、想象、思维、记忆等活动，后三境则是超主客二分之三境，由自觉而超自觉，超越中间三境的主体境，由主摄客并超越主客，经过了客体境、主体境到超越主客境的过程。这三境当中按照超越主客的程度、阶段的高低而将中西文化做了判教。后三境中第一境为归向一神境，把西方宗教及哲学中一神论上帝观放入此境，这是以一个超越的最高实体为主体而克服主客对立的方法，第二境是佛教的我法二空境，主要阐述佛

---

① 萧萐父主编《熊十力全集》第七卷，湖北教育出版社 2001 年第一版，第 281 页。

教观一真法界的圆融无碍，说明这是以超越我执和法执而达到无分别境界来实现超越主客对立。第三境也就是最高境，为儒家的天德流行境，又名尽性立命境，即九境中的最高阶段，既通主客，又通天人、物我，称为至极之道，立人极而尽天命。值得注意的是，九境之间是互动而跳跃式的，可以直接到达第九境天德流行，其中九境的运动只是对心灵感通境界过程的一个区分，整个过程是一开一合、一内一外，进退屈伸、隐显出入的。升降进退屈伸是根据心灵感通境界的不同活动而起变化，可以由下一境界进到上一境界，也可由上一境界退入下一境界，一开一合，同时有一境界显而另一境界隐，整个九境贯通而转，直至最高境为止。最高境则贯通了前面八境，并保留了前面境界中的认知和妄识，而自觉地超越主客对立，使心灵感通活动流行自如。所以，就一心通九境来说，也可以直接从当下道德意识心直达第九境，超越主客对立分别，而尽性立命。就心灵活动有升降屈伸来说，这个一开一合的双向运动趋势与熊十力本体的翕辟恒转相互转化类似，但更细致更深入地分析了心境活动的复杂多重关系。并且在境不离心而心境感通上，熊十力更多地从本心本体的角度阐发心境，境为心之显现之用，而境对心的能动作用他没有过多留意，唐君毅无疑在坚持一元本体上更突出境对心的作用，在心境感通关系上也无疑与境识关系更接近。

二　牟宗三论佛家的两层存有

《新唯识论》所谓本体的寂而仁，仁而寂在牟宗三那里得到全面的论证和诠释，在对本体的认识上，他更加深化了儒佛本体的融合面，在保留儒佛本体差异性的同时扩大了共通性，特别将佛家缘起法与儒家道德本体融合起来，认为两者并行不悖。他对佛教的重要改造就在于对缘起论做了新的诠释，他认为，佛家的缘起法并不必然否认道德本心，儒佛两家义理各有其特点，都是作为不同教法而存在的，各自都有其永恒的价值。就佛家缘起共法而言，缘起法与道德本心的肯定只是对本体自身说明的不同面相。他说：

　　但吾不以为如来藏清净心必排斥道德意志之定向。排斥者只是教之限定，并非清净心本身必如此。清净心岂因含有道德意志便不清净乎？岂道德心（如良知，如纯善的道德意志）尚不清净乎？依此，缘起法必不能一往只是假名。如通于天道性体而观之，则缘起而实事。如只就缘起本身而观之，则实事而假名。吾不以为假名与实事必相排拒。因此，性空与超越义的自体自性亦不必相排拒。此将是儒佛之大通。儒佛亦可以说是一真理之两面观。①

　　他主要是从如来藏清净心的概念那里加以诠释，而得出清净心与道德意志不必然相违的结论。至于说清净心不排斥道德至善，而以天道性体观缘起，则缘起与实事是可以相容的，这是从清净心保证成佛之可能性而言，清净心是成佛的保证，所以是超世俗善恶而又可假说是无染的。牟宗三就是抓住佛性概念的演变来挖掘佛家对道德意志肯定的方面。实事，是以良知、道德心判断世间善恶而言，伦理道德在人伦日用中当然可以说为实事，是具体存在的。而假名和实事不相排拒，就是肯定缘起共法儒家也能承认，而本体性空并不妨碍本体自身的超越意义及其自体至善性，即将良知与性空结合起来，本体缘起而性空，性空而至善，构成儒佛可相通之大道。

　　这种对于儒佛本体的理解，特别是对缘起意义的阐发，使他进一步提出了两层存有论的主张。并将两层存有论作为儒佛共同的义理间架，在本体论层面提炼出两层存有作为共同模式，并以此来对治康德哲学之不足，实现中西会通。

　　两层存有论，即无执的存有论与执的存有论。无执存有论指本体界、物自身，执的存有论，指现象界，所以又分别称本体界存有论与现象界存有论。他的本体论建构是从人出发，首先从人入手，就人的本质而言，人是有限而可无限的。人虽有限而可无限这一点引申出来，就是人需要存有论，一个本体界的实有，即本体才使人成为无限，本体体现了人的实有性，而现象界的存有则肯定了人有限存在的实有性。值得注意的是，就"因为正是一个本体界的本体（实体）才使他成为创造的，无限的"②这层意义而言，是人需要本体的存有，是人创造了本体，这就把本体论

────────────────

① 牟宗三：《佛性与般若》上册，台湾学生书局2004年修订版，第137页。
② 牟宗三：《现象与物自身》，台湾学生书局1990年初版，第30页。

转化为一种从主体出发的主体哲学。这是两层存有论隐含的一个理论前提。就人虽有限而可无限，即人有自由无限心这一点就引申出两层的存有来确定人的本质。所以他又自称为一种实践的形上学，是在人成圣、成佛、成真人的实践中带出来的两层存有。而肯定人有自由无限心，人才是有限而可无限的，自由无限心的自我坎陷，就成为一种执，即自己执持自己而成为一认知主体，并由执物之在其自己而成为一现象执，构成两层存有的执。而执的概念就是他吸取佛家执的意义来融摄康德哲学的物自身与现象，这是他对佛家执的含义的发挥。他认为佛家原意的执侧重识心之执，是泛心理主义的，重在说烦恼，而他所谓执，则重在突出认知主体，所以他的执的含义是就认知主体的人而言，人的自由无限心的活动概括起来就总称为执。

　　既然两层存有论可作为儒佛道乃至中西哲学的共通模式，那么佛家自然也不例外。就佛家而言也有两层存有论。无执的存有论，也就是本体层面的存有，他从对缘起法的解释出发，对佛家无执的存有做了分析。

　　就佛家的缘起共法而言，缘起性空的意思，在某种程度上可以说是物之在其自己。即物如其所是，如如不变，牟先生引用康德的物自身的含义说："物自身之概念与现象之概念间的区别不是客观的，但只是主观的；物自身不是另一个对象，但只是关于同一对象底表象之另一面相。"① 也就是说，物自身不是离开现象而单独存在的一个他物，而是同一对象的表象之另一面相。而缘起无性这一层面上，则可以说是物自身。就缘起事物不生不灭，不常不断，不一不异，不来不去而言，缘起事物无自性，不从他生也不属于自生，是缘生而有，所以缘起的含义可是说是事物如如而生，只有如相，即无性为性，也就是物之在其自己。物之在其自己就是缘起如如而已，并不表示在物自体之外还有一个别的什么事物为其本源，物之在其自己就是如相，没有其他实指意义的表示。他说：

　　　　无性而执其有定相既是执，则去掉此执而即如其无性而观之，即，直证其无性之"如"相，那便是缘起物之在其自己，此即是无

---

① 牟宗三：《现象与物自身》，台湾学生书局1990年初版，第401页。

自己底自己。此时亦无缘起可说，缘而非缘，起而不起。①

　　所以，就缘起而性空，缘起而幻有而言，事事物物只有此缘起如如之相，即缘起而已，所以是假说为自己，实质是缘起之在其自己，就可以说为物自身。所以缘起物之在其自己即是缘起的含义，实际上没有增加另外的实体，只是虚说的物自身，虚说的缘起物，也就是佛家的实相一相，所谓无相，即是如相。因此是缘而非缘，起而不起，即物而无物。由缘起法的实相之如相解释为在其自己，则可以引申出一切无自性的缘起法本身的存在起源问题，即在其自己的必然性的问题，这就隐含了一个佛家式的存有论，即无执的存有论。牟先生追溯佛家义理发展的各阶段对这个无执存有做了说明。就大乘空宗而言，般若共法是一切皆空，而以般若具足一切法，这对缘起在其自己的成就即可以理解为一种作用地具足，"是在般若活智之作用中具足而成就一切法"②，这是借现成已有之法来体现般若之妙用，以一切法为般若智之显现具足，所以未曾对一切法的根源作存有的说明。而唯识有宗的出现则是试图通过阿赖耶识缘起来说明一切法，就阿赖耶识作为无始时来界，一切法所依而言，阿赖耶识虽然可以说明一切法的存在根据，但由于阿赖耶识本身无覆无记，含藏染净诸法种子，所以不能解决如何生起无漏清净的问题。而在阿赖耶识系统发展下，根据对《摄大乘论》所译不同，真谛阐发的唯识学则侧重从"解性阿赖耶"的角度理解第八识，并将转染成净后的第八识译为第九阿摩罗识，第九识就是一种清净无垢识。这种对阿赖耶识作清净识解释的思路在《大乘起信论》中得到综合，即以一心统二门，遂发展为如来藏自性清净心，即成为如来藏缘起系统的来源，名曰真常唯心系。至此，以真常心来对一切法作一根源性的解释，即成为一种存有论的说明。顺着唯识学的思路发展出来的这条线索最后成为佛家无执的存有论。特别以中国佛教如来藏的三大宗派天台宗、华严宗、禅宗为突出代表，牟先生尤其强调天台宗代表了佛家对无执存有论的圆满说明。因为天台宗对一切法的解释已经不是般若学的作用地具足一切法，而是通过从无

---

① 牟宗三：《现象与物自身》，台湾学生书局1990年初版，第401页。
② 牟宗三：《现象与物自身》，台湾学生书局1990年初版，第404页。

住本立一切法，通过一念无明法性心，使一切法在三智一心中得，在一念即具三千大千世界中保住万法的存有，把善恶染净诸法门都囊括其中，所以是以存有论的圆具为背景而为作用地具，即成为一种无执的存有论。其中，这一无执存有地具足一切法的根源来自般若学之后佛性概念在中国的发展，特别是涅槃学兴起之后佛性概念的中国化。这是因为就前面所谓无执存有的可能是通过一自由无限心来保证，则无执存有通过真常心来具足一切法、说明一切法来看，在佛家，这个自由无限心就体现在真常心上，即如来藏自性清净心。而如来藏自性清净心是通过三身佛性发展为"如来藏恒沙佛法佛性"的演化来成就无量法门而成为自由无限心。这就涉及对佛性概念的演化过程的解读。

　　这里值得一提的是，如果说佛家也有无执的存有论，那么如何看待从缘起之在其自己发展而来的这种存有呢？这种存有既然不单纯是作用地具足，那般若共法下如何使存有论的具足得以实现？这涉及如来藏学派体系下有无本体论生成，也就是是否梵我化的问题。就存有而言，如来藏自性清净心是否可以理解为一梵我色彩的概念，决定了中国传统如来藏宗派是否有悖佛法缘起中道的问题。印顺即认为，真常唯心系的思想梵我色彩浓厚，这与日本佛教批判如来藏非佛法的观点遥相呼应。牟宗三虽然提出佛家的无执存有，但他同时也对此作了解释，说明这种存有并不违背佛法，维护了如来藏宗派的合法性。就无执存有论从如来藏清净心始显豁出来而言，他认为如来藏自性清净心所保住的万法存有并没有积极的生成意义，说生起只是一个虚样子，不能视为梵我论。他说：

　　　　如来藏"真心即性"之有"实体性的实有"之意味只因在对众生而说其成佛可能之根据并对一切法作一根源的说明这两个问题上始显出这一姿态，即是说，只在这两个问题所示现的架势上始显出这一姿态。这实体性的实有只是一个虚样子。如来藏真心"随缘不变不变随缘"之缘起并不是实体性的实有之本体论的生起。它是通过无明妄念（阿赖耶识），不染而染，始随染缘起生死流转之杂染法，它本身并不起现这一切。[1]

---

[1] 　牟宗三：《佛性与般若》上册，台湾学生书局 2004 年修订版，第 477 页。

也就是说，如来藏真心是通过对众生成佛之可能性，即佛性来对一切法的根源作说明，所以其现起并不是实有一个本体来生成万物，不是一种创生本体，只是虚说，由无明流转生灭，不是真如生起万法，这种缘起就不违背佛法。不能一看见生字就以为有本体论的生成意味，其实只不过是作用地具足而在虚说中保住存有，染净诸法还是缘起之在其自己，并没有积极生成相。因此他认为，佛家的无执存有是通过如来藏自性清净心成立的，而"依如来藏自性清净心而说自发的愿与智以成'始觉'，得解脱，这种向上超拔不甚是自明的，亦不见得有必然性，是故在佛家，说来说去，总重视外缘始能引导众生向那特殊方向走。是则不如儒家之由道德意识入有自明性与必然性"①。不过他又解释说这并不是表示两家之是非，而只是说明两家入路不同、教法不同。其实，依如来藏自性清净心而佛性本有，但成佛还需要发愿与修智而促成始觉，始觉依本觉而有，不能完全说是外缘，只不过就自明性和必然性而言，佛性强调的是可能性，即因性，因与缘具足才能成佛果，这在说法上是不能如儒家那样认为道德意识的必然是通过天道挺立来保证的，的确是入路与教法有异。而这种教法不同，在牟宗三的判教系统里就有高下之分。他以儒家为圆教，佛家中天台宗也尚可以为圆教，但相对于儒家而言仍不是最高。这是因为佛家的无执存有论系统在他看来是缘起之在其自己，是虚说的本体，没有道德创生意识。这就回归到熊十力对儒佛本体的判断上，同样是以是否能动、创生来衡量本体，这是他们对佛家缘起义的看法。当然，就缘起之非本体创生而言，这种儒佛本体差异的判断无可厚非，但如此一来，则可见出无执存有是认知主体意义上的。牟先生的意图即在说明缘起而不悖存有，而无执的存有是通过自由无限心来保证，也可以说是智的直觉来保证，即从主体性的人出发而虚说一本体，所以他的所谓两层存有实际上是通过主体的人来保证，也就不是单纯的本体论的建构，而是从内在而寻求超越。这在执的存有层看则更明显。

执的存有，也就是现象界的存有，这是通过识心之执来实现，实际上是通过唯识学遍计执性来保证。他说：

---

① 牟宗三：《佛性与般若》上册，台湾学生书局2004年修订版，第466页。

　　依其中的遍计执性与染依他，它可含有一现象界的存有论，即执的存有论。此一存有论，我们处于今日可依康德的对于知性所作的超越的分解来补充之或积极完成之。所谓补充之，是说原有的赖耶缘起是不向这方面用心的，虽然它有可以引至这方面的因素，如"计执"这一普遍的底子以及"不相应行法"这一些独特的概念便是。所谓积极完成之，是说只有依着康德的思路，我们始可把这"执的存有论"充分地作出来。①

　　所谓依着康德的思路，就是在知性认识层面将佛家遍计所执之现象界作为一执的存有，由遍计所执来保证现象界的一切法，这在认识上则是知性认识的需要。而康德建立种种时空表象范畴的关系可与佛家的不相应行法相应，此即遍计所执之相。这就把识心执成的现象作为一经验知识存在的根据，而以现象为遍计所执而成。这种对现象的解读在康德是没有的，但在佛家则可以成立。就现象界而言，牟宗三以佛家所谓执来解释现象，就把现象收摄于识心。经验知识就由识心之执来保证，感触的经验的知识就是执所成的知识，这构成执的存有。

　　所以，就牟宗三的两层存有而言，物自身和现象是同一对象表象的不同面相，而且关键在自由无限心的作用。那么两层的区分也就是主观的，由自由无限心的执与无执来确定。其中，执的存有是自由无限心，也就是良知的自觉坎陷下落为一识心之执，来保证现象界的存有，所以执与无执取决于良知的坎陷。这就体现了人虽有限而可无限。无限就无限在人可以自由地坎陷而保证万法，这样物自身就不是不可认识的，智的直觉是人可以有的，所以有无执的存有和执的存有。至此，佛家的无执存有则通过一种虚说的存有实现，实则仍是虚说的缘起之在其自己的物自身，而执的存有则通过遍计执、识心之执来存有，仍非实有的存有。可以看出这种两层存有的划分对于本体与现象界的说明是比较清楚的，但其根据在于人的智的直觉，即自由无限心，实际上用儒家的思想表达，就是一本心、良知。其实质仍是熊十力的本心本体论，只不过在诠释的

---

① 牟宗三：《佛性与般若》上册，台湾学生书局 2004 年修订版，第 429 页。

框架和范围上包容性更强，特别是在对照康德哲学的现象与物自身划分之后，将本体的存有和现象的存有的分析间架明晰化了，而不是笼统地以一个一元论的本体来解决问题，毕竟还是比熊十力的一元本体精致。

现在，我们来回顾一下熊十力建构儒佛本体论会通的过程。首先，他把唯识学中侧重强调的依他起的虚妄唯识转成了唯心说，这意味着他在虚妄唯识之外肯定有一本心真在，这与他肯定宇宙万法有一本体存有相应。并且就本体非外在于人来说，可以从会物归己，摄所归能的角度理解心境关系，即本心统摄境识，能感通觉知境，与万物同体，这是从即用见体的角度肯定了本心能体知万物，即心能见体。这个本体，他认为从本性上看是空性。本体不可言说，无形相无方所，故以遮诠的角度说是性空。可见，本心与万物同体这一点他虽与儒家相同，但还保留了佛教性空的观念。另外，他所谓性空又不完全与佛教一致，而赋予性空能生的意义。一方面，他认为宇宙万法也无自性；另一方面，他所谓性空是本体的性空，即以空为本体之性，但这个空是有创生性的，是空而不空，无为而无不为。故他假立本体有内自动因，能创生万物，恒转的势用翕辟成变，而成心成物，万化由始而来。这个本体，熊十力认为相当于佛教的真如。故真如，也为本体之异名。抛开本体的创生翕辟成变来看，心物相对，境识相对，这与唯识学本意并不违背，并且最终落实在人身上，有会物归心的倾向，故唯识学强调唯识，而熊十力则强调本心。只是本心与唯识之识有差别，熊十力的本心本体是有道德创生性的，这是从本体论角度建构的形上意义之道德本体。而唯识学的唯识是侧重从人的认识过程出发，围绕主体的认识能力而确立宇宙万法。所以他既保留了唯识学对境识关系的描述，又在此基础上设立了一个能创生的本体。

在本体的具体内涵上，他综合了儒佛两家的说法，突出本体是寂而仁、仁而寂的。一方面肯定诸法无自性，境识相对，本体为空性，这是本体寂静的方面。另一方面他赋予本体的空性为不空，为宇宙内自动因，本体有道德创生内涵，则本体有生生之德，此是本体造万化之仁，与完全从缘起建立性空，从依他起建立识有的佛教义理有所不同。而就宇宙万法为幻有言，他也与传统儒家肯定宇宙流行真实存在不同。

总体上说，熊十力吸取了唯识学的境识关系理论，保留并改造了缘起思想，即将缘起和性空分成两部分，一方面以缘起为权说，另一方面在本体内涵上保留性空。在此基础上他提出能创生性的本体概念，并以彻底心物、主客一元论的模式统摄了境识、心物，使一元论的本体论成为其说的最大特点。

而他对本体内涵的寂而仁、仁而寂的理解导致的结果则是对儒佛两家存有层本体内涵的综合，说明缘起与能生的一致性。在牟宗三那里则表现为创造性地将缘起解释为物之在其自己，即康德所谓物自身，而儒佛相通之大道就在于双方均肯定缘起的基础上，将性空与至善结合起来。由此提出两层存有论，肯定了唯识学识心之执的存有意义。可以说，这方面他延续熊十力寂而仁的儒佛会通思路，并且同样从本体的能动、创生与否来判定儒佛。当然，虽然在对本体的含义描述上他们均注意到儒佛的一致处，但最终在对本体的创生性的强调上又表现出与佛家不同，由此可见出儒佛分野。

第三章　心性论层面之儒佛会通

本心与唯识的差别，不仅仅是本体层面的儒佛差异，还涉及心性论层面的儒佛不同。心性论层面也成为熊十力会通佛学的一个重要方面。熊十力一方面对佛教唯识学的阿赖耶识提出批判，另一方面改造了唯识学的种识关系、种现说，由此提出本心与习心的区分，完成他自己的心性论建构。这种心性论，既吸取了唯识学种识说的思想，又融合了如来藏系宗派特别是禅宗的心性论模式，表现出熊十力倾向于如来藏心性思想的特点，并最终转向儒家性善论为本的心性论。通过熊十力对唯识学种识关系的改造以及他对如来藏学宗派心性思想的赞扬，最后到他以性善论为根据建立本心本体论，可以看出，相比较唯识学的心性思想而言，熊十力认为儒家心性论与中国化的如来藏宗派心性思想较为相契。

第一节　从唯识妄心转向本心论

熊十力对唯识学中精密繁复的心识结构分析不满意，认为名相纷扰，没有抓住根本问题。他的意图是从根本上将唯识转为一种体用不二的本体，彻底一元论的本体在心性上不可能没有作为，所以他在心性上相应地也建立一个本心论。本心最终还是会归本体，体现出体用不二的精神主旨。这就与唯识学以虚妄唯识来分析世界的方法有所不同。

一　对阿赖耶识的批判

首先，熊十力对唯识学的阿赖耶识概念提出了批评。在前面提到的本体建构方面，他指出唯识学的种现对立有二重本体之嫌，但是对于阿赖耶识统摄八识的作用，他并不否认。但具体就阿赖耶识的本义看，阿赖耶识在他看来是虚妄杂染识，与一元论的本体建构自然不相应。熊十力对阿赖耶识的理解大体上有如下三点。

第一，以阿赖耶识为种子识，由此推导出佛教为多元论。

　　阿赖耶识自身含藏诸法一切种子，并且执持种子令不失。熊十力指出，有宗认为一切众生具有八个识，而八个识统摄在阿赖耶识之下，阿赖耶识含藏其余七识的种子，由此七识能展转得生。就阿赖耶识含藏种子而言，"此识无始时来，念念生灭，前后变异，而恒相续，定无间断，故喻如暴流"。[①] 并且阿赖耶识有自己的种子和现行。推广言之，每一个识都可以分析为相分和见分，第八阿赖耶识自身也有自己的相分和见分。由此熊十力认为一切识或一切相见同名为现行，并与种子相对。他以种子为因，以一切识、一切相见为果，种子与现行由此构成对立的二重世界关系。这里面可以看出熊十力对唯识学理论的两个误解，一是认为识即是现行，二是相见分虽同名为现行，但相见各有自种，又成为现行中的二重世界。

　　就第一个误解言，熊十力明确表示，识即现行。他的理由是，识均从种子而生，种子是潜伏隐藏于识中，而种子生识，则识为种之现行，现行也就是识之别名。但是，《成唯识论》说："种子虽依第八识体，而是此识相分非余，见分恒取此为境故。"[②] 而就熊十力所谓识从种生而言，他是先将识看作为现行，故现行生种，种又生现行，互为因果，如此可以说得通。但完全将识等同于现行而作一番循环论证，就说不通。现行与种子，是就识来说才能成立。现行，是就有为法显现于眼前，相对于种子的隐藏、不显现而言。就广义的识来说，不论是前六识还是末那识、阿赖耶识，都包含了自身种子和现行两部分，并非一切时候八个识都同时现行出来，而且就识的本义说，识以能变为殊胜作用，前七识以第八阿赖耶识为所依，所以《成唯识论》说："阿赖耶为依，故有末那转，依止心及意，余转识得生。"[③] 识，是以分析、认知、了别为力用，不能用现行来概括识的特征。

　　就第二个误解看，相分和见分为同种还是别种，在印度唯识诸师那里说法不一。熊十力以为护法是将相见分为别种，由此有二元论倾向。然而，不管同种还是别种，从相见二分关系来看，都不能认为它们是独立的二重世界。相分见分说的成立，有着多重的意义。从认识论的角度

---

① 熊十力：《新唯识论》，中华书局1985年第一版，第81页。
② 韩廷杰校《成唯识论校释》，中华书局1998年第一版，第105页。
③ 韩廷杰校《成唯识论校释》，中华书局1998年第一版，第264页。

说，是唯识学为了将认识对象、认识能力、认识主体区别开而做出的诠释；从解释万法构成上说，则突出识所缘，识所变，一切不离识的唯识性。《成唯识论》说"似所缘相说名相分，似能缘相说名见分"①，所以见分是能缘，是能知能觉，相分是所缘，所知所觉。相分和见分是两个相对的概念，无所谓绝对的对立。并且，就护法的四分说来看，相分和见分均依于自体的自证分，而证明自证分之存在的为证自证分，属于自我内证。相分、见分统摄于自证分，而自证分又为自我所反省内证，实际上将认识对象、认知主体及认识能力又统一于识本身，突出识的了别能力和对万法的变现作用，紧紧围绕万法唯识立言。如此则不存在相分与见分各成互不相干的独立二重世界。

在此基础上，他认为种识关系中种的地位高于识，种具有本体内涵。他指出种子为各各分散的种粒，而这些种粒要有个储藏的地方，由此才成立阿赖耶识说，实则把本体当成多元而非一元。从这一说法看，他把种子作为更为本源的存在，阿赖耶识只不过是含藏种子的场所，就这一点说，阿赖耶识在熊十力那里就是可有可无的。同时，他以种子为诸法生起之因，"即由此赖耶中一切种为心物诸行生起之因"。② 种子自然比识更为根本，所以熊十力又把种子作为一重本体，以真如为二重本体，其中并没有阿赖耶识的地位。

另外，他顺着唯识学中对阿赖耶识统摄诸法种子关系的描述，认为这样也不妥，即同样导致多元论，甚至多神论。"夫谓人各具一本识，含藏一切种，是生心物诸行。如其说，则与外道神我论同其根底，且为极端的多我论者。"③ 在《新唯识论问答》中他还说："赖耶非众生所共有，乃每一人或一动物各各有一赖耶。据此，则有宗关于宇宙论方面之见地，直以为众生各一宇宙，同处各遍，互不相碍。亦可谓多元论欤?"④ 其实都是表示阿赖耶识为众生各各不同的识，所以每个人的阿赖耶识变现出的宇宙万法也各不相同，由此则人人一个宇宙，一个世界，自然成为多元论、多我论。在这一方面，《成唯识论》确实也提到阿赖耶识为人人

① 韩廷杰校《成唯识论校释》，中华书局1998年第一版，第134页。
② 熊十力：《新唯识论》，中华书局1985年第一版，第420页。
③ 熊十力：《新唯识论》，中华书局1985年第一版，第471页。
④ 萧萐父主编《熊十力全集》第八卷，湖北教育出版社2001年第一版，第185～186页。

各不相同，《成唯识论》卷七说"一切有情各有八识，六位心所，所变相、见，分位差别，及彼空理所显真如"①，如此等等。但对于各不相同的解释是诸有情的阿赖耶识各不相碍，因为种子当中有共相和不共相的区分，山河大地为多数人的共相种子所变，而各人不同的眼、耳、鼻、舌、身五根由不共相种所变。

第二，以阿赖耶识为流转习气，由此推导出佛教为神我论。

就阿赖耶识作为含藏诸法种子而令其不失的功能而言，熊十力指出每个人都有自己的阿赖耶识，并且阿赖耶识随着人的一期生命流转不停，带着习气种子进入下一期的轮回。这说明了两个问题，一即阿赖耶识是一种习气汇集，二是这个汇集习气的阿赖耶识流转轮回，产生了固定的个体生命。他说：

> 顾如神识之说，即群生本来法尔一齐各具，则是众生界原有定数，而所谓宇宙实体将为分子之集聚，适成机械论而已。②

> 若其持种赖耶流转不息，直谓一人之生自有神识迥脱形躯，从无始来恒相续转而不断绝，则亦与神我论者无所甚异。③

从这里看，他把轮回的阿赖耶识作为固定不变的事物，在轮回的过程中前一期个体生命的阿赖耶识与后一期生命的阿赖耶识没有不同，所以才有众生界原有定数的结论。又根据阿赖耶识为法尔本有，则宇宙成为各各众生的阿赖耶识的集聚，由此则阿赖耶识与印度外道的神我说就没什么区别了。但是，作为流转的阿赖耶识在轮回中是有变化的，非定数，法尔本有并不能单纯理解为条件决定论、一因决定论。由于熏习作用的不同，各人的种子生现行，现行熏种子，各各人的阿赖耶识因为遇缘不同，成果也自然各不相同。这个脱离了众生一期肉身生命的阿赖耶识在进入轮回时就不能作为永恒不变的神我来理解。在对阿赖耶识轮回的问题上，熊十力的理解也存在着一些变化，在他的文言文本《新唯识

---

① 韩廷杰校《成唯识论校释》，中华书局1998年第一版，第493页。
② 熊十力：《新唯识论》，中华书局1985年第一版，第81~82页。
③ 熊十力：《新唯识论》，中华书局1985年第一版，第81页。

论》中，他对轮回说表现出模棱两可的态度。他认为有情众生业力不随形尽的说法"理亦或然"①。从道理上分析，他承认人的习气是存在的，并且不随人的形体毁坏而消失。但是就人的先天材质的差异来说，这种区别他无法解释，所以他赞同以习气来解释人与人之间的差异。然而，这种习气定有而业力轮回到下一世，他认为在经验界又无法证明，所以不必说一定会轮回到下一世不可。这种态度后来在他的语体文本《新唯识论》中发生了变化，他不再以"理亦或然"来描述赖耶轮回，而是以习气说取代对赖耶轮回问题的探讨，表现出对轮回的回避，但又保留了轮回中的习气观念。这种变化使得他在语体文本中对阿赖耶识的理解主要从习气方面下手。他坚持认为阿赖耶识为一神我论，他引证玄奘的《八识规矩颂》所说的阿赖耶识是"去后来先作主公"，所以，作为轮回主体而言，阿赖耶识类似于神我。同时他又对阿赖耶识含藏习气做了吸收。他说：

> 　　大乘赖耶，本为含藏种子。吾谓习气，亦不妨假名种子。但此习种，千条万绪，实交参互涉，而为不可分离之整体，亦可说为一团势力，不必更为之觅一所藏处。夫赖耶实等于外道之神我。果如其说，则众生无始以来，有一染性之神我。而自性菩提，果安在耶？②

　　从这段话可以看出，他虽仍以阿赖耶识为含藏诸法种子的场所，突出阿赖耶识的所藏义，但阿赖耶识则可以名为习气，这种习气汇聚，应该是一个不可分的整体，所以可以说为一团势力，而不应该立一个独立场所来含藏诸法种子。简言之，他认为赖耶就是种子、习气本身，不必为种子、习气的场所。

　　第三，以阿赖耶识为杂染法。

　　熊十力指出，种子有染净，阿赖耶识中染净种子就是杂居的，则"众生无始时来，只是赖耶为主人公，自性涅槃与自性菩提，于众生分

---

① 熊十力：《新唯识论》，中华书局1985年第一版，第81页。
② 熊十力：《新唯识论》，中华书局1985年第一版，第592页。

上，不可说有"①。在《新唯识论问答》中他还说：

> 赖耶含藏一切染净种子，而赖耶自身却是染性，虽含有净种，而不得发现。据有宗义，吾人的生命，只是染种所生之赖耶。佛家虽斥破外道之神我，但有宗所立赖耶，实有神我的意义。②

　　说赖耶识作为主人公，这是从赖耶识作为异熟种来说，而赖耶识本身是染还是净，在唯识学中也众说纷纭。阿赖耶识本身含藏有染净诸法种子，而其本身又能够受熏持种。对于阿赖耶识所持种子，《成唯识论》认为是染净诸法种子都在其中，但无漏种子是寄附性的，"诸种子者，谓异熟识所持一切有漏法种，此识性摄，故是所缘。无漏法种虽依附此识，而非此性摄，故非所缘"③。玄奘的《八识规矩颂》也倾向于认为阿赖耶识无覆无记，因其含藏执持诸法种子，所以才能受熏而现行为或染或净的诸法不同。而熊十力这里所谓赖耶识为有漏，是从赖耶识含藏无始以来的种种习气，而清净法种子是寄附其中来说，这与唯识学侧重从虚妄杂染面立说的特点有关。另外从赖耶识作为习气种子的含藏场所而言，在熊十力看来也非一个纯然至善的本体。所以，站在儒家至善本体的立场看，赖耶识自然也是非至善性的。

　　这里熊十力连带地对唯识学以赖耶识为心的说法做了批评。他指出，唯识学以集聚八识的阿赖耶识为心，即集起名心的说法，是对心的含义的一种谬解。站在赖耶识为异熟识流转杂染的角度看，他认为阿赖耶识纯粹是一团习气。故这个心，并不是纯然清净的、超越的心，而是一种对现实人心的描述。他说："故知教中谈识及种，实以习气或习心，说为众生之本命。"④ 所以，熊十力不主张以阿赖耶识为心，并且提出一种新的观点，即以阿赖耶识为当时西方心理学流传过来的下意识。他认为阿赖耶识可以当作下意识来理解。下意识即无量无边的习气潜伏，正好与阿赖耶识的意思相应，在此基础上他改造了唯识学的种识关系、种现说，

　　① 熊十力：《新唯识论》，中华书局 1985 年第一版，第 590 页。
　　② 萧萐父主编《熊十力全集》第八卷，湖北教育出版社 2001 年第一版，第 183～184 页。
　　③ 韩廷杰校《成唯识论校释》，中华书局 1998 年第一版，第 143 页。
　　④ 熊十力：《新唯识论》，中华书局 1985 年第一版，第 592 页。

而以一种功能论代之，构造他的本心论。

二　对种识关系、种现说的改造

针对种识关系带来的种子为无量多数割裂的实体，识也各各不同，种现说带来的二重本体，两重世界分化，熊十力提出了以恒转功能为一重作用的即用显体的理论。宇宙万有都是恒转功能而已，就不存在种识分化、种现对立。他的功能说有如下几方面。

第一，功能是从即用见体的角度说，假立其为体，与唯识功能义不同。这里涉及熊十力所谓功能与唯识学功能义的差别。功能一词，从其在佛教里的用法来看，指的是功用、势能。《成唯识论》中对功能的描述有几点值得注意。首先，是以功能为作用之义，功能表示有力用，有功用。如说种子义时，谓种子为本识中亲生自果功能差别，说明功能指种子的各种力用不同，又根据本识中的功能差别将种子分为六义。其次，功能是一中性描述，其中不涉及善恶，而是一种能力。善法能引善功能，恶法也能带来恶功能。如《成唯识论》卷七说："种子者，谓本识中善、染、无记诸界、地等功能差别，能引次后自类功能。"① 最后，由于阿赖耶识力用不断，故功能随着阿赖耶识流转轮回，不是一期肉体生命完结就没有的，而与习气相类。如《成唯识论》卷八说："习气处言，显诸依处感异熟果一切功能。随顺处言，显诸依处引等流果一切功能。"② 又说："'诸业'谓福、非福、不动，即有漏善、不善思业。业之眷属亦立业名，同招引满异熟果故。此虽才起无间即灭，无义能招当异熟果。而熏本识起自功能，即此功能说为习气。"③ 所以习气在某种意义上又与功能相当，非一非异，与异熟阿赖耶识一起参与轮回当中。

相反，熊十力所谓功能，首先是本体之假名，即用见体而假立功能目之曰体。所以，熊十力又说他所谓功能即是实性、真如。他指出，有宗的功能又为习气，所以功能是潜藏在现行界背后的，种子与现行构成二重本体，而他的功能就是真如，就没有所谓种现、隐现两界，只此真如就是本体，而同时就是现行，是会性入相。天地间原来就是此一实性，

---

① 韩廷杰校《成唯识论校释》，中华书局1998年第一版，第508页。
② 韩廷杰校《成唯识论校释》，中华书局1998年第一版，第531页。
③ 韩廷杰校《成唯识论校释》，中华书局1998年第一版，第539页。

而无所谓现界相对而立，就没有二重本体之嫌。与此相应，功能既然就是本体，那么依功能假立诸行，就无体用二分之过。他指出有宗以功能为体，这里他认为有宗的功能、种子、习气是相含混的概念。他以种子为有宗的一重本体，为生起现行之因，所以，他所谓有宗以功能为体，实际上指的是有宗的种子为本体。在这一基础上，他指出有宗的现行为用，从功能生起。而他的功能则包含了翕辟两面，翕辟就是功能本身，翕辟又是构成世界的心物两面，没有体用二分之过。

第二，与功能作为一个体用不二之体相关，功能就是一浑一的全体，非如有宗的种子为众粒纷然。他认为，有宗的功能指的是无量数众多种子，这些种子就是多元的，而本体应该是一个完整的全体。应该能全中见分、分中见全，整体中的各个部分都是互相融摄而浑然一体的。具体来说，就是每一物的功能也都包含了一个完整的整体，即翕与辟两个方面。这是功能内部具有的内在矛盾而发展的趋向。"每一功能都具有翕辟两极，没有一个功能只是纯翕而无辟，或只是纯辟而无翕的。"① 翕与辟是两种不同的势用，"一是收凝，而有物化的倾向的；一是刚健和开发，而为虚灵无碍之神，恒向上而不肯物化的，故说为两极端。实则此两极只是同一功能之故反的动势，这种不同的动势是互相融合在一起，决不是可以分开的"②。同一功能之故反，意思是说功能自身表现自身而自然如此，就像有目的、有意地就产生了翕辟两种动势，说明翕辟是功能中不可缺少的两方面势用。无量的功能都包含了翕与辟这两方面，事物的各种功能都是如此，所以这些局部的个体的功能与整体的功能是相同的，一个事物的功能反映出整体的大全的功能。这就是熊十力所谓全体中不碍分化，分化中可见全体。

第三，功能与习气不同。与唯识学中功能与习气可以相混，某些地方可以含义等同的情况相反，熊十力要批评的就是能习不分。他甚至将能习不分作为唯识立论中的最谬点。他指出，有宗的功能有本有功能和新熏功能之分，本有功能无始以来法尔成就，新熏功能"谓前七识一向熏生习气故"③。这指的就是熏习所成的后天习气，"习谓惯习，气谓气

---

① 　熊十力：《新唯识论》，中华书局 1985 年第一版，第 444 页。

② 　熊十力：《新唯识论》，中华书局 1985 年第一版，第 444～445 页。

③ 　熊十力：《新唯识论》，中华书局 1985 年第一版，第 449 页。

势。习气者，谓惯习所成势力"①。熏习就是熏发，令其显现并增长，前七识起时各各能生发习气，熏习第八识诸法种子，而由此产生新的势力，能生未来一切心物诸行，就是新熏功能。熊十力认为，护法成立本有与新熏并存，则把本有和后起习气混同起来。功能应为先天本有的，习气才是后起的，而本有功能和新熏功能的并建无疑把功能和后天熏生的习气混为一谈，这是混习为能。他的出发点就在于他认为功能应为本有，他说：

> 功能为浑一的全体，具足万德，无始时来法尔全体流行，曾无亏欠，岂待新生递相增益？设本不足，还待随增，何成功能？②

这里就可以看出他所谓功能含义与有宗不同了。他所谓功能，并非无记性，而是本体之用，故不可能是后天杂染的，而是先天本有至善性的。如果说还有待后天新熏而成，则显示不出本体的大用流行无碍。可见他是借用有宗的概念来阐发自己的思想。由此他特别强调功能和习气的差异。功能，是天事，习气是人能，如果二者混同，本有新熏均称为功能，就是以人混天，以后起同本有，这是他反对的。具体说，他认为功能与习气的区别有三。首先是功能即活力，习气为资具。意思是说，功能是宇宙的本体，从即用显体来看功能就是体，落实在人就是人之本性，本性无染，所以称为人的活力，"吾人具大有的无尽藏，而无待求足于外者，就是这种活力"③。习气则是待人的生命形成之后，而与人的形质之躯始起。习气就是人为的，是生命所仗的资具。所以习气有染有净，由此影响人的生命朝着或染或净的方向发展。其次，功能唯无漏，习气亦有漏。熊十力说：

> 功能是法尔神用不测之全体，吾人禀之以有生，故谓之性，亦云性海。……故说功能唯无漏性。
> ……

---

① 熊十力：《新唯识论》，中华书局1985年第一版，第449页。
② 熊十力：《新唯识论》，中华书局1985年第一版，第449页。
③ 熊十力：《新唯识论》，中华书局1985年第一版，第452页。

惟夫习气者，从吾人有生以来，经无量劫，一切作业，余势等流。万绪千条，展转和集，如恶叉聚。其性不一，有漏无漏，厘然殊类。①

这就是从他自己的本意出发，功能为本体之用，自然无漏，习气则因为牵涉无始以来善恶诸业的流转，而又染净差别。最后，他认为功能不断，习气可断。这仍然是从本体的角度出发，功能既然为体之用，自然无始以来恒常不灭，永无断绝，流行不已，生生不息。而习气既然是后起，非法尔本有，而且有染净习气之别，那么习气就有可断和不可断之分。染净习此消彼长，染习可断，净习则可由此增长而显发性之德，舍染取净。但是，就人的业力轮回这一点来说，由于熊十力对轮回问题避而不答，所以他才说习气非定断定不断，只能说在现实生活的观察中得出习气为人的生命流转的业力集聚的一团势力，所以有可能断除染习而增长净习，至于净习增长到何种程度，则不加以讨论。

那么，既然功能是本体之用，甚至可假说为本体，习气为后起，则功能与习气的关系也很明确了。熊十力认为习气只是一团势力，而不能混同于作为本体之用的功能。而有宗当中的种子，在他看来也就是习气，所以他所谓一团习气，也是就种子而言。他认为不应该将识剖为八，又树立无量数的种子为实体，而把种子看作一种潜在势力就可以。这就是他所赞同的《瑜伽师地论》第五十二卷所说的种子义，即依诸行假立的刹那生灭的潜在势力。

若只将种子视为一团势力、一团习气，他是认可的。他赞同种习不分，避免不必要的名相分析之扰，而又最终以大化流行的本体来统摄种习。然而，他对唯识学种子说的古义与今义的这种分辨，又颇有厚古薄今的意味。在这一问题上，他更赞同唯识古学之说。他认为，在玄奘之前，真谛已有一意识之说，而此一意识之说是以一识统摄诸识，种子只为识所具有的生化功能，诸识同体，故没有多元论和二重本体的谬误。在这一点上，他大大赞扬真谛所传的唯识学，"《新论》谈心，不取析物

---

① 熊十力：《新唯识论》，中华书局 1985 年第一版，第 455 页。

之方法，是与一类菩萨等计，较为接近"①，更连带地抨击时人只知欧阳竟无弘扬的玄奘唯识学，而对真谛朋一意识师全无研究，不免淹没了唯识学的真相。

要之，如何判断种子说是不是实体论，则要看种识关系，进一步来说，就是要看此中识的地位和意义如何。他说："欲知其种子之为一元或多元者，则必先究明诸识是体同用别抑各各独立，而后可推寻其种子说是否为多元，此实治无著派之唯识论者所宜首先解决之问题。"② 这是后来熊十力在《困学记》中对唯识学种子义的一次较为详细的解释。正是根据这种思路，他认为，无著以下的护法唯识学与主张诸识用别体同的一意识师不同，而犯了将八识看为各各独立个体，割裂唯识为多元论的错误。

所以，他自己建构的唯识学功能论最后是主张与真谛所传的一意识师一致，即诸识用别而体同说。而这种用别就体现在以种子为习气，诸识统体为一上。并且熊十力对此种体同用别做了易学式的解读，即以此功能体为心体，此识体为能生化之体，从而活化出一种中国式的唯心论、新的唯识论："假设将种子活讲不必析成各别之粒子，又不将种现剖为二界，只将第八现说为宇宙大心，说一切种是大心中具足无量势用，《新论》谈本体所谓备万理、含万德、肇万化是也。"③

这种唯心论，"欲主大化流行之义，以功能为万物之统体，而无所谓个人独具之神识。唯人生所造业力，则容暂时不散，此世俗幽灵之事实，所以不尽无耳"④。一方面就保留了习气说，另一方面种子也可活用，还避开了轮回问题，以习气常存代替轮回，而取消个人各各不同的阿赖耶识说，而代之以功能本体统摄万法，完成他体用不二的功能论。在这个功能说当中，就取消了种识分别，种现对立，也可以说是把唯识学擅长的名相分析来了个大综合，把一切概念都统一在恒转本体之下，又以即用见体的方法将这些概念都纳入本体之用中，实现体同用别上的体用不二。

---

① 萧萐父主编《熊十力全集》第五卷，湖北教育出版社 2001 年第一版，第 244 页。
② 萧萐父主编《熊十力全集》第五卷，湖北教育出版社 2001 年第一版，第 247 页。
③ 萧萐父主编《熊十力全集》第五卷，湖北教育出版社 2001 年第一版，第 257 页。
④ 萧萐父主编《熊十力全集》第四卷，湖北教育出版社 2001 年第一版，第 531 页。

　　这样一来，他认为此种对唯识学意义的诠释便带有新的意味，但仍是唯识学式的诠释，并非对唯识学的完全背离，只是与护法唯识学不同而已，实际上是借用唯识古学完成了其新的唯识论体系从唯识向唯心的转变。更说："若夫一类菩萨与一意识师遗绪，梵天今日似久绝而难寻，奘师当年竟弗传与妄抑。《新论》肇兴，千载遥契，此固数之自然、理不可易者乎?"① 这就大有维护真谛之学，继承真谛所传唯识学而成《新唯识论》的意味。在唯识学内部，熊十力是倾向于唯识古学，而在当时内学院大力弘扬玄奘所传的护法唯识学为正宗之际，能发现唯识学内部义理发展的派别不同，倡导研究唯识古学，不得不说也是熊先生的独具慧眼。

三　本心习心之分

　　前已提到，熊十力将唯识之识，特别是第八阿赖耶识看作杂染虚妄识。因识与境相对而起，对境彰名为识，故这个识在他看来是虚妄有漏的，同境一样属于现象界。所以，这个识也是要破除的，境无识亦无在他看来可作为对识的虚妄性的一种解释，这就不是把识单纯理解为殊特义了。或者说，这个殊特，只是现象界而言对境的殊特，非存有论上的、价值判断上的。虚妄唯识论，这是印顺对唯识学体系的一个概括，他特别加上虚妄二字，突出唯识学派是着重讨论依他起性，是依他起意义上的不空，故为虚妄。在心性判定上印顺由此区分出真心系与妄心系的不同。同样，这个虚妄的识心，在熊十力那里，又称为妄心。妄心就是熊十力对阿赖耶识的另一称呼。说明这个心是与境相对才有的，故熊十力又称之为后起的心。

　　后起的心，这是相对于本心而言。本心，是从心即性的角度说，在人为心，在天为性，心就是性体在人身上的呈现。这个本心先于识境之分，在存有论上具先天性。熊十力说：

　　　　提到一心字，应知有本心习心之分。唯吾人的本心，才是吾身与天地万物所同具的本体，不可认习心作真宰也。……今略说本心

------
①　萧萐父主编《熊十力全集》第五卷，湖北教育出版社 2001 年第一版，第 259 页。

义相：一、此心是虚寂的。无形无象，故说为虚。性离扰乱，故说为寂。寂故，其化也神，不寂则乱，恶乎神，恶乎化。虚故，其生也不测，不虚则碍，奚其生，奚其不测。二、此心是明觉的。离暗之谓明，无惑之谓觉。明觉者，无知而无不知。无虚妄分别，故云无知。照体独立，为一切知之源，故云无不知。备万理而无妄，具众德而恒如，是故万化以之行，百物以之成。①

所以，就万物的本源与人之本性非二来说，本心亦即谓本体。本体，在人而言，就是人的真性，熊十力又称为人的真己。这个本心是绝对无待的，所以本心能体万物而恒如其性，虚寂灵觉，不役于物。相反，习心则役于物，属于后起，就是与物相对之心。他说：

习心者，原于形气之灵。由本心之发用，不能不凭官能以显，而官能即得假借之，以成为官能之灵明，故云形气之灵，非谓形气为本原，而灵明是其发现也。形气之灵发而成乎习，习成而复与形气之灵叶合为一，以追逐境物，是谓习心。故习心，物化者也，与凡物皆相待相需，非能超物而为御物之主也，此后起之妄也。②

从这里看，习心实际上乃出于本心之发用于有形体之人身。本心发用不得不凭借官能以显，说明本心之作用于人，使人之官能具有形气之灵。而生理性的肉团心之人心则不得不与物相逐，而有习气产生，所以说习复与形气之灵合为一，对境逐物。这个役于物的形气之灵，就成为习心。从它待本心发用于人之官能而言，这是后起。从它摄于人之官能形体而言，它属于物化。从它役于官能之灵而对境逐物而言，它是习心。如此，习心可谓现实之人心，有感官和生理形质之人心，是物质与精神作用的统一体。另外，从本心之发用于人之官能来看，习心同样是归属于本心的。习心可谓从本心出，依于本心之作用故有。这看似矛盾，实际上是习心逐物，非本心逐于物。这是从绝对彻底的一元本体论出发而

①　熊十力：《新唯识论》，中华书局1985年第一版，第251页。
②　熊十力：《新唯识论》，中华书局1985年第一版，第253页。

得出的结论。所以，从本体的恒转之翕辟成变说，习心与本心的关系，又可以用翕辟来描述。熊十力说："夫心者，恒转之动而辟也。"① 这里的心是就本心而言，本心之恒转体现为辟的方面。但大化流行，还有摄聚的动的方面，这就是翕。所以，翕可拟称为本体之不守自性，这是熊十力自己的说法。但是，不守自性并非背离本体。本体必显现为诸法之用，这就体现在成物方面。本体之成物就是翕。就习心能逐物、役于物而言，习心就是恒转之翕的方面。所以，熊十力虽然将心分为本心和习心两种，习心属于后天成物而役于形的部分，即属于翕的运动物化而带来的，但均归属于本心。因翕也是恒转的一部分，如此就把习心统一于本心。他把本心比为佛家之法性心，习心相当于识。他借助佛教的根境说，习心则是依根而取境，故为妄。而本心必借根而始发现：

> 原夫本心之发现，既不能不依借乎根，则根便自有其权能，即假心之力用，而自逞以迷逐于物。故本心之流行乎根门，每失其本然之明。是心借根为资具，乃反为资具所用也。②

反为资具所用，就成为习心，就成为翕之动，而与辟相对，与本心相悖。所以，本心发用而下降为人身而言，因人之形气之躯有根身，遂成为逐物之习心。本心是就本体之发用而言，习心则是就现实役于根身器界的人而言，一为超越的本然之心，一为现实的实然之人心。本心对习心的统摄则在于如何使去习归本，突破形气的障碍。

值得注意的是，熊十力将本心比为法性心，然而以法性为心实际上多为如来藏系宗派所提。他还将习心比为识，相当于唯识学的阿赖耶识而言。如此一来，熊十力实际上是综合了如来藏学心性说与唯识学的阿赖耶识说。然而，唯识之识却不等同于熊十力所谓习心。阿赖耶识是异熟识，它与习心的最大差别在于习心限于现实有根身器界的人，而阿赖耶识能含藏诸法种子，并招引无始以来善恶业异熟果，故又可称为投胎识。阿赖耶识也就不限于此生，而含藏习气种子流转于下一世，轮回不

---

① 熊十力：《新唯识论》，中华书局 1985 年第一版，第 545 页。
② 熊十力：《新唯识论》，中华书局 1985 年第一版，第 549 页。

已。当然，阿赖耶识和习心也有某些相同处。习心是熊十力对现实人心的总体概括，它包含了唯识学八识系统中的整个心理活动和心理结构。只不过阿赖耶识在玄奘系看来是无覆无记的，习心在熊十力那里则是虚妄杂染的。所以，也可见熊十力是以圆成实的真如性为标准衡量心的本与习。不过这个圆成实性、真如性、法性，在熊十力那里带有儒家道德至善性之义，即以本心为至善心。

如此一来，本心习心之分在形式上与如来藏学心性思想更为接近。对于本习之转变，熊十力言：

> 或问：本心何曾有放失？
>
> 答曰：克就本心而言，他是恒存的，本无放失。若就吾人生活上言之，如妄念憧扰时，即本心被障而不显，便是放失了。①

本心被妄念覆盖扰乱，故而有习心障蔽本心，这就是本心不被发现的原因。如果要进一步追问何以如此，就只能从现实经验界解释：

> 夫众生一向是习心用事，习心只向外逐境，故妄执境物，而不可反识自己。习心是物化者也，是与一切物相待者也。本心则超越物表，独立无匹者也。既习心乘权，则本心恒蔽锢而不显。②

"一向是习心用事"，无疑与无始无明的意思相接近。在时间上无法追溯，只能说众生无始以来被妄念覆盖。对于本心受到惑染障蔽而习心用事，熊十力更以浮云蔽日，而日未尝不在来作比喻，与《坛经》的妄念浮云覆盖之说如出一辙，与部派佛教中心性本净，客尘所染的解释也颇为接近。

这一问题实际上也牵涉到既然本心存在为何有后天后起的习心，本心至善而如何解释后天恶行的产生，这也是儒家性善论上所遭遇到的如何解释恶的起源的问题。熊十力的解释是，"本体不能只有阳明的性质，

---

① 熊十力：《新唯识论》，中华书局1985年第一版，第553页。
② 熊十力：《新唯识论》，中华书局1985年第一版，第554页。

而无阴暗的性质，故本体法尔有内在的矛盾，否则无可变动成用"①。他结合儒、佛、道各家的观点，从易学中乾坤变化阴阳相济来观万物之活动，认为无论生命、心灵还是物质世界都是一体，都是生命活动运于物质世界，而生生不息。宇宙的发展是从物质层进化到生命层，乃至心灵层，显示心灵战胜物质而达到人类发展的极限。善恶问题，应该从本体的角度来考虑，不能只注意到眼前的一些善恶现象。他说：

> 善恶互相违，本乎乾之阳明与坤之阴暗两相反也。阳明统御阴暗，则矛盾化除，而乾坤合一矣。人之生也，禀阳明而成性，禀阴暗而成形，存性以帅乎形，是谓立人道以弘天道。②

这里可见，他所谓善恶，都是本体存有意义上的，而非具体的世间善恶行为，他的所论并没有涉及具体的善恶行为伦理问题。他是站在本体论的角度来讨论形上的善、恶，抽象的善、恶，实际上回避了现实世界善恶行为的矛盾问题。或者说，他从本体存有的角度来解释，世界上的种种善恶，最终是一种矛盾相互的作用关系，并且善终将战胜恶，犹如人的心灵、精神战胜物质层面，而飞跃向生命存在的最高层面，这个发展规律符合他所说的宇宙生命，宇宙流行而不悖于本体。这也正如他的翕辟成变说所言，翕与辟的矛盾运动，构成了本体功能的两个方面。一元论的本体不是独自表现自身，而是要通过这种看似对立的矛盾运动来表现，这是宇宙运行的规律。熊十力承认人生而有一团迷暗，世间有诸多疾苦，但是这些现存的现象都只是暂时的，他把这些人生坏的方面，都归结为"心为形役"，善恶对立由此变成了心物对立，恶的产生就是物化、被形气所障蔽的结果，实际上又回到佛教如来藏宗派的心性本净、客尘所染的解释中。但是，站在儒家性善论的立场来说，熊十力始终相信仁心为天之道，天道必不使人沦陷于万恶中无法自拔，故天之德与本心最终战胜习心是一致的，本心的显发只是早晚的问题。这也可见本心与习心的区别是从应然状态来区别，体现出可能性程度的不同，人可以

---

① 萧萐父主编《熊十力全集》第七卷，湖北教育出版社 2001 年第一版，第 279 页。
② 萧萐父主编《熊十力全集》第七卷，湖北教育出版社 2001 年第一版，第 285 页。

为善，也可以为恶，这与人的后天努力有关，本心的显现还有待于人的自身工夫修养，精进不已，这才显得人的修养工夫更为重要。

如此一来，熊十力就把唯识学的阿赖耶识为主的虚妄唯识转向为本心习心之分，实际上是转向以真常心为主，以妄心、客尘烦恼为辅，是以真心统摄妄心。因为他的习心最终是归于本心之下，是附属于本心的，并不是与本心完全对立而独存的，习心只是妄识的一种表述。从本体角度来看，熊十力已经明言，识心也是虚妄空性的，所以归咎到一元论的本体上，则实际上只有本心，而无所谓习心了。

第二节　心与性关系上的儒佛分辨

从熊十力以本心习心来统摄唯识妄心来看，熊十力的本心论当中吸取了唯识学的种习说，他的习心就来源于唯识学的习气之流。同时，对本心与习心的关系的论述又体现出与如来藏心性思想中真心被妄念覆盖的说法相似。最后，他的本心论归结到本心上，习心只是假名，就回到儒家性善论的立场。综合地对其本心、习心乃至他的心与性的关系论述作一评价比较，就成为必要了。

一　《新唯识论》心与性的含义

就心的含义而言，熊十力首先对佛教当中"心"的用法作了介绍。他指出，唯识旧师以集聚八识者为心，这个心就是统摄八识的阿赖耶识。而八识之中包含了眼、耳、鼻、舌、身、意、末那七识，也就把通常所说的心、意、识三者都包括在内，即感官的和缘虑、思维心均是这一个心。这就意味着此心具有现实人心的染净作用，能被外物所役而体现出感官功能上的差别，总之，就是一个虚妄心，非纯然至善的本体存有角度的心。他又指出，唯识学的这个心与心所相应，而心所有分位差别，心所法又分成众多类，体现出这个心是充满烦恼思虑作用的，是现实的能了别的心。而熊十力自己对心的定义，是从本体角度来说。他认为"心乃浑然不可分之全体"①，心是本体落实在人身上而言。他说：

---

① 熊十力：《新唯识论》，中华书局1985年第一版，第113页。

　　　　夫心即性也。以其为吾一身之主宰，则对身而名心焉。然心体
　　万物而无不在，本不限于一身也。不限于一身者，谓在我者亦即在
　　天地万物也。①

　　所以，身与心相对，就心为人之主宰而说为心，就天地万物而言就
称为性。他的这个说法其实来源于孟子。他是以孟子的心性关系为据，
并且赞同程颐对心性关系的描述，他说：

　　　　夫性者，吾人与天地万物所同具之本体。但以其为吾人所以生
　　之理而言，则谓之性。以其主乎吾身而言，亦谓之心。②

　　这就与程颐的说法几无二致。就人与万物本源为一，同具本体言，
就是性，就主乎其身之人而言，则为心。心侧重从人自身出发，因人有
形质之气，故有本心与习心的差别，心是围绕有形质的人来说的。就这
一意义看，"言心即本体者，即用而显其体也"③。这就是熊十力的心的
含义。即可以从见体的角度将心说为体。所以，严格来说，心不即是体。
因此，熊十力又说：

　　　　夫心者，恒转之动而辟也。④

　　这就显示出对心的描述是从恒转功能上说。恒转中翕辟成变，而以
辟为称体之用，辟是不肯物化的方面，又说为心。实际上，心就是辟。
这就把心作为本体之用来看待了。至于本心与习心的区分，熊十力则借
鉴了儒佛道各家之长。他坦言，翕辟的大意，心物的不同，乃至本习之
分，是融合各家学说的结果。就心的分类言，道家有道心、人心之分，
佛家有法性心、依他心之分。而道心、法性心他认为犹如一切物之本体，

---

① 熊十力：《新唯识论》，中华书局 1985 年第一版，第 113 页。
② 熊十力：《新唯识论》，中华书局 1985 年第一版，第 557 页。
③ 熊十力：《新唯识论》，中华书局 1985 年第一版，第 550 页。
④ 熊十力：《新唯识论》，中华书局 1985 年第一版，第 545 页。

这是本有的心，在他那里就名之为本心，即所谓本来的心。而人心就相当于依他心，都是后起的，都是攀缘外境而念念生成，也可说为识心。融合这两种说法，他就把心分为本心和习心。对于本心，他说：

> 本心亦云性智，是吾人与万物所同具之本性。所谓真净圆觉，虚彻灵通，卓然而独存者也。非虚妄曰真，无惑染曰净，统众德而大备、烁群昏而独照曰圆觉，至实而无相曰虚，至健而无不遍曰彻，神妙不测曰灵，应感无穷曰通，绝待曰独存。①

非虚妄、无惑染、统众德、神妙不测……诸如此类的形容词，其实含义大体无差，都是形容作为体现本体的意义上的一种无穷大用，这种备万德的心与本体的性质是完全一致的，所以得以称为本心。这也是他对儒佛道诸家形上本心的归纳，道心、法性心、真如心、良知等，都是同一本心的异名。但是，与诸家各异的是，熊十力的这一本心是有灵明知觉的，并非各家的心性论都有这层意思，这也是他重点强调的。由此本心才得以名为性智。本心的灵明知觉，体现在本心自身能以灵明为自动因，而显发力用。这也说明了从即用见体的角度来说，本心是体之用，本心有力用、有灵明知觉，这都是本心作为体之用的表现。

有知觉有灵明的心，又引申出本心的第二个含义，即以生命言心，即本心是活的。熊十力说"心即生命"②，而他所谓生命，又说为天命，又说命即理，以人之所以生之理来理解生命，则心自然也就是生命，就是理之在人的表现。

习心在熊十力那里，则分为潜伏与现行两种情况：

> 当其潜伏于吾人内在的深渊里，如千波万涛鼓涌冥蝹者，则谓之习气。即此无量习气有乘机现起者，乃名习心。③

习气聚集在个人心中而没有显发出来的时候，可以说也是无量的种

---

① 熊十力：《新唯识论》，中华书局 1985 年第一版，第 548 页。
② 熊十力：《新唯识论》，中华书局 1985 年第一版，第 106 页。
③ 熊十力：《新唯识论》，中华书局 1985 年第一版，第 550 页。

子的集聚，而显发出来，则谓之现行，与唯识学的种现说相类。前面已经提到，习气的存在熊十力是承认的，种子说他认为若活用也可成立，即把种子看作无量的势用潜伏在人身上，种子、习气在他那里是一个意思。由此他还说：

> 夫习气千条万绪，储积而不散，繁赜而不乱。其现起则名以心所，其潜藏亦可谓之种子。①

可见习气即是潜藏的种子，而现行出来得以成为习心。习气的范围非常广，熊十力认为："人生所有一切经验皆成为习，遗传亦习也，即心理学家所谓本能，亦无非习也。"② 把一切现成的经验界的种种后起势能都归入习心的范畴里。而严格说来，习心是后起的，并且有潜伏和显现的不同状态，熊十力认为只有本心才可称为心，习心实际上就是习气的假名，从其显发出来而说为习心。

由此可知，熊十力的本心与习心之说与佛家法性心与人心、儒家的本心与人心还是不同。就本心而言，佛家的法性心，如来藏自性清净心、真如心均与成佛之理体与心体相关，与佛性有无联系在一起，有自己的一套独特的话语系统，而现实的人心，在表述上就指的现实中的能思虑能觉知的个人思维心，这个人心有善有恶，可善可恶，是一种对现实个体心灵状态的实然表述，不带有形上意义。熊十力的习心与佛教的习气也不完全相同。佛教当中习气是从无始无明烦恼追溯来的，在时间上说为无始，并且随着轮回流转下世，而熊十力明确表示他的习气是后起，是在有人之形质之躯后而产生，虽然他把遗传等因素也算在习气内，但这个遗传毕竟不等于轮回。而只是今生现世的个人肉体生命。这与熊十力不接受轮回说法是有关的。

其次，儒家的本心在含义上与熊十力的本心较为接近，但是，就现实的人心而言则与熊十力的习心不同。熊十力所谓习心的范围包含了人生一切经验，连遗传、本能等都包括在内。并且这个习心主要指习气的

---

① 熊十力：《新唯识论》，中华书局 1985 年第一版，第 596 页。
② 萧萐父主编《熊十力全集》第四卷，湖北教育出版社 2001 年第一版，第 183 页。

潜伏与现行两种不同状态，吸取了唯识学种现理论。相反，儒家的现实之人心与本心是一以贯之的，人心能践行并实现本心，显发本心。熊十力在《新唯识论》中多处引用《孟子》《中庸》为据，所以，对于心的描述，我们可以参考《孟子》《中庸》的说法为借鉴。在《孟子·告子上》中对现实人心的描述是"心之官则思，思则得之，不思则不得也"。这是以心为思维、感觉器官来说，相当于现实人心。另外，就人皆有四端之心来看，四端之心是后天经验可见的，包括恻隐之心、羞恶之心、辞让之心、是非之心。恻隐、羞恶、辞让、是非这四心，是人的情感外发的流露，是从本心上发出而自然地表现在人心上，这样的人心是与本心相一致的。这也就是《中庸》首章说的"天命之谓性，率性之谓道"，率性，就是顺着天性出发而行，人心也就可以随着天性之自然显发而能自然成善。所以《中庸》首章又有"喜怒哀乐之未发谓之中，发而皆中节谓之和"，喜怒哀乐作为人心所发的自然情感流露，在中和适当之时就是顺应天性的，把现实人心与本心联系起来。而熊十力认为，本心至善，而习心为后起，习心有善有恶，有染净之分，但从情的角度说，现实人心的自然感情是役于物的，并没有强调出性与情的一致。鉴于此，方东美在《与熊子真论佛学书》中就把熊十力的这种说法称为性善情恶论，与思孟学派的性情俱善论相区别。另外，习心又不属于心，而只是习气显发的名称，而现实人心是时时存在的，是能思维能缘虑的，并非一团习气可潜伏可现行。习气现行为习心，又有赖于根门的存在。在熊十力那里，他借用了佛教的根的概念，来说明这种现行。

习气的现行，就在于依根取境。熊十力从佛教的根义出发，根有器官、机能、能力之意，佛教有眼、耳、鼻、舌、身、意六根，另外还根据根的作用、机能有胜义根和扶尘根之分。而熊十力认为，可以笼统地把这些关于根的说法综合起来，把根理解为一种生命机能。他说：

> 今所谓根者，乃生命力所自构之资具，而借之以发现自力。①

他还把根看作介于心与物之间的东西，是非心非物，但可以宽泛地

---

① 熊十力：《新唯识论》，中华书局1985年第一版，第558页。

理解为生活机能，是生命力健进所构成的一种机括。总之，在以根为机能、能力、机括方面，他大体上与佛家相类。但熊十力所谓根并非等于肉眼可见的器官，也不是纯粹精神产物，而习气的显发要流行乎根门，有赖于这种根。见闻觉知这些具体现实人心的作用要通过根门，"根门假借心之力用，而幻现一种灵明，以趣境云尔"①。他又说心之在人，就是靠流行于根门，凭借根门为资具而产生作用，那么这种根的含义就很模糊了。虽然熊十力说根非心非物，但从他的表述看，根实际上接近现实人心的种种作用，有力用、有资具，类似于器官，但又属于机能。习气的现起就通过作用于根，根本身是生命之资具，没有善恶之分，而后起的或染或净的习气流行于根门，而使根役于物或不为物化，所以熊十力又强调修行的关键在于守护根门、持根。综合他对根和习气的描述看，与现实人心相比，习心包含了根与习气两部分的作用，与儒家人心的说法就有所不同。

性在熊十力那里主要指性体。就性即体而言，性首先指的性体、本体。性主要用来描述人与天道、与万物的关系，从万物一体而言，从人之所以生之理而言，性即理，性就是体。他区分了佛家与儒家对性字用法的不同。

就佛家言，他认为佛家的性字主要有两种含义。一是指自性，二是指实性。就自性而言，泛指一切事物的性质。如青之为青之性与赤、黄、白不同，随举一物而广言物之性质，自性"随所指目，全不固定"②。说明自性可以用来表示对一切事物的性质的描述，而诸法无自性之说则从根本上否定诸法有固定不变的本性。而作为实性而言，熊十力特指真如为实性。实性就是圆成实之义，真如即是诸法之实性，所以他说"实性一名，却是专目万法本体"③。这种以性为本体的说法，就与他自己在《新唯识论》当中的性体说接近，也与儒家的性体论相一致。是以性为体，而把佛家之真如性也看作本体。

对于儒家的性字用法，他也做了分辨。性字儒家有说为材性之性和天命之性。材性也指气质，他说：

---

① 熊十力：《新唯识论》，中华书局 1985 年第一版，第 559 页。
② 萧萐父主编《熊十力全集》第八卷，湖北教育出版社 2001 年第一版，第 219 页。
③ 萧萐父主编《熊十力全集》第八卷，湖北教育出版社 2001 年第一版，第 219 页。

　　如人与动物，灵蠢不齐，则以人之躯体，其神经系发达，足以显发其天性之善与美。动物躯体之构造，远不如人类，即不足以显发其天性之美善。人与动物成形之异，是谓气质不同。①

　　这里可见他所谓气质不同，是指形体、肉身上的差异。气质也就属于后起，材性之别也就是后天官能差别。但是，所谓气又不是一种可见的具体物质。他特别对宋明儒学的理气问题作了分殊。他说：

　　气字，当然不是空气，或气体和气象等等气字的意义。……我以为，这气字只是一种生生的动势，或胜能的意思。此气是运而无所积的。动相诈现，犹如气分，故名为气。②

　　这样看他又否定气为一种有形可见之气，而仅仅把气理解为一种动势。如此则把气又归结到本体上，气也属于体之用。所以对理气问题而言他主张理气合一，理气不是两个完全独立的事物，气是从属于理的。结合他对气的理解，则材性之性作为气质不同，其实也并非躯体形质上的，而仍然是一种抽象的不同，人与动物成形之异的这种气质，就不完全是躯体上的官能进化差异，而是生而有一种气质上的差异决定了类别的蠢钝与智慧的高下之分。另外，这种材性之性与天命之性的差异还是可见的。气质、材性是后天的，而天命之谓性是先天的。天命之性即本体，是克就人的本源处来说。性就是人之所以生之为人之理。如此性、命、理合一，性即体，乃本体之异名。这种对性的理解，与宋明儒的性论一致。

　　但是，就心与性的关系而言。熊十力的理解不完全与儒家相同，与佛教也有异。在他那里，性更为本源，但性与心也可以合用，有时候他又说心即性，在具体的文本语境下意义各有不同。大体上他是从体用关系的角度来分辨性与心的关系。

---

　　①　萧萐父主编《熊十力全集》第八卷，湖北教育出版社 2001 年第一版，第 197 页。
　　②　熊十力：《新唯识论》，中华书局 1985 年第一版，第 439～440 页。

他说：

> 性体浑然至真，寂然无相。不可说见闻觉知等等作用，即是性体。故但曰作用见性，然非离作用外，别有性体。故必于作用见性。①

作用见性，这是从即用见体的角度言。如此，性之为体，也可说是性体。至于见性，则是在心上下工夫。他用尽心知性知天的解释来说明以尽心为修养工夫。尽心就是使本心能得以显发其德用，所以尽心即是性之全体。从尽心之用而达性德之全，即是性之全体看，性为体，心为性之用，性体较为本源。但从即用见体，体用不二的角度说，熊十力又说"性即本来清净之心"②。心即性的意义则在心能显性之全体的基础上成立，即在体用不二的角度上可以说心即性，心即体。所以严格地说，心不即是本体，"言心即本体者，即用而显其体也"③。这就回到一开始提到的他对心性关系的描述，即以性为吾人与天地万物所同具之本体，而以主乎吾人之身而言谓之心。

由此可见，从体用不二的角度说，心与性是可以统合的，可一并言之，但有作用上的分位不同。所以有时他又说："本性谓本体，亦云本心，亦云自性。"④ 本心即性的说法也就是站在即用见体的角度言，体用不二，故心性不二，心与性的区别就很难明确了。不过，心还是侧重于从修养主体的自身出发，而性则为本体之在人所以生之理，天地万物与个人都体现此理，性即理。

二　《新唯识论》心性关系与禅宗心性关系之比较

从工夫修养的角度说，心与性的区分则比较明确。熊十力同样强调自识本心，自见本性，这就与禅宗修养工夫极为相似。他说："自昔佛法

---

① 熊十力：《新唯识论》，中华书局 1985 年第一版，第 562 页。
② 熊十力：《新唯识论》，中华书局 1985 年第一版，第 151 页。
③ 熊十力：《新唯识论》，中华书局 1985 年第一版，第 550 页。
④ 熊十力：《新唯识论》，中华书局 1985 年第一版，第 591 页。

东来，宗门独辟于吾国。其道在自识本心，直澈真源。"① 就"直澈心源"这一点来说，他认为禅宗与儒家大有相通处，也与他的《新唯识论》的主张相一致。他以为宗门的兴起实际上扭转了唯识宗以妄心阿赖耶识为本源的做法，而开辟了一个真常清净心为主的修行路线。在这方面，他大量引用禅宗公案为据。

其一是引用唐代大珠慧海初参马祖道一的对话。马祖问慧海为何而来，慧海答曰来求佛法，马祖即道："自家宝藏不顾，抛家散走作什么？我这里一物也无，求什么佛法。"② 他特别指出所谓自家宝藏，无佛法可求诸语，就是为了说明众生不见自己本来面目，不见本源清净心本性自足，还向外驰求，不知返本还原，自识本性。这与孟子的求放心是一致的，所谓"万物皆备于我"，吾人与天地万物同体而具有此大宝藏，就是孟子所谓的天爵者也。而这个大宝藏又是平平常常的自己，要落实于个人心中去反身而诚，识心见性，就达到当下即是。求放心也就是在日常生活中勿令私欲起，不让本心被障蔽。熊十力指出，这段公案起于慧海从见闻觉知出发，而以佛法为可求之知识。所以，马祖在见闻觉知处指点，而令慧海反躬体认，作用见性。这是从正面说明返本的重要性。

另一则公案则从反面来说明作用见性。即马祖擤百丈怀海鼻孔野鸭飞过一公案。马祖与怀海一次看到一群野鸭飞过，马祖即问怀海是什么，怀海答曰野鸭子。马祖又问什么去处，怀海就说飞过去。马祖遂将怀海鼻孔一擤，两人就野鸭飞过产生了一系列对答。最终怀海心有所悟，不在驰求野鸭这个对象，生野鸭见，而超脱野鸭飞过这个场景之外。熊十力认为这则公案说明了众生一向习心用事，而向外逐物，从反面道出持守本心，不执着外境的重要性，这是返本的另一方面。修行工夫就在于从心之力用下手，故熊十力认为"禅家作用见性，儒者即工夫即本体，于此可见二家旨意有相通处"③。所以熊十力特别推崇禅宗的心性思想，认为禅宗以本源清净之心为众生真性，与唯识学的赖耶说无真性可言相比，大不相同，故"教中如楞伽等经谈如来藏，容当别论"④。这是他对

---

① 熊十力：《新唯识论》，中华书局1985年第一版，第551页。
② 熊十力：《新唯识论》，中华书局1985年第一版，第551页。
③ 熊十力：《新唯识论》，中华书局1985年第一版，第572页。
④ 萧萐父主编《熊十力全集》第六卷，湖北教育出版社2001年第一版，第223页。

如来藏心性思想的肯定。

　　当然，从上述事例看，熊十力对禅宗心性关系的认同，可能是双方在心性关系的语言表述上的相似所致。但就实际所指心性内容而言，则需要进一步分辨。前面已经对熊十力的心性关系作了分析，现在来看看禅宗的心性关系。以《坛经》为例，作为禅宗经典，《坛经》中慧能阐发的心性论对禅宗影响甚大，故首先从《坛经》一窥禅宗的心性关系。

　　从敦煌本《坛经》① 看，其中多处论到性。对性的论述又有人性、本性、自本性、自性、法性等多种变化。《坛经》中较少用佛性一词，而多以性字代替佛性。作为能见之性，佛性即是众生本来面目，《大般涅槃经》卷二十七说："一切众生悉有佛性，如来常住无有变易。"② 这种众生皆有佛性的思想在《坛经》中简化为对众生之性的谈论，见性成佛也就是见众生本具佛性而成佛。从体上讲，佛性是众生性体清净之因，清净性即佛性，性即是因之意。从因缘法的角度说，佛性就是众生成佛的可能性，凭依因。由此因而能待众生成佛之缘，在缘未成熟之时，佛性作为一种因是众生本具的，这就是众生本来面目。由此，《大般涅槃经》卷二十七说："佛者即是佛性。何以故？一切诸佛以此为性。……十二因缘名为佛性。佛性者即第一义空，第一义空名为中道，中道者即名为佛，佛者名为涅槃。"③ 所以，作为成佛之因的佛性具有般若空性之义，作为第一义空之诸法实相，性在《坛经》中就指性空之理："一切草木、恶人善人、恶法善法、天堂地狱，尽在空中。世人性空，亦复如是。"④ 慧能用摩诃来表明心量广大，表示诸法本性空寂，空寂即为大，又包含万法，体现般若空观思想。

　　同时，从见性的角度说，此佛性之理体是人所本有之性，如《坛经》说"自有本觉性""自法性""于自心中顿现真如本性""本心"等，使佛性意义上的性字带有实质指向，而非一单纯的空无所有的虚设

---

① 此本《坛经》全名为《南宗顿教最上大乘摩诃般若波罗蜜经六祖惠能大师于韶州大梵寺施法坛经》，表明此经是慧能大师开坛传法时所宣说的内容，并注明为弟子法海所记，所以又称此本《坛经》为法海本。《坛经》流通版诸多，广泛流通有四种版本，以此本年代较早，故采用之。

② （北凉）昙无谶译《大般涅槃经》第 27 卷，《大正藏》第 12 册，第 522 页。

③ （北凉）昙无谶译《大般涅槃经》第 27 卷，《大正藏》第 12 册，第 524 页。

④ 杨曾文校《新版敦煌新本六祖坛经》，宗教文化出版社 2001 年第一版，第 30 页。

意义。所谓见性成佛，识心见性，以自性、人性来表示佛性的概念在《坛经》中也就多次出现。自性有时与本性同义，均指清净佛性而言，又强调这是真如自性清净心。《坛经》说"人性本净"，"世人性本自净"，又引《菩萨戒经》"本源自性清净"① 时，首先表明自性在此意义上与佛性、真如性的同义。但自性针对人之性而言，落实到有情众生身上，自性便在真如性之外另有一种含藏性。《坛经》说"一切法在自性，……自性变化甚多"②，"性含万法是大；万法尽是自性"③，这两处的性均指自性而言，就人性本质来说，自性既包含了人的成佛之因，又含藏世间善恶诸法的种种。

那么，自性为何能包含两种不同方面，如果人性本来清净，何故会有自性变化一说？这就与人心联系起来。具体分析自性在《坛经》中的含义，可以说，佛性作为一清净因，必须遇缘才能成果。佛性本身不赖他性。但下降到我们有情众生身上，佛性就有一落实问题。如何落实在人中？《坛经》的解释是在佛性与成佛中直接建立人性论思想。自性概念的引入便是为了解决成佛当下性的问题。自性就人而言就是人性，"人性本净"是一本然状态，犹如孟子讲的"人性本善"，但是，《坛经》将本然之性与实然之心联系起来，说明了无明存在的问题。无明如何存在？就《坛经》来讲，人的烦恼是自迷，是心迷，人有觉知力和思虑心，这决定了人会有攀缘外境而执着的可能。从现实人心来看，自性起用而产生了万法差别和诸种烦恼。所以，自性与人心直接相关。而《坛经》中更多的是发挥心的思虑觉知之义。能觉知能思虑的心，就是人心。人的思虑、知觉活动与人的六种感官，包括眼、耳、鼻、舌、身、意，而产生色、声、香、味、触、法六尘相关。作为精神活动的发动力，心识包含人对外界及自身的种种认识，而这些认识与诸法的本来面貌却不一定相合。换言之，人对外界及自身的认识出于人心，这一意义上的人心便是现实的人心，非纯然先天所本的真如心。就其能思虑变化并受自身器官局限而言，现实的人心当然不能与清净本然的如来藏心相比。现实人心能起心动念，便是发用，从这一层含义看，"自性变化甚多""性含万

---

① 杨曾文校《新版敦煌新本六祖坛经》，宗教文化出版社 2001 年第一版，第 35 页。
② 杨曾文校《新版敦煌新本六祖坛经》，宗教文化出版社 2001 年第一版，第 24 页。
③ 杨曾文校《新版敦煌新本六祖坛经》，宗教文化出版社 2001 年第一版，第 30 页。

法"则体现自性的杂染面。自性起用而产生种种善恶差别，实际上是对人心能动念转性之用而做的解释。自性在体上与真如清净性相合，在相上则落实在人心处，能思虑知觉之心则起心动念，发用而表现出不一定合乎真如法性的种种执着偏差。缘于人心的能思虑觉知而言，产生无明。对于心与性的差别，《坛经》中有一形象比喻："心即是地，性即是王，性在王在，性去王无。性在身心存，性去身心坏。"① 性的主宰作用是就其为清净性而言，而心是性的载体，这里的心便是能思虑的现实人心。《坛经》又说："自性含万法，名为含藏识。思量即转识。"② 并指出转成六识而出六门、见六尘，自性落实到人心，便由人心之用而体现出善恶种种法。这样的自性被称为含藏识，由人心的无明妄念而带来世间种种相虚妄显现，所以觉悟就在于识自本心见自本性，返本的途径就出于对世界万物的这种认识，宗宝本《坛经》引用《大乘起信论》"心生则种种法生，心灭则种种法灭"③，就是对"自性含万法"的进一步解释。值得注意的是，自性虽本自清净，又因思虑心起用而含藏污染烦恼，正如如来藏本来清净又落在烦恼污染中受熏。

　　由此看，识心见性的心性说法就是建立在佛性论与人性论统合的基础上。这是禅宗心性关系说的特点。究其原因，则与佛性论思想的中国化有关。本来，部派佛教所谓心为客尘所染而不净，是从众生生死流转的染净关系着眼。原始佛教就有心性不与烦恼同类的说法，以此表明心性本净，这是从现实人心之所以能觉悟的角度说，心性不与烦恼同类，才有人的觉悟成佛。印顺认为，由心的染净与否就分为妄心系与真心系。对佛性的解释不同构成了心性上染净关系的差异，即有以染为主净为客的妄心派和以净为主染为客的真心派。虚妄唯识的妄心派，侧重业感的本识，而真心派则注重烦恼所覆而遮蔽净心。虽然入路不同，但都是为了说明众生何以生死流转，又如何才能觉悟成佛，超脱轮回。在说明众生如何才能成佛的问题上，便有了关于众生心性的讨论。所以顺着这个思路发展，佛性论就是从对现实人心的描述提升到人本有佛性，佛性即在众生心中，人心即佛性理体，将心性问题提升到佛性的高度。实际上

---

① 杨曾文校《新版敦煌新本六祖坛经》，宗教文化出版社 2001 年第一版，第 45 页。
② 杨曾文校《新版敦煌新本六祖坛经》，宗教文化出版社 2001 年第一版，第 61 页。
③ 高振农校《大乘起信论校释》，中华书局 1992 年第一版，第 59 页。

是在佛性论的视野下讨论人的心性。

因此，心性本净有佛性层面的特殊意义，心性本净说明佛性本有成为可能，从佛性本有言，就表述为心性本净。印顺说：

> 心性本净，即清净之因。常住真心中本具之净能，无始来不离生死之蕴、界、处而流，特未尝显发而已。此与非即离蕴之我，性空者之性空糅合，成如来性。①

又说：

> 如来藏自性清净，指出众生本有如来性，为成佛净因；或以如来藏为依止，建立凡圣、染净一切法。②

这里说明了两个问题，一是从心性本净为清净之因言，这是清净心与性空的如来之性相结合，成为如来性；二是从如来藏自性清净言，这是佛性本有。如来藏自性清净即是佛性净因。就成佛如何可能，在什么程度上达到究竟而言，始有众生心性染净的区分。心性问题是针对成佛而言的。

从心性不与烦恼同类，推论出众生本有佛性，可成佛，就建立了佛性理论。佛性，在《大般涅槃经》中沿袭了中观思想，即佛性为第一义空性，又为十二因缘性，有诸多种说法：

> 十二因缘名为佛性，佛性者即第一义空，第一义空名为中道，中道者即名为佛，佛者名为涅槃。③
>
> 善男子，我又说言众生佛性犹如虚空，虚空者，非过去非未来非现在，非内非外。④

---

① 印顺：《印度之佛教》，台湾正闻出版社 1992 年第三版，第 271 页。
② 印顺：《如来藏之研究》，台湾正闻出版社 1992 年修订一版，第 85 页。
③ （北凉）昙无谶译《大般涅槃经》第 27 卷，《大正藏》第 12 册，第 524 页。
④ （北凉）昙无谶译《大般涅槃经》第 34 卷，《大正藏》第 12 册，第 568 页。

> 佛性非内非外，亦内亦外，是名中道。①

非内非外，第一义空性，经中又解释为佛性非有漏非无漏，非常非无常，佛性非有非无亦有亦无等等。这是以性空中道解释佛性，以佛性为空理、空性。

另外，《大般涅槃经·如来性品》又说佛法有我即是佛性。故佛性又为我性，说有我：

> 我者，即是如来藏义，一切众生悉有佛性，即是我义。如是我义，从本已来，常为无量烦恼所覆，是故众生不能得见。②

这是以如来藏为佛性，如来藏，在经中又说为如来之性，如来法身秘密藏。指如来微秘宝藏在众生身中深不可知，佛性即是如来秘密之藏在众生身中，不可毁坏。

经中又以众生与佛性时节有异其体是一，佛性有我义也有体义，是众生之体性。故经中说：

> 众生即佛性，佛性即众生，直以时异，有净不净。善男子！若有问言：是子能生果不？是果能生子不？应定答言：亦生不生。世尊！如世人说，乳中有酪，是义云何？善男子！若有说言乳中有酪，是名执着，若言无酪，是名虚妄，离是二事，应定说言，亦有亦无。何故名有？从乳生酪，因即是乳，果即是酪，是名为有。③

所以，在《大般涅槃经》中又以如来藏我性、如来性为佛性。如来藏我性，即为我，即为众生体。

总之，从以上佛性义的分析看，佛性论的内容和所指仍然有自己的一套系统，佛教的心性清净与杂染与否是与烦恼相比较而言，是以烦恼覆盖与否作为染净分野。与儒家性善论的心性关系内容并不相同。儒家

---

① （北凉）昙无谶译《大般涅槃经》第 35 卷，《大正藏》第 12 册，第 572 页。
② （北凉）昙无谶译《大般涅槃经》第 7 卷，《大正藏》第 12 册，第 407 页。
③ （北凉）昙无谶译《大般涅槃经》第 35 卷，《大正藏》第 12 册，第 572 页。

的性善论是从存有论的角度肯定道德的至上性、自明性和必然性。性善论同样是说明先天必然本具。但这个善不同于佛性，而是一种道德判断。以此性体保证天地万物流行不息，这个性善之性又是体，性即体，是从性的存有论角度立言，并且包含了道德形上内涵。所以这个善也不同于佛教三性说的善、恶、无记之善，而是超越一般世俗道德判断的形上本体之善。佛性之性则为因义、界义，两者风牛马不相及。佛性之性也同样的具有超越性，但其超越性是就断除世间无明烦恼，涅槃法身常住而言。所以在佛性理论发展到如来藏系学派那里，特别是禅宗那里出现心性合一的论述时，才特别地被儒家学者们所注意，这也是熊十力及其门下认为两家可相接引的原因。但在内容上，心性关系最终达到的目的和境界不同，佛性与性善的内涵也不同，儒佛双方的心性论差异就可见一斑了。

第三节　《新唯识论》心性思想之延伸

熊十力在《新唯识论》中突出的如来藏系心性思想与儒家心性思想的这种相似，在他的后学那里则表现为进一步融合并发掘如来藏系心性思想资源，指明佛教心性论的中国化之路。这种中国化在他们看来是融合儒家心性传统的结果。概括地说，沿着《大乘起信论》的发展方向，台、贤、禅三家的佛性理论都突出了心的能动性和明觉性。这个佛性为如来藏自性清净心，并且是真如心，如此则如前文所说的与中国传统哲学中重心性的传统融合起来。将佛性与人性、佛性与现实人心的本然和实然状态联系在一起。这就使佛性论在如来藏系宗派那里更多地被表述为一种心性关系理论，心性论的探讨取代了佛性论的一套话语系统，而形成将佛性与人心、人性联系起来的特点，这在禅宗那里表现得尤为明显，也无疑与儒家传统的心性论表述更接近。

一　唐君毅对佛教心性论中国化的概括

唐君毅对佛教心性论的研究首先是辨别中国佛教心性论与印度所论心性的不同。他指明印度佛教所谓性的用法有六义。第一是妄执自性之性。即佛教中首先以破除我法二执为要，而所破之执即自性。也就是否定一切执着为实有之物有其独立的自性，破一切法有自性。因一切法因缘和合而生，若有自性则意味着有主宰，有固定不变的常法，有神我见，这与佛法本义相悖。第二种性的用法是种姓之性，这与印度的种姓制度有关。而唯识学中也将一切有情分五种姓，依此决定众生修道的渐次和等级，这是种姓之性义。第三是同异、总别性，种类性。即根据事物的类别分总相，共相与别相来说明事物的种类差异，此名为性。这种用法中国古代也有，但并没有以相为性的分类，只是以同异种类来说明事物。第四是自体或自己为性。即以体为性，体性之义。如佛性即众生成佛当体，众生以此法体为性，即称佛性。第五是种子与心识所依之体性。即以事物自体有内在根源，以此内在或事物所依据之体为事物之性，如阿赖耶识为种子所依之体，故种子义阿赖耶识为性、诸法唯有识性等。第六是价值性之性，特指三性之善、恶、无记性。这是就心理活动或行为的价值而言，判断其有善恶无记三性。这与儒家善恶性相关，但是儒家所谓性分善恶，而非直接在价值上将善、恶直接名为性。也就是说价值之性为一，而儒家以善、恶来分别描述这个性，而不像佛家将善恶直接命名为一种性，而有善性、恶性、无记性之分。通过这六种性的意义的划分，唐君毅认为佛家性的用法是具体而门类繁多的，所以法不相同，性之意义也各不相同，不能以一性字来判断学说是非。而中国先哲所论之性，则恒视之为一，其具体含义则必须通过上下文交互参证来体会，否则只能对性有一模糊印象，而不得其整体意义。所以反而不易于被人了解掌握。所以他认为印度佛家论性意义虽繁，而比较清晰明确，中国先哲的性字意义模糊而简约，反而难以把握。而由佛教发展来中国以后，佛家思想中论性的方式则慢慢发生了变化，慢慢受到中土先哲论性至简至易的影响，而趋于简易化。他说：

> 此中佛家思想与中国思想，其言性相通接之路道，初表现为用老庄之思想，以与佛家般若宗所谓性空、空性、一切法之实相、实性或法性之观念之相通接；次表现为：由唯识法相之论五种姓、三性与八识之性，转至天台华严之言性具或性起之心，即渐若类似孟学之言本心之性善之旨；三表现为禅宗之言见自本心自性，见本性自性；……佛家之言心言性，亦由禅宗之言直指以见本性本心之自

性，而益转近中国传统思想，重简易之工夫之旨矣。①

　　以上是他对中国佛教心性论的形态演变的概括。从初传时以老庄思想与般若空宗性空之性相接通，到唯识种姓说向天台华严性具性起说之心的观念的转变，再到禅宗心性合论、识心见性思想的成熟，则转近中国传统思想。与熊十力相同的是，唐君毅在论述佛家心性思想时也特别地注意到禅宗的心性论，同样以禅宗为与儒家心性可相接引，相会通的典范。禅宗心性论究竟在何种意义上可见出是与儒家思想可相接引，又被熊十力用来作为其心性理论的引据呢？这就追溯到唯识宗的心性说向天台华严心性说的转变，笼统地说，就涉及唯识学心性说与如来藏系心性说的不同。唐君毅从《大乘起信论》的思想分析入手，指出唯识学五种姓限制了一切众生成佛的可能性和必然性，其唯识理论也是着重从现实人心的经验状态的分析入手，这就与熊十力的说法相同，即认为识不具备超越性。特别是五种姓说先天地将众生分层列等，而众生自己所处于何种等级，又如何知道自己是否具有佛种姓，都无法判断。特别是众生都抱有成佛的目的，而如果先天预设了某类众生不能成佛，则无疑断了众生的修行之路。所以，唐君毅认为根据佛必定救度一切众生，必定誓愿一切众生得度的本怀来看，必然会肯定众生皆有成佛的可能，这就发展成众生皆有佛性，佛性必成为众生成佛的超越性的保证。而就佛性众生皆有来看，佛性不仅是佛所肯定的，而也应该为众生所领受听闻，即佛性应在众生迷执心上能与其相应，即众生有一接引佛性之心，即佛心。众生发出世心自成佛道，比如有一能发出世心种，这个无漏种也就是无漏心、真如心。这才使佛性在众生中成为一普遍超越性，这就发展出《大乘起信论》那样融通有漏无漏、清净心与染污心的学说理论，解决了成佛超越性必然性的问题。而如来藏自性清净心则为心之本性，这种心性本净思想则可与孟子性善说相接引。他说：

　　　　由此大乘起信论一流之思想，言一切众生皆有佛性、佛心、心真如与本净之如来藏，而此义又可由人之念及佛所开示之本怀，自

---

　　①　唐君毅：《中国哲学原论·原性篇》，中国社会科学出版社 2005 年第一版，第 119 页。

观其修道作佛之志，以直下有所契入。故依此一流之思想以言心，可直重视此吾人当前之意识心，而对此意识心，复不作意识心观，而即由之以见其自具之心真如，自性清净心或清净如来藏，以为其本心。①

这个转变的关键之处就在于唐君毅认为清净本然之心可转为吾人当下的意识之心，即现实具体的人心，就是在本心与人心、佛性与人性中结合起来。在禅宗那里这种结合则充分体现了般若空性与儒家心性说的接通，并且把原来可以指自性、法性、体性、相性等多用途的性完全只用来描述心性，以心性为主而统摄其他性的用法。

唐君毅指出，禅宗的心是超越善恶、无善无恶的，他特别引用《坛经》"自性能含万法是名为大"②，认为是从性体的空性而言，通于般若经教，同样的天台的性具染净、华严的真如不变随缘，他认为都是超越善恶，本性空寂故能包含万法。而禅宗则将这种观空的态度当下收摄于自心，以自明本心，自见本性来达到当下顿悟的目的，则综合了般若精神与中国重本心性净的传统。即把超越善恶之本心收摄于自体，以自心中本具此般若心，则修道在于此本心自己呈现自己。从强调个人与物的机感，强调在现实生活中具体心的当下见性而言，禅宗的心性是融合了中国儒家传统中天人相接，尽心知性的思想。这在修道工夫上尤其重要，即直接由一切能观所观、染净、善恶等种种相对相中直达心源，而不是从一般先舍染取净，再染净俱舍的观心，所以是顿悟顿修之教，是对上利根人说的。而传统的般若经教注重观法，特别是对诸法相对分析分类繁多，禅宗则超脱经教，注重收摄心思，回归于内，超脱概念名言束缚。从这种工夫看，禅宗对于一切经教义理都无执见，是一种无分别的说法。即自身没有一个教理上的立脚点，而是根据个人自识本心处又言无性可见，无法可得，即不立言说而又肯定一切言说。

禅宗与中国传统心性说的相通，即在于禅宗以如来藏自性清净心和现实人心并举，实现人心与本性的统合。熊十力的本心论也有这个意思。

---

① 唐君毅：《中国哲学原论·原性篇》，中国社会科学出版社 2005 年第一版，第 160 页。
② 唐君毅：《中国哲学原论·原性篇》，中国社会科学出版社 2005 年第一版，第 184 页。

他的心性论里既有孟子尽心知性知天的心性区分，也有即用见体角度上的本心即性的统合。与如来藏系心性论中心性并举的形式也很相似。至于说熊十力受禅宗的影响，或者说禅宗受中国传统儒家心性说的影响，这些都没有严格的意义。心与性的活用无论在禅宗还是儒家均存在，在熊十力那里也没有划分得很清晰。只能说心性论层面儒佛双方词汇的运用、思维模式的形式有接近。若广义言之，心性本净客尘所染意义上的佛教心性思想在表述上与儒家心性说也并非绝不相侔。

但是，正如唐君毅指出的，空宗所谓法性、真如性是空性，性字是在无自性的理论基础上建立的。诸法无自性，因缘和合而生，这个性是诸法的本质。而法性作为性体而论，也是指的诸法实相，性空，这个性确实是超越善恶、不以善恶论的。儒家之性体则有本然至善的意味，性即意味着至善之本体，这个本体为万化之源，与佛教的缘生之性不能成为对等的两个概念。诸法实相为性之性并非确立本体生成论。至于心的概念，在佛教里也有集起心、肉团心、如来藏心、真如心的不同，心的用法的差异与性的用法的转移导致了在佛教心性思想的发展中演变出中国佛教特有的心性论，心性并举和合论的现象在中国佛教宗派中尤为突出，这些形式上的相似，也很容易引起熊十力在心性理论上的儒佛会通。

二　牟宗三论如来藏清净心架构

可以说，就两层存有论通过自由无限心来保证而言，牟宗三的理论建立基石在心性论上。而自由无限心作为可以无执而又自觉坎陷为执而言，则是本心与习心的合一，这与熊十力本心论的统合习心、识心一脉相承。本心作为辟之动势而统摄翕，习心为后起而假借感官役于物，实则是识心、遍计执心，这种说法在牟先生那里则转化成对自由无限心的思考。并进一步把自由无限心如何统摄识心做了理论化的阐发，成为一自觉坎陷的良知坎陷说，这种自觉坎陷在佛家那里则变成对"一心开二门"的阐述。所以牟宗三尤其重视如来藏清净心这一概念，以此为佛家自由无限心，并对佛性如何转化为这一能无执而执的无限心做了分析。就佛家言，两层存有的实现就在于佛性概念的演化。这个演化就是从涅槃学兴起后般若空性的佛性义发展为佛性我、如来藏我性开始。这可以从《大般涅槃经》的前后内容侧重点上看出来。

　　从佛性为如来藏我性的意义看，牟宗三认为这个我性发展出不同于般若空性的佛性义，使佛性具有了体段之义，即对众生言众生具备佛之体段，即成佛的必然因。他解释说：

　　　　佛性有两义，（一）是佛之体段。一切众生悉有佛性意即悉有成为佛之体段之可能，不过为烦恼所覆，不显而已。依此，一切众生皆是一潜在的佛。从此潜在的佛说佛性，即曰如来藏。如来藏之藏有两义，一是藏库，一是潜藏。前者表示不空，如来法身是无量无漏功德聚。后者表示此不空之法身为烦恼所覆，隐而不显。（二）是所以能显有此佛之体段之性能，就此能显之性能而言佛性。此佛性义是"所以成为佛"之性能或超越根据之义，不是佛之体段之义。①

　　第一种说法他是把佛性解释为如来藏性，从佛性包含成佛之因与成佛之果言，有隐显之分，有如来藏含藏成佛之因及能成之功德，所以是无量无漏功德在众生身，即不空如来藏，由此说为体段。

　　第二种佛性义即是缘因了因佛性。这是相对于正因佛性言。正因与缘因佛性、生因与了因佛性是《大般涅槃经》中对佛性的不同意义的区分。具体见于卷二十八《狮子吼菩萨品》。正因佛性相当于牟先生所言佛之体段，即"正因者谓诸众生"②。就因地言说为众生佛，如经中又把正因比喻为如乳中酪性。"缘因者谓六波罗蜜。"③ 同品中也把了因作为六波罗蜜，又把生因比喻为种子、了因比喻为水土养料。所以，了因和缘因均属于辅助缘，非正因。

　　他进一步指出，依着经中说佛性常住，"如来已得阿耨多罗三貌三菩提。所有佛性、一切佛法，常无变易"④。这是以涅槃法身常乐我净，有众生佛性，以此保住一切佛法常住无变易，即包含了一个存有论的正面

---

①　牟宗三：《佛性与般若》上册，台湾学生书局 2004 年修订版，第 191 页。
②　（北凉）昙无谶译《大般涅槃经》第 28 卷，《大正藏》第 12 册，第 530 页。
③　（北凉）昙无谶译《大般涅槃经》第 28 卷，《大正藏》第 12 册，第 530 页。
④　（北凉）昙无谶译《大般涅槃经》第 37 卷，《大正藏》第 12 册，第 581 页。

肯定系统，"即就恒沙佛法佛性，如来佛法身法界，而维系住诸法之存在"①。以佛法身常在保住诸法在佛境界中呈现出正因佛性，带出法身摄于一切草木瓦砾中。他认为这虽然不是从众生能觉了成佛的自证出发，但包含了后来如来藏宗派发展性具说、性起说的可能。

　　他顺着《涅槃经》的两种佛性释义归纳出两条佛性发展路线，一是按照诸法性空之佛性理发展，即唯识宗所说的如来藏自性清净理，真如理，而没有提出心的概念。真如空理自然不可能随缘不变，也不会如《大乘起信论》所说能熏受熏。二是顺着佛性我之常乐我净，佛体性义发展出如来藏系学派如来藏自性清净心说。这就将佛性与众生心性联系起来，在众生中包含了能觉的真如心。如来藏就不仅是空理，而且是真如心，这是两套不同的真如观和如来藏释义。这也是印顺所说的妄心系与真心系在佛性理论不同上的划分。妄心系即唯识宗系统，以阿赖耶识杂染流转，重点在如何让正闻熏习本有无漏种子，使染法覆灭，净法呈现。但在唯识宗系统里，将众生分五种姓，从众生发心修行的角度上划分众生成佛的差异，认为有一阐提人不具出世功德种姓，不能成佛。所以如何保证正闻熏习能使净法呈现，众生成佛便没有实质上的必然性。而真心系统里的佛性概念发展则更为复杂。同样是围绕着染净法之间的转换关系立言，从《大乘起信论》的一心开二门，以如来藏藏识统摄阿赖耶识而开出流转门和真如门来看，就是针对阿赖耶识杂染法如何保证净法产生的必然性而做出的调和。通过收摄于一心来说明流转还灭和真如清净就在一众生心中。

　　依着《大乘起信论》的一心开二门，即是以一超越的真常心为诸法所依，而生灭门的流转是由于识心引起的，所谓"不生不灭与生灭和合，非一非异"，即是将阿赖耶识系统融合进来，生灭门依着真如心是间接依止，是由于无明妄动而有一念不觉。用牟宗三的解释，就是真如心自己自觉的坎陷，自觉的自我否定，而成就生死流转法间接依止于如来藏自性清净心。至于说无明何以可能使人心陷落，则归于人有欲望，有感性，随躯壳起念而起烦恼杂染。这与熊十力所谓本心与习心的区分异曲同工。而就一心统摄二门而言，"对着良知、本心或自性清净心直接呈现的，是

---

　　①　牟宗三：《佛性与般若》上册，台湾学生书局 2004 年修订版，第 228 页。

事事物物之在其自己；而当它一旦面对感性与知性主体时，则转成现象，这些现象可以透过时空形式来表象，亦可经由范畴来决定"①，所以一心开二门实际上开出了无执的存有和执的存有，开出了智的直觉和感触直觉，是中西哲学会通中可以作为一个公共架构来解释的理念。

但是，如来藏清净心的概念还要继续向前发展，才到达牟宗三所谓圆教的心性，即"如来藏恒沙佛法佛性"要通过圆教非分解的方式来表示为"一念无明法性心"，才可以说完全将如来藏清净心的意义展现出来。

如来藏恒沙佛法佛性，是顺《大般涅槃经》发展出来的，即三因佛性，他说：

> 盖"恒沙佛法佛性"不过是具备着恒沙佛法的三因佛性：中道第一义空（正因佛性）是具备着恒沙佛法而为空，故为中道空（真空妙有之中道空，即圆中，不同于《中论》所说之中道空，以《中论》无恒沙佛法佛性义故）；般若智德（了因佛性）是具备着恒沙佛法而为智德（圆智）；解脱断德（缘因佛性）是具备着恒沙佛法而为断德（不断断之圆断）。②

这恒沙佛法，即具备三因佛性义而包含三千世间法种种相，及如来所示现的三千世间法种种相，所以是法住法性而世间相常住，如来藏恒沙佛法佛性也就是涅槃法身常乐我净，法身遍一切处，即通过如来佛法身法界来维系诸法，这就保住了在中道空义下诸法的存有。虽然是消极地在法身常住中遍摄诸法。故后来有性起地具有，即发展为如来藏缘起，以如来藏自性清净心生起二门这种架构。但这个生，是分解的说，是偏指清净真如而随缘起现一切法，"性起是起而无起，故全部清净法界实只是真如心这个性体之实德"③，所以要发展到天台宗的"一念无明法性心"才算是对如来藏恒沙佛法佛性做出圆满的解释。即把具足存有的佛性义发展为性具，才是彻底的无执存有。

---

① 牟宗三：《中国哲学十九讲》，上海古籍出版社 1997 年第一版，第 290 页。
② 牟宗三：《佛性与般若》上册，台湾学生书局 2004 年修订版，第 239 页。
③ 牟宗三：《佛性与般若》上册，台湾学生书局 2004 年修订版，第 469 页。

性具，也就是一念无明法性心的念具，即在一念中具足三千世间。他说：

> "一念心"者一念刹那心、烦恼心也，亦名"一念无明法性心"。此一念心即潜伏着一如来藏。隐名如来藏，显名法身。理即佛者，一切众生理上即是佛，特未显耳。……此如来藏佛性理，天台家并不先分解地把它视为如来藏自性清净心以为一切法之所依止，……乃是即就一念无明法性心（烦恼心），依烦恼即菩提之方式，通过圆顿止观，把它诡谲地朗现之。①

一念无明法性心可见也就是烦恼心、阴识心，是在众生心上即具足染净诸法，所以是无明而法性，法性而无明，一切皆本有，是在一念中成就不思议境的性具万法。这才是圆教的如来藏恒沙佛法佛性，把佛性收摄于一念无明心中。即所谓烦恼即菩提，菩提即烦恼，这就不仅仅是在法身常住中随缘起现诸法，而且是在烦恼心中具足万法。所以这个诡谲就体现在是通过无明烦恼心中即朗现诸法，完成存有论的具足的。

在众生心中即具足诸法，将善恶染净法收于一心，即是一种一心开染净两门的模式，也就是以本心统摄习心的模式。通过对佛性义的演变的分析，其实是突出如来藏自性清净心这一概念在保证成佛之必然性上重要地位，如来藏清净心走向一念无明法性心，也可以说是从佛性走向人心，是从佛性意义的如来藏心走向染净具足的现实人心，将无执的存有下放到众生心中，将超越的必然性落于无明烦恼中完成。这也可以看作对佛性义的中国化的诠释，而这种诠释背后，隐藏着一种儒家式的心性理解模式，即超越而内在，在内在中实现超越。

综上所述，本章对《新唯识论》会通儒佛之第二方面——心性会通做了分疏。可以说，熊十力的心性论是建立在对唯识学的批判性改造的基础上。就批判的方面言，他对唯识学的阿赖耶识、种识关系、种现说均有所批评。对阿赖耶识的批评主要是认为阿赖耶识为一多神论，而杂

---

① 　牟宗三：《佛性与般若》下册，台湾学生书局2004年修订版，第1087页。

染的阿赖耶识不能作为万法生起的根源，而应确立一清净本心。并且他只注意到阿赖耶识的所藏义，所以认为阿赖耶识就是种子、习气本身。由此他保留了唯识学的种子和习气说，将阿赖耶识作为一潜在势力、一团习气。对种识、种现的看法与此相关，鉴于他对种子为无量数实体的批评，他将种子简化为习气，而根据本心论分为能所、本习之别，种子与现行的关系在他那里就变成能所关系，潜在与现实的关系。就此而言，他将唯识学当中的功能这一中性概念理解为本体的恒转功能，为本有无漏，与习气的后起有漏相对。这也是他吸取了唯识古学用别体同，以一意识统摄诸识之后得出的结论。从他对唯识学的改造看，他更赞同唯识古学，以唯识古学为自己的理论旨归。

在保留唯识中习气说的基础上，他区分了本心与习心。本心即本体，又为清净真心、法性心、真如心，习心则是习气的显发，在对习心的描述上他既不同于佛家的习气，也不同于儒家的现实人心。他的习心包含人自出生而有的遗传、生理、经验、本能等方方面面，而佛家之习气则可以随着阿赖耶识的流转轮回进入下一世。就儒家的现实人心而言，则侧重突出现实人心与本心的一致性，是顺天所赋予之性而自然外发而成善，并没有潜在习气混入其中。同时熊十力所谓习心并非时时存在，而只是习气显发才有，现实人心能思虑能觉知，非一团习气的现行。所以他的本心与习心关系既不同于儒的本心与人心，也不同于佛家在成佛意义上的心性关系描述。

但是，在对本心与习心的关系论述中，他大量引用禅宗公案，表现出与如来藏系思想心性论形态的相似性。然而，通过对禅宗心性思想的分析，对佛性概念演化的展示可以发现，双方在心性概念的运用、语言描述的形式上虽有趋同，但思维形式相似的背后潜藏着不同的话语背景。佛家心性思想有其特定的话语系统和特殊含义，并不与熊十力相同，与儒家的道德本心论也不一致。然而，也正是形式上的相似引起了熊十力及其门下的注意。沿着中国化佛教如来藏宗派的心性论路线，他们力图从《大乘起信论》出发，说明从唯识学的阿赖耶识转向如来藏清净真心的思路是合理的，并且与儒家心性论的理解模式相适应，符合佛教中国化的发展趋势。与其师相比，唐君毅、牟宗三更旗帜鲜明地维护如来藏宗派思想地位的正统性，并且把如来藏学心性论作为自身理论的重要资源，也从侧面反映出儒佛双方心性论语言模式的接近。

心性论层面与一元本体相应，延续着在本体论层面一元论的路线，从本体一元论到心物一元，主客一元，建立了本心一元论。其中包括对唯识学虚妄杂染阿赖耶识的批判和改造，即以本心统摄习心，以功能为净习气为染，区分先天与后起之性，等等。在对心与性关系的论述上熊十力大量引用禅宗语录，表现出与如来藏系特别是禅宗心性思想更为接近，因此对两者的异同须做一番比较，说明在语言形式上儒佛两家心性论描述相类。

第四章　体用层面之儒佛会通

从本体一元论到心性论的本心一体论的框架看，其中都包含了一个体用不二的方法论为指导原则。熊十力在《新唯识论》中用体用不二的方法论来解释一切、说明一切，他的整个理论实际上是以体用不二观为中心的。他自己概括说他的《新唯识论》主旨不外体用问题。所以晚年他写了《体用论》之后，在序言中说："此书既成，《新论》两本俱毁弃，无保存之必要。"① 《体用论》实际上浓缩了《新唯识论》的主旨思想，在章节处理上也与《新唯识论》大体一致，但更强化、突出了体用不二的主旨。体用义的阐发是《新唯识论》的目的，也可以说是熊十力整个思想的关注点。由体用义而引申的问题涉及儒佛间的体用差别，以及中国哲学体用论与西方本体现象论的不同，熊十力及其弟子牟宗三对此都着力进行了探究。

第一节　《新唯识论》的体用不二论

体用不二的说法源远流长，并非肇端于熊十力。但是，这对自古以来就在中国传统文化中被广泛采用的概念并没有得到明确的分析说明。在各家各派那里也所指不一，众说纷纭。熊十力对体用不二这种说法的运用显然也带着随意立名的特点，但在体与用的具体所指上，又表现出不同于前人的方面。在对体与用的含义挖掘上，他充分吸取了佛教的体相用关系论、西方哲学流传过来的本体与现象关系论，综合了传统儒、道体用思想阐发他的体用不二观。

一　《新唯识论》体、用义

体与用是熊十力哲学思想中一对基本概念。他对本体论、心性论的

---

① 萧萐父主编《熊十力全集》第七卷，湖北教育出版社 2001 年第一版，第 7 页。

阐述均来源于他坚持体用不二的主旨。正因为体用不二，所以他的本体论是彻底一元论的，是众生同源万物一体的。而他的心性论相应地也是本心统摄习心，本心即本体的心物一元论。从这个角度看，他强调体的绝对唯一性和体与用的完全相应，没有离用之体，也没有离体之用。

体，在《新唯识论》中特指宇宙本体，形上学本体，而非一个可见的具体存在物体。他开篇就强调宇宙有其本体，对本体的承认是他论述的前提，《新唯识论》的主旨就是说明宇宙有其本体，并且这个本体非离开人而外在，而是可以反求实证相应的，所以修养上要自识本心，自证本体。但是，这个本体是无形相、无滞碍、绝对唯一的，所以非肉眼可见感官可感，《新唯识论》将本体概括有六义：

> 一、本体是备万理、含万德、肇万化，法尔清净本然。……二、本体是绝对的。若有所待，便不名为一切行的本体了。三、本体是幽隐的、无形相对，即是没有空间性的。四、本体是恒久的、无始无终的，即是没有时间性的。五、本体是全的，圆满无缺的，不可剖割的。六、若说本体是不变易的，便已涵着变易了，若说本体是变易的，便已涵着不变易了，他是很难说的。本体是显现为无量无边的功用，即所谓一切行的，所以说是变易；然而本体虽显现为万殊的功用或一切行，毕竟不曾改移他的自性。他的自性，恒是清净的、刚健的、无滞碍的，所以说是不变易的。[①]

本体无形相无方所，非时间空间可感知可把握，但又无处不在，并且是唯一的一真绝待，不可拟诸思议言说。本体的不可知、不可思议、无法言说这些特点带来的就是对本体认识的困难度。在这方面，既然无法从正面的肯定的方式来形容本体，状本体之貌，那就不得不借用遮诠的方式，来表达本体不是什么，以此达到对本体的认识。所以熊十力强调用遮诠、否定的方法来认识本体，本体唯遮诠，难表诠。熊十力借用空宗扫荡一切相的说法，认为这就是对本体的一种诠释，本体本身确实无形相可把握，当然是扫荡一切相的了。这里的扫荡一切相，是就本体

---

① 熊十力：《新唯识论》，中华书局1985年第一版，第313～314页。

不可被执为一固定物而言，在扫荡一切相的同时，又应该在一切相中见本体之用。这就引申到对本体的认知层面。

那么，这个无所不在的本体是如何被人的认识所认知呢？即通过本体显现为一切用，由此熊十力所谓本体意义就还包括无为而无不为。他说：

> 至真至实，无为而无不为者，是谓体。无为者，此体非有形故，非有相故，非有意想造作故。无不为者，此体非空无故，法尔生生化化、流行不息故。①

无为，是就本体的性质而言，本体是至真至寂的。无不为，则从用上说，本体并非死寂，而有其作用万物的功能，从本体的用上说，本体使万物生生化化，流行不息，而显现出本体的功能。无不为就是对本体的用的描述。由此熊十力强调要在流行中识得主宰，就是在用上，通过本体之用来把握本体，认识本体，就是即用识体、即用见体。这也是上面所引本体的六含义中备万理、含万德的意义。备万理含万德就体现在对宇宙万物的成全，对生命造化的功用，由于有本体而有宇宙的流行不息，人类生命的层层进化。在这一点上说，本体就是恒常的，不变的，则可用真常来形容本体之德。作为万化根源，本体就必须是真实恒常的，但为了与凝固不动、不生不灭相区别，所以又说无不为，即与生生灭灭的宇宙相应，这就是前面本体论章节所讨论的本体的寂而仁，仁而寂，极静而动，即动中求静。

那么，对本体的认识就通过对本体之用的认识来实现。通过本体显现为大用，在用中就可以识得本体。这个用就包含了体的方方面面。熊十力特别指出他的本体与空宗不同，他以真如为体名，说空宗只言"真如即是诸法实性"②，但他的体可言"真如显现为一切法"③，即一切法相都是真如的显现，这是从用上能见出体。所以，体与用就成为一体，而不是将诸法实性说为空，将真如与诸法分离。他所谓体就是与用相对而

---

①　熊十力：《新唯识论》，中华书局 1985 年第一版，第 463 页。
②　熊十力：《新唯识论》，中华书局 1985 年第一版，第 374 页。
③　熊十力：《新唯识论》，中华书局 1985 年第一版，第 374 页。

言，他说：

> 体者，对用而得名。但体是举其自身全现为分殊的大用，所以说他是用的本体，绝不是超脱于用之外而独存的东西。因为体就是用底本体，所以不可离用去觅体。①

同样的，对用而言也是依体而立：

> 用者，作用或功用之谓。这种作用或功用的本身只是一种动势，而不是具有实在性或固定性的东西。易言之，用是根本没有自性。②

> 用之一词，亦云作用，亦云功用，亦云势用，亦云变动，亦云功能或胜能，亦云生生化化流行不息真几。③

这里表明了用的含义就是体的功用，势用，这个动势在《新唯识论》里指的就是翕辟成变的恒转运动，恒转运动就是体之用。恒转，是从本体显现为大用而言，又因为本体不可见，从其流行大用来说，又假名恒转以为本体。本体之用在宇宙当中首先就体现在恒转功能上。体所显现的无量功用概括起来就是恒转的翕辟成变。恒转运动中一翕一辟是万事万物运动的两个不同方向。熊十力说：

> 本体现为大用，必有一翕一辟。而所谓翕者，只是辟的势用，所运用之具。这方面的动向，是与其本体相反的。至所谓辟者，才是称体起用。④

这里熊十力进一步对体之用做了区分，按照翕辟两种运动势用的差异，翕表示物化的方面，辟表示刚健而不肯物化的方面，从而将用分为

---

① 熊十力：《新唯识论》，中华书局 1985 年第一版，第 362 页。
② 熊十力：《新唯识论》，中华书局 1985 年第一版，第 362 页。
③ 熊十力：《新唯识论》，中华书局 1985 年第一版，第 432 页。
④ 熊十力：《新唯识论》，中华书局 1985 年第一版，第 323 页。

称体之用与不称体之用。称字，熊十力自己解释为不失本体的德性。如此看，称体之用即符合本体性质的作用，与本体的属性相一致，就是辟的方面。因为辟表现为刚健而不物化，是向上的生生不息之机。而翕是表示物化的趋势，凝固的趋势，与不肯物化正相反，有时熊十力又以心和物来表示辟与翕的差异。那么，怎么来解释本体自身产生了称体之用与不称体之用的差别呢？这里熊十力又进一步对翕辟之间的关系做了解释。即从严格的意义上说，只有辟才是本体之用。但是，从宇宙恒转功能的角度言，翕辟都是本体之用的范围。而翕实际上是从属于辟的，也就是说，翕是从辟中自身演化出的相反相成的运动方向。熊十力在《新唯识论问答》中说：

> 《新论》说翕辟，虽云两种势用，而实只是一个势用。有此两方面，以相反而成其用，乃假说为两种势用耳。体之现为用，本唯是辟，刚健、升进、生生、清净等等万德，皆辟也。而不能不先有一个翕，否则只是虚无莽荡，将无所据以自显。故翕之反乎本体而将成乎物者，特妙用之不得不然。实则，翕亦是辟，非其本性与辟有异也。[①]

从这一段引文看，这与熊十力在《新唯识论》中讨论翕辟成变的部分意思侧重点有不同。在讨论恒转的翕辟成变时，他侧重强调翕辟作为两种势用的不同，而在这里，从本体的角度来说，他侧重于将翕辟统一，特别是将翕统摄在辟之下。从称体之用的意义看，只有辟才是本体显现的用，而熊十力认为又必须有一个翕的作用，来解释万物的生成，所以翕虽然是物化的方面，却又是妙用的不得不然。这样就把不称体之用的翕也归入本体之用的名义下，实际上就是本体自身发展出与自身不相符的运动方向，来成就这种相反相成的运动规律。翕也是本体彰显辟之德的一个表现形式。这是从本体论的角度来探讨本体和本体之用的问题。这里的翕辟就表示本体之功用、作用、效用。

但是，从翕与辟的运动作用出发，引申出的问题是如何解释心物关系。翕辟作为形上本体之用，进一步还涉及对心物关系的解释。就此而

---

① 萧萐父主编《熊十力全集》第八卷，湖北教育出版社 2001 年第一版，第 204～205 页。

言用的范围扩大了，用就包括由翕辟而引申出的心物关系。就辟而言，辟表示称体之用的方面，这个称体，按照前面的解释，就是符合本体德性的用，说明辟的方面，也就是代表心的、精神的方面，是符合本体之德的，也就是与本体的性质相吻合，这里姑且把这种用称作体之用。体之用，表示与体之性质相一致之用。在这一层意义上的用，就只有辟。所以熊十力又说"唯辟可正名为用，而翕虽亦是用，但从其物化之一点而言，几可不名为用矣。"① 这就是从辟与本体之德相符而说的。而翕的方面则是物质的、物化的方面。物化的方面就会有相之诈现，由此，翕涉及熊十力对相的判断。宇宙万物在熊十力看来都是翕的物化方面的诈现，非实有。但就诈现而言，毕竟有相，毕竟显现，这种相状、相貌，也属于用的范围。熊十力指出佛教的所谓相，即他所谓的用。就法相上说，心与物的现象都是刹那刹那的，所以他认为用能更好的表示出刹那诈现的特点，就相的非实有性而言，"元来只是大用流行，哪有固定的法相？"② 在谈到有宗时，他还表示种和现这两部分都属于他所谓的用义，可见，种子作为潜在功能与现行而有相状这两方面都属于用的范围，佛教的相和用就被熊十力笼统地以用来表示。

另外，熊十力所谓用还和西方本体现象论联系起来，他所谓用又包括西方所谓现象。但他不用现象来表示用的方面，理由在于他认为现象一词是"斥指已成的物象而名之"③。而用这个字则与本体联系较紧密，更生动活泼，不受凝固死物之碍。这里可见用在广义上包括宇宙万法的流行及其相状，心与物的现象都属于其中。究其原因，也在于熊十力不承认宇宙万物为实有，而只有本体才是真实恒常的，其余都是本体的流行之用。可感、可见的物质在他看来也是用的方面，这个用就是现象义，凡属于现象界的也笼统称为用。这方面，熊十力坦言"新论于西洋学术上根底意思颇有借鉴"④，因为本体扫荡一切相，但未免不能给科学知识留下地位，所以在用上又将物质世界囊括进来，把可感知的物质层面统统纳入用的范畴，也就是翕的范围里面。用绝对一元论的本体来统摄宇

① 熊十力：《新唯识论》，中华书局1985年第一版，第322页。
② 熊十力：《新唯识论》，中华书局1985年第一版，第366页。
③ 熊十力：《新唯识论》，中华书局1985年第一版，第432页。
④ 熊十力：《新唯识论》，中华书局1985年第一版，第402页。

宙万法，难免在解释心物问题上会对物质存在既做形上诈现的理解，又不得不在现象上承认其有。总之，在这一点上，用在《新唯识论》当中就成为现象的代名词。

这里可以归纳出用的含义大体有两方面，一就是体之用，表示合乎体之性质的功能，姑且将这个用称为体之性质的体现。另一方面用又指的现象，包括心物诸行，特别是物化的方面。物质世界也都是体的功能的体现。但它不符合本体的性质，正如翕之于辟，翕并不属于称体之用。前者是从体之德性上立言，体之德性与体所表现出的功用自然应该是完全相符合的，本体备万理含万德，本体之用就表现出生生不息的仁德，说明本体及其属性相一致。后者则涉及形而下的层面，凡是物质世界的可见存在都是体的功用，这个意义上的用可称为现象。现象，就与本体相对，是可感知的方面。如此一来，用包含了形上之用与形下之用，称体之用与不称体之用，包含了精神与物质，属性与现象，用的范围囊括了佛教相用论及西方现象论的内容。可以说，除了本体之外，其他一切都可以称为用。

二　体与用的关系

在《新唯识论》当中，体与用的关系可以用即体即用、体用不二来形容，这是熊十力对体用关系的一般表述。具体来说，体用关系的不二包含了不二而有分，分而不二，所以，体用关系需要进一步分辨体与用的联系与区别。

首先，就体作为唯一实有、真常不变的实体看，本体的存在才是真实的，其他与之相对的宇宙万法都是本体之大用流行的表现。由上面所讨论的体与用的含义来看，对体的认识是通过用来达到。这是因为体用不二的第一层意义是体显现为用。本体备万理含万德，所以举体而显现为无量无边的功用。对体的认识就通过即用而见体。

即用见体，说明离开了用之外没有所谓的体，"本体之现为功用，是举其全体悉成为一切功用。这种用是流行无碍的"①，所以，认识体的关键就是把握体的用，在用中认识体，不可离用觅体。就前面提到的用的

①　熊十力：《新唯识论》，中华书局1985年第一版，第321页。

方面而言，则是通过恒转功能翕辟成变来说明宇宙万法的流行，用就体现在翕辟的不同势用。但是，就即用见体的意义看，用也就被熊十力表述为体的假名。如他以恒转为体，又说辟、心为体，这就是突出见体的含义，所谓见体，并非真正有形肉眼可见，而是在用上认识体，通过辟的势用，本心的发用，而假名之曰心体、性体，实际上仍然是在即用见体的层面上才能成立。所以他说：

> 我们应知，用固不即是体，而不可离用觅体。因为本体全成为万殊的用，即一一用上，都具全体。故即用显体，是为推见至隐。离用言体，未免索隐行怪。①

从即用见体的角度推广出去，熊十力还有即相见性，即相用而见体、摄用归体的说法。这些说法都是为了突出体，突出通过用来认识体、把握体。所以熊十力又说"本论的旨趣是在即用显体"②，为什么可以即用显体呢？他又反复解释说非仅仅因为体不可说，故只好依作用显示之，而是体用的含义本身就是不可分的，即用见体正说明体用不二。如此一来，即用见体实际上对体与用的区别并没有分太细致，反而是突出了体用的关联性。在体用关系上熊十力首先强调的就是体用的不二原则。对于这个原则，他分别从体和用的两方面做了阐释。他引用王阳明的"即体而言，用在体。即用而言，体在用"③。所以体用可分，而又不可分。

"即体而言，用在体"，这是从体的方面说：

> 夫体至寂而善动也，至无而妙有也。……体者，绝对的真实义。……然而，寂无则说为体之本然，动有亦名体之妙用，本然不可致诘，妙用有可形容，是故显体必于其用。……故夫即用而显体者，正以即用即体故也。所以说用在体者，在字须活看，意云此用即是体之显现，非有别异于体而独在的用故。④

---

① 熊十力：《新唯识论》，中华书局 1985 年第一版，第 387 页。
② 熊十力：《新唯识论》，中华书局 1985 年第一版，第 430 页。
③ 熊十力：《新唯识论》，中华书局 1985 年第一版，第 385 页。
④ 熊十力：《新唯识论》，中华书局 1985 年第一版，第 434～435 页。

从体的性质看，体是寂而仁、仁而寂的，是极静而动的，无为而无不为，所以说至寂而善动，至无而妙有。本体虽不可名状，为无，但本体之发用而有其功能，所以在用中即见体，即用即体，用则是体的显现。所以有用在体之说，用则是体的发用，用则全归属于体。

从用的方面说，"即用而言，体在用"：

> 前就体言，本唯一真而含万化，故用不异体。今就用言，于兹万化皆是一真，故体不异用。由体不异用故，故能变与恒转及功能等词，是大用之殊称，亦得为本体或真如之异名。以体不异用故，遂从用立名。①

从用的角度看，用不离体，用即是体的显现，恒转、能变等都是从用上对体彰名，从用上立名，所以说体在用。结合体和用两方面看，全体成大用，大用即全体，体用毕竟不二，举体而成万殊的用，而用又全是体的显现，体和用不可分。体用不二的另一表述就是非一非异。"体无形相，其现为用，即宛尔有相，乃至体无差别，其现为用，即宛尔差别，故不一。体即用之体故，用即体之显故，故不异。"②

对于体用不二的另一表达就是体用本不二而有分，虽分而不二。不二而有分，就是从异的方面看，则即体即用的即字，只是在用显现为体的角度承认体用相即、相当，而非用完全等同于体，因为用有功能差别不同。虽分而不二，则从一的方面看，体用虽然分殊不同，但离用而无体可得，所以可以相即。譬如大海水与众沤，这是熊十力用来形容体用不二的一个比喻。"大海水全成众沤，非一一沤各别有自体。故众沤与大海水本不二。然虽不二，而有一一沤相可说，故众沤与大海水毕竟有分。体与用本不二而究有分，义亦犹是。"③ 总之，无论从体还是从用的角度看，体用不二都可以说得通。体用不可分，在遮诠表达本体的时候，往往还通过用来表现，只能说即用见体，除此之外无法认识本体，所以体

---

① 熊十力：《新唯识论》，中华书局1985年第一版，第435页。
② 萧萐父主编《熊十力全集》第四卷，湖北教育出版社2001年第一版，第304页。
③ 熊十力：《新唯识论》，中华书局1985年第一版，第466页。

不离用，用不离体，即体即用。

但是，从侧重点上说，熊十力在《新唯识论》当中强调的体用不二实际上还是偏重于显体，特别是从其即用见体的主旨来说，他反复强调本体不离开人而外在，本体显现为无边的大用，本体创造宇宙并使宇宙生化流行，如此种种，无非确立一个形上一元论的本体。所以，在用的层面也反复强调摄用归体，把宇宙万法都归于本体之用，心物诸行也非实有，都从属于用。除了本体之外，其他一切均可以称为体的功用。这种消除主客对立、心物对立的彻底一元论的本体观前面已经做了分析，在确立本体论的同时，熊十力要突出的无疑也是本体的地位。

然而，从体用不二的反面说，体用仍然有分。所以无论熊十力多么强调在用中见体，实际上基于体的不可知，无形相无方所，无法言说，那么一切对于宇宙大用的描述、分析，其实严格说来仍只是停留在对体的功用的认识上。在体用有别的意义下，体用不二也就仅仅是一种权变，是为方便认识本体的一种权宜之计。即用见体之为即，就在于体本身的无法把握，只有通过体之用来认识本体，那么这种认识实际上也仍然是有限的。从《新唯识论》对翕辟成变、心物一元的论述看，实际上由于强调体的不可知，而必须在用中见体，那么在整个体用理论中无疑对用的方面论述反而更多。可以说《新唯识论》通篇都在描述体之作用。所以，虽然熊十力主观上强调要突出体的地位，但在文本效果上其实还是用的方面得到了彰显，他自己本人也说"特别发挥用义"①。我们是通过用的种种，而了解熊十力所谓的体。实则在宇宙万法中只有用，只见用，在用中才把握体。我们所认识所接触的其实全属于用的范围。

所以，体用不二自身包含了体与用之间的一种紧张关系。体用不二，但体用有分别。这种矛盾张力在熊十力晚期的《体用论》《原儒》等书里表现更为明显。在《新唯识论》中，熊十力主张摄用归体，即用见体，突出体的方面。但是在晚期的体用关系论中，熊十力更强调称体起用，摄体归用，并突出称体起用与摄用归体的不同。甚至还批评摄用归体，认为摄用归体"将只求证会本体，皈依本体，将对本体起超越感，而于无意中忘却本体是吾人自性，不悟本体无穷德用，即是吾人自性德

---

① 熊十力：《新唯识论》，中华书局1985年第一版，第432页。

用。虽复不承认本体为有人格之神，而确已将本体从吾人自身推向外去"①。从这一批评看，摄用归体的弊病在他看来在于突出了本体的超越性，而易使本体与人分离，而不能即人的自性中求本体。这显然是从天人关系，从个体与本体的关系出发作出的判断。他认为这与他所说的儒家的称体起用是相反的。其实在早年的《新唯识论》中他赞同摄用归体，并以为儒家也向来有摄用归体之意。当然，称体起用无疑更突出个体与本体的不二，突出本体内在于人，即所谓内在而超越。从本心即性，性即天道的儒家传统而言，这样说也无不可。然而，无论是摄体归用，摄用归体，其实并没有绝对对立之意，只是说法和角度不同。而在熊十力那里，侧重点的不同是由于他自身对体与用的意义把握有前后转变。

另外这种转变，这种前后期体用认识上的差异，和他晚年强调宇宙万物为实有的思想转向有关。他在《原儒》中说：

> 大易肯定万物为实在，人类是万物发展至最高之灵物，其为真实尤不待言。所谓乾元，只是从万物或吾人自身推出去说，以明人与物同此大原而已。不明乎此，将以本体为客观存在，人或万物都从那里变化而始有。如此，则万物与人都失其自己，万物可以说是造化的玩具或糟粕，人类只自感藐小。②

这时他就已经转向了儒家传统，肯定宇宙万物的实有，肯定人类自身存在的价值，而不是像《新唯识论》所描述的那样将心物都看作本体之用，将境识相对而看为空性，将宇宙万有看作翕辟成变的诈现。如此转变，也使他更强调人的主体性，淡化本体的造化功能，实际上彰显了用的方面，并且还有转用为体的危险，使体与用的概念使用更加随意更加宽泛。虽然晚年他仍然坚持主张体用不二，但是显然他对心物关系、对物质与精神的存在关系的认识有了一些变化，所以反映在体用关系上也相应地出现摄体归用的转向。摄体归用，则无疑更强调用的方面，这也与他设法精心安排科学地位，安排社会现实有关。所谓摄体归用，"即

---

① 萧萐父主编《熊十力全集》第六卷，湖北教育出版社 2001 年第一版，第 352 页。
② 萧萐父主编《熊十力全集》第六卷，湖北教育出版社 2001 年第一版，第 745 页。

不能离现实世界而别求本体，是故以皈依本体之愿欲，而集注于现实世界"。① 他认为这关乎儒家内圣外王之学的实现。只有强调用，才能避免走佛教出世主义之路，更重视现实人生。

从这里看，体的范围无疑包含了现实社会人生的方方面面，就即用显体而言，用的内容的广泛性也决定了体的范围的广泛性。与《新唯识论》极力证明宇宙万法虚幻无实不同，对用的存在的肯定无疑也使体用关系产生了变化。体用不二的含义也更广泛。但是，这种转变的因子在《新唯识论》的体用关系中已经潜伏。本来熊十力在《新唯识论》中是要确立一个形上本体，但是，从他对用的表述看，用包含了体之用和现象两方面。就体之用而言，可以说合乎体之德性，则必然应该是辟的方面、心的方面。而就现象来说，则包括了翕的方面、物质世界方面，如此一来，宇宙万法实际上都笼统归入体的作用之下。用中实际上就不仅包括形上层面之用，还包括了形下层面之用，无疑也会影响到体的内容。熊十力试图以一个形上本体来建构万能的宇宙秩序，安排现实生活，但同时对于现象界的存在表现出模棱两可的矛盾，又试图将一切现实都归入体之用的范畴，无疑增加了体用不二的难度。这也说明，熊十力一方面想建构一个形上本体，另一方面又想强调用，导致了体和用的建构都存在一定的缺陷。这也对体用不二这个传统的哲学命题提出了一些新的挑战。即体用不二并不能滥用，不能万能地用于对一切领域一切事物的解释。从建构形上学的角度说，个人与本体的体用不二，在宗教修行上可以通过本体的即在而超越来达到，如儒家的本体路线那样。天人不二的实现在某种意义上是通过宗教体认得出的。从建构社会秩序的角度说，现实生活世界并不能通过体用不二来解决本体与现象的关系。社会问题的复杂性、多样性决定了形上本体对现实世界不应该也不需要具备不二原则，用体用不二的思路，也无法将一切社会现象都纳入本体之用的范畴。熊十力建构体用不二论来检验宇宙万法，最后又想通过体用不二来解释外王之道，外王之路的阐发就显得力不从心。至少在理论上，并没有对儒家的外王之路作出新的贡献，而只能用体用不二来完成其理论思考，而缺少实践基础。其实，按照《新唯识论》着力于建构形上本

---

① 萧萐父主编《熊十力全集》第六卷，湖北教育出版社 2001 年第一版，第 643 页。

体的目的出发来探讨体用不二是较为圆满合理的,反而将体用概念扩大之后,使得体的意义不明确,用的意义也含糊,体用变成了一对相对概念,而可以随意指称,导致了体用不二这个命题遭到滥用而失去了其特定的哲学含义。

三 中、印、西体用义概观

熊十力除了阐发他的体用不二原则外,还对西方哲学、印度佛家以及中国易学的体用义做了分辨,见表 4 - 1。[①]

表 4 - 1 西方哲学、印度佛家以及中国易学体用义分辨

西方哲学	印度佛家	中国易学
现象（宇宙万象或宇宙）	法相	形下
实体	法性	形上

他指出,体用作为中国哲学的一对传统概念,其实与西方哲学的本体与现象、佛家的法性及法相是相应的,异名而同实。西方哲学的实体、本体即他在《新唯识论》中所谓体,而现象即相当于他所谓用。佛家的法性、真如也就是他所谓体,法相即他所谓用。与易学相应的则是易学中形而上之道是体,形而下是谓用。他认为,实体、法性、形上等,虽然名字不同,而所目则同,都是对本体的称呼。法相、现象与用的意思也是如此。但是他同时说:

> 本论不尽沿用实体和现象,或法相和法性等词,而特标体和用,这里却有深意。我以为,实体和现象,或形上和形下,或法相和法性,断不可截成二片的。因此,我便不喜用现象、法相、形下等词,虽复时沿用之,要为顺俗故耳。因为,说个现象或法相与形下,就是斥指已成的物象而名之。我人于意想中,计执有个成象的宇宙,即此便障碍了真理。易言之,乃不能于万象而洞澈其即是真理呈现。[②]

---

① 参见熊十力《新唯识论》,中华书局 1985 年第一版,第 431 页。
② 熊十力:《新唯识论》,中华书局 1985 年第一版,第 432 页。

这里可见，虽然他指出实体、法性与形上都指本体，现象、法相都指用，但是在具体内涵上仍然有别。异名同实但并非绝对一致。由此他分辨了本体与现象以及法性与法相和他的体用概念的不同。在用的层面来说，他认为法相、现象都有拟物执物之嫌，所以一说现象、法相就斥指物象，实际上也就是承认了宇宙万物的实有，而破除宇宙万物的有相则是他的目的，在破相中方能显性。所以他认为现象、法相的用法有体用割裂之嫌，而容易使人执着于宇宙万象中而忘却本体。从本体方面来说，则容易使人不能扫象证真，不能遣除成象的宇宙。在他看来，则容易将本体悬隔在现象之外，将本体做实物想。

分别说来，他对西方哲学本体与现象的批评有两方面：一是对本体与现象关系的批评，二是对唯心唯物论的批评。对本体与现象关系的批评是认为本体与现象的关系并非体用不二，把本体看作外在于现象界，则现象与本体呈现二重世界的对立。他说：

> 许多哲学家谈本体，常常把本体和现象对立起来，即是一方面，把现象看做实有的；一方面，把本体看做是立于现象的背后，或超越于现象界之上而为现象的根源的。①

他指的是西方科学盛行而肯定现象界的存在，同时在哲学上探求一个本体超出现象之外。这种错误类似宗教的观念，即在世界一切物质外又构造一个上帝超越于现象之上。他认为这种既肯定物质存在又构造本体与现象二分的做法带来体用二分。在本体论上，他强调要扫荡一切相才能见本体，但本体不是超脱于现象之外或之上的，所以就本体上说仍要空现象而后可见体，而不承认现象为实有。但是，就西方科学知识发展来看，西方科学处处强调有电子、原子等物质细小微粒，而论证宇宙存在的物质性，这就把现象界看作实有，而同时又在神学上构造一个上帝完全超越于物质世界之外，或者在哲学上又建构一个本体在现象之上，这些做法无疑是在现象之后又成立本体，而把本体与现象看作二片事物。

---

① 熊十力：《新唯识论》，中华书局1985年第一版，第297页。

　　另一种情况是西方哲学中有些哲学家不承认现象为实有，把本体与现象看作一为真实世界、一为虚假世界。但认为本体是一个高高在上的理念，一个逻辑形式，这一流的观点熊十力也不赞同。这种观点，无疑将种种方的物、圆的物看作方的理念、圆的形式的表现，再把这些具体的物看成对共相的描述。而这些各个具体物的自相又是有的。他认为本体不能仅仅成为一个共相、一个理念而已。由此他对冯友兰将共相与殊相的概念引进来分析本体表示不同意。他说，"冯君把逻辑上的概念，应用到玄学上来，于是分真际、实际两界，把理说成离开实际事物而独存的一种空洞的空架子的世界。此真是莫名其妙"①，即本体不能仅仅是一个逻辑上的空洞概念，这个批评可以从他与冯友兰对良知问题的讨论更进一步看出来。在牟宗三的《我与熊十力先生》中提到，冯友兰拜访熊十力于二道桥，两人对良知问题有一个讨论，冯友兰将良知看成逻辑假设，而熊十力说："你说良知是个假定，这怎么可以说是假定。良知是真真实实的，而且是个呈现，这须要直下直觉，直下肯定。"② 熊十力将良知看作本体，而良知这个本体也就必然是无为而无不为，并且与个体的生命感受紧密相连，并不能仅仅作为逻辑上的一个空洞形式存在。而冯友兰阐发《新理学》，以共相和殊相来讨论本体，自然与熊十力南辕北辙。但从这里也可以看出，对于当时流行的西方逻辑概念的一套，熊十力是不赞同用来分析本体的。

　　这一批评还涉及熊十力对柏拉图理念论的一点微词。虽然熊十力对西方哲学的了解和接触有限，但从某些材料看，他所指的理念与现象界的二分，还包括对柏拉图的一些评价。在《答牟宗三》中，他与牟宗三就柏拉图的理念论有一番讨论。牟宗三指出，理念是一个抽象的存在，悬隔于现象界之外，现象世界只是理念世界的一种副本，并且灵魂最终是在理念世界中才能永存，无疑将生生化化的宇宙与理念形态隔成两界。熊十力深以为然，并且说：

　　　　吾所谓理，乃直目无为而无不为，不易而变易，无穷之真体。……

---

① 萧萐父主编《熊十力全集》第八卷，湖北教育出版社 2001 年第一版，第 474 页。
② 牟宗三：《生命的学问》，广西师范大学出版社 2005 年第一版，第 108 页。

此理是一真实体，非是思维中之一概念，非是离真实而为一空洞的型式，此与西洋人理型的观念，自是判若天渊。吾学归本证量，乃中土历圣相传心髓也。①

也就是说，西方理型世界只是从思维中构画出来，而抽离出生生化化的迹象，并不能与个体的生命相应，非出自证量，这样就把中西本体现象之别归纳到本体认识上的差异，特别是个体与本体的关系差异带来了这种本体现象论的不同。

二是对于西方的唯心唯物论，熊十力认为也不能圆满地解决本体现象问题。他指出，西方哲学发展不论是以精神为第一性还是以物质为第一性，无论是唯心还是唯物，总之都把本体看作纯物质或纯精神的存在。这种做法无疑是以用为体，堕入无体论。根据他在《新唯识论》中对本体的判断，物质与精神，即境与识、物与心都是相对的概念，都属于本体之用，是本体流行的两方面，物质与精神不能等同于本体。他说：

如一元唯心论者以精神为宇宙本体，一元唯物论者以物质为宇宙本体，殊不知神质以相对立名，皆现象也。凡现象皆是本体之功用，而不即是本体。②

神指的就是精神，质即物质。而将物质或精神等同于本体，熊十力认为是源于西方文化的一种解剖术心态，即善于以割裂的眼光分析宇宙，而不能体察宇宙的浑然一大全，西方文化以分析见长，但这在对于本体的理解上，熊十力认为"西学是蔽于用而不见体"③。当然，西方哲学的发展流派繁多，对本体与现象的解释也各不同，我们不能苛责于熊十力博览众家而得出结论，只能作为在西学东渐这个特殊时代背景下理解中西对话的一个参考。然而，也正如前文所说，熊十力反对西方哲学中用唯心或唯物来言说本体，其所谓本体，超乎心物之外，而归于内证，其实是一种中国式的唯心论。

---

① 萧萐父主编《熊十力全集》第四卷，湖北教育出版社 2001 年第一版，第 360 页。
② 萧萐父主编《熊十力全集》第六卷，湖北教育出版社 2001 年第一版，第 617 页。
③ 萧萐父主编《熊十力全集》第六卷，湖北教育出版社 2001 年第一版，第 638 页。

　　至于中印体用义，熊十力与刘定权在《破新唯识论》与《破破新唯识论》往来争辩中有一番讨论。刘定权认为，体用之名在中印用法不同。"中国体用之说固定，印度则不固定。"① 印度体用说不固定，指的是体与用在具体文本中含义不同，并且所指不同。如他举例《成唯识论》所说有为法亲办自果其体有二，一种子二现行，两者均可谓体。"是则所谓体者，泛指法体而言"②，非玄学中本体与现象相对之体。而熊十力则在此基础上区分了体用的含义。熊十力指出，体用之名，大体上有一般通用及玄学上所用的不同。就一般通用来说，"随举一法而斥其自相，皆可名之为体"③，如以瓶为体，则瓶能盛水，这是瓶的功用，而刘定权所谓泛指法体之体，就是这一类，以一切物为体而随举其功用皆可成立。另一类通用的是"如思想所构种种分剂义相……而设为体用之目"④。指的是随着个人思考推理方便而假名一事物为体而另一与之有关系者为用，这是在思想上对某对象进行研究时假立，用法较随意。而熊十力所谓玄学上的体用义则是不可分的。无用不名体，体也必然有其用，故所谓用，即是本体流行。体用不二之旨由来已久，并没有所谓固定不固定之说。并且中印都如此，他认为，除了护法一家将体用义截成二片之外，"谓中印体用之说都不固定可也"⑤。而他这里的不固定，意思又与刘定权有别了。他自己说，不固定就体用不二而言，体用似分而实不分，并不是说体和用自身的含义可以随意不固定。

　　但是，就佛教法相的含义看，法相包含诸法一切相状，而诸法实相为法性，实相也是法相之一类，实相是诸法本质相的概括，诸法的体、相、用之间关系还是比较分明的，熊十力则以用来统筹法相，把佛教的相、用都纳入他用的范围内。对于西方本体现象论的理解也存在这个问题。现象，包含了相状，侧重可感知之物而言，而他同样把现象纳入用的范围，并以佛家之相、西方之现象均为用，认为这恰恰是中国体用论的特殊性。他说：

---

①　熊十力：《新唯识论》，中华书局 1985 年第一版，第 223 页。

②　熊十力：《新唯识论》，中华书局 1985 年第一版，第 223 页。

③　熊十力：《新唯识论》，中华书局 1985 年第一版，第 183 页。

④　熊十力：《新唯识论》，中华书局 1985 年第一版，第 183 页。

⑤　熊十力：《新唯识论》，中华书局 1985 年第一版，第 182 页。

哲学上的根本问题，就是本体与现象，此在新论即名之为体用。体者，具云本体。用者，作用或功用之省称。不曰现象而曰用者，现象界即是万有之总名，而所谓万有实即依本体现起之作用而假立种种名。故非离作用，别有实物可名现象界，是以不言现象而言用也。①

而现象、相状之所以可以与用合一，又在于他认为现象就是功用。"从其变动不居而言，则名功用；从其变动不居，宛然有相状昭著而言，则名现象。"② 相与用的关系看来也是不二的，就大用流行生生化化变动不居而说为用，就有相状诈现翕以成物则说为现象。这种理解与他不承认宇宙万法的实有相关。

除了体用不二作为中国体用论的特点外，他指出体用不二是中国文化的传统，早在易学中已经发端。如《易·系辞上》里的"显诸仁藏诸用"③，说明本体之仁是生生不息的，才能藏诸用。"生生之谓易"④，说明天行健，天道变化以生养万物为德，大化流行而体现本体之用。他将中国文化的这种传统称为全体论。对比西方以分析手段将万物析成极小微粒或元素组成的做法，或者将万物视为唯心或唯物的做法，都是割裂万物全体而不察。全体论，就是以宇宙万象为"一大势力圆满无亏、周流无碍、德用无穷、浩然油然，分化而成万殊的物事"⑤。宇宙万物是从一个全体中分殊出来，譬如大海水分化而成众沤相，全体是生动活跃的，如《易》的乾坤为用，而有阴阳变化，万物禀之以成，是从一元而分化心灵和物质。所以不能用唯心或唯物来将心物分离，两者浑然为一，属于一元本体。

当然，在先秦诸文献中，体用作为一对概念并未明确提出，只是出现了体和用的表述。但体作为万物本体与用作为宇宙万物生生之用的意

---

① 熊十力：《新唯识论》，中华书局 1985 年第一版，第 465 页。
② 萧萐父主编《熊十力全集》第七卷，湖北教育出版社 2001 年第一版，第 99 页。
③ 萧萐父主编《熊十力全集》第七卷，湖北教育出版社 2001 年第一版，第 95 页。
④ 萧萐父主编《熊十力全集》第六卷，湖北教育出版社 2001 年第一版，第 679 页。
⑤ 萧萐父主编《熊十力全集》第七卷，湖北教育出版社 2001 年第一版，第 106 页。

义是明显的。《易·说卦》中还有"神也者，妙万物而为言者也"，《老子》第十一章中说"有之以为利，无之以为用"。所谓"生生之谓易"，实际上侧重的是体的生化作用，体本身包含了能动的创生作用。这是中国哲学体用论的一个鲜明特点，即以体为创生性之体，体的含义与印度、西方就有所不同。熊十力对于中国体用的全体观的这种概括，也显示出中国文化的融合精神和重综合、重整体的特点，与分析见长的西学思路是不同的。而中国古代哲学的体用含义当中，虽然与熊十力同样将宇宙万法看作本体的用的流行，但这个宇宙万法是实有的，是客观存在的，而非熊十力吸取了佛教思想之后而把宇宙万法看作诈现的幻相，这是中国传统体用义与熊十力体用观的最大差异。熊十力把宇宙万法看作虚幻不实，这在先秦对体用问题的讨论中是没有出现的，与儒家传统也不相符。熊十力在《新唯识论》中的刹那恒转诈现说，无疑是吸取了佛教思想之后的产物。这也可以从他晚年《体用论》《原儒》当中转向肯定宇宙万物存在的思想变化中看出来。《新唯识论》无疑更多地体现出他对佛教思想的吸取，而非晚年的彻底回归儒家传统。

第二节　《新唯识论》对儒佛体用义的综合

如前所言，《新唯识论》的体用思想与熊十力晚年体用义之不同，在于《新唯识论》更多地吸取了佛教思想。具体而言，《新唯识论》的体用义是在批判和吸收佛教义理的基础上形成的。对体之生化大用的肯定来自易学，而对宇宙万法诈现幻相的判断则来自唯识学，由此形成《新唯识论》体用不二思想的两块基石。

一　熊十力对佛教体用义的批判

首先，熊十力对佛教体用思想进行了批判。一是对空宗的批判，二是对唯识有宗的批判。

对于空宗，他指出空宗是破相显性，遮拨一切法相，在对本体的认识上他赞同这种方法，即前面所说的遮诠的方法。扫荡一切相而见性。但同时他认为，一切相都空，都遭到否定，那么相空体也空，体也不可得。从扫荡一切相出发，则必定不涉及宇宙流行，真如也就无法显现为万法。所以，他对空宗的批评是谈体遗用。他说：

> 他们空宗除遣宇宙万象，而直透真理，可谓单刀直入。不过，他们有很大的缺点，就是谈体而遗用，因此偏于扫象，而无法施设宇宙万象。①

从这里看，他对扫相的方法似乎又提出疑问。既然对本体的认识要通过破相显性，就不应该又反对扫相。因为如果扫相可以作为显性的方法的话，则扫相的同时就应该能认识本体。况且扫相的方法他是赞同的。但是，他认为佛教所谓扫相之后的这个本体是空性，就不涉及生化流行，无法成全宇宙万象，这才是他又转而反对扫相的原因。他说："佛家谈体，绝不许涉及生化，所以我说佛家是离用谈体。"② 如此一来，实际上是对体的内容做批评，由体的不生化而关联到无法成全用，就是站在体必须生化宇宙万物的角度来批评空宗。这种对佛教本体空寂义的理解持续到他晚年的《体用论》当中。也导致他一直对空宗的体用关系存疑。在《新唯识论》中评价空宗谈体遗用，只注重体而不承认用的方面，而他自己又支持遮诠的方法，那他自己的体用关系也应该存在谈体离用的问题。所以，在《体用论》当中，他对于空宗体用义的认识又做了分析，提出《中论》已经有性相不二的思想。他举《中论·观四谛品》"见一切法从众缘生则见法身"，而认为"性相不二之理，龙树其早发之欤"③。即从一切法从缘生当中见诸法性空。但是他马上又转过来，说这种性空本体，其实还是将生灭法与不生不灭法分成两片，一切法缘生，所以法性本空，法身也空，而佛教的空寂又非他所谓的儒家的空寂而生化，自然不涉及创造宇宙。

另外，就佛教的法相与法性而言，熊十力认为与他的用和体的含义相对应。但是，根据以上他与刘定权对中印体用义的分辨看，他既然不认为印度佛教体用义是固定的，那应该赞同佛教也有体用不二的说法。其实不然，在《新唯识论》中，他对佛教体用义的批评主要还是抓住佛

---

① 熊十力：《新唯识论》，中华书局 1985 年第一版，第 432 页。
② 熊十力：《新唯识论》，中华书局 1985 年第一版，第 433 页。
③ 萧萐父主编《熊十力全集》第七卷，湖北教育出版社 2001 年第一版，第 87 页。

教离用言体，而不涉及生化流行。佛教之体他称为真如、真性，而真性是无为无作，故用只是依真性而起，不即是真性呈露。这种说法，与他批评佛教之体只言寂静而不言仁，只恒常而不动相一致。

总之，从他对空宗模棱两可的评价看，总体上他还是坚持从本体的内容来判断体与用的关系，特别是站在本体生化的角度来判断体用是否不二。本体的性质决定了体与用的关系。虽然他即使意识到空宗也可能是性相不二，但由于他对缘起性空的不满，导致了在对空宗体用义的评价上得出空宗谈体遗用的结论。

对于有宗，他则认为是即用显体，但又有二重本体之过。在文言文本《新唯识论》中熊十力指出有宗违背了空宗遮诠显体的方法，而主即用显体。他说：

　　盖云即用显体者，固谓用亦实法，但不离体，乃即用而体显。不知体上固无可建立；又安可于用上建立乎？[1]

他认为从世亲建立识能变说，下至护法诸人，都是在用上建立，重用而轻体，而这个用，在他看来又有二重本体之嫌。即所谓的在种子与现行中有二重世界，真如为一本体，种子为另一本体。他将唯识的用看作实法，所以有此一番议论。在语体文本《新唯识论》中，他仍然持续这一观点。他说：

　　即用显体者，正要说明流行不息的功用是无自体的。因为，克就用上说，他是没有自体。所以，即于用而见他的本体，譬如于绳子而见他是麻。如果把流行不息而诈现万殊的功用，看做是有自体的，那么，更用不着于用之外，再找什么本体了。[2]

他指出唯识学的错误就在于把用看成实在的，因为在用上有种子说，作为用的根源，而真如又为一切法的实体，则两体对待成二重，互不

---

① 熊十力：《新唯识论》，中华书局 1985 年第一版，第 66 页。
② 熊十力：《新唯识论》，中华书局 1985 年第一版，第 302 页。

相干。

但是，就他自己所谓体用不二的主旨来说，他明确强调要即用显体。可见即用显体这一点他是同意的。只不过他认为有宗的即用显体实际上是二重本体，是在用上又建立了一重世界。这就牵涉到他对唯识学种子说、种现关系的理解。为了防止这种将用上看为实有而忽略体的危险，他由此将法相归入用的范围。不立法相而只言用，于一切法相不作法相想，避免落入用上执着的危险。从这里看，也可见熊十力对有宗即用见体的批评是缺乏根据的。应该说他是在批评有宗的二重本体之过，而不是即用见体。也反映出就即用而能见体的方法上而言，既然有宗也即用而能见体，那么有宗的体用关系也可以说是体用相即不二的，对于有宗的体用关系论就应该做进一步的分判。

二　欧阳竟无体用观对熊十力的影响

那么，熊十力对有宗二重本体的判断从何得来，对空宗破相显性的批评又有什么根据，这就要追溯到其在内学院期间所受欧阳竟无思想影响。

欧阳竟无对体用义的运用在《唯识抉择谈》中有如下表述，一是粗言，二是细言。粗言，就是总体上说，即"无为是体，有为是用"①，无为又分八，即虚空、择灭、非择灭、不动、想受灭，他说这五方面是就真如义而立，还有就是三性真如。所谓体就是从真如上来说，真如遍一切，不待造作，无有作用，所以为诸法之体，也就是把无为法看作诸法之体。有为法有变化有造作，所以为用。

细分上，他又对无为和有为法的两方面做了分析。②

一、体中之体　一真法界

二、体中之用　二空所显真如（又三性真如）

三、用中之体　种子

四、用中之用　现行

①　王雷泉编《悲愤而后有学——欧阳渐文选》，上海远东出版社1996年第一版，第25页。
②　王雷泉编《悲愤而后有学——欧阳渐文选》，上海远东出版社1996年第一版，第26页。

如此一来，就在无为法和有为法为体用的基础上加上了另一重体用，即在体中还有一重体用，在用中也有一重体用，分别从体与用两方面又分出体中有体用，用中还有体用。他的理由是，从体来看，体中有一真法界，如如不动，周遍一切而为诸行所依，这是体中之体。而二空所显真如，"以其证得故，为所缘缘故"①，所以又不同于体中如如不动之体，而为体中之用。用的层面上又有种子和现行之分，种子为眠藏潜伏识，一切有为依种子而生起，所以为用中之体。而现行为依种子而起，所以是用中之用。以体用之相上欧阳竟无又说，"非生灭是体，生灭是用；常一是体，因果转变是用"②，从体用之相来看，体是无为，自然非生灭而是恒常不变的，用是有为，自然是有生灭变化而因果转变的。

但是，这种对体用含义与体用之相的区分，并非完全使体用割裂，而是通过生灭非生灭将体用联系起来。欧阳竟无解释说："有为生灭因果无漏功德，尽未来际，法尔如是，非独诠于有漏也。"③ 无为法和有为法之间并非绝对两不关涉，由于生灭作用通有漏无漏，流转还灭成为可能。欧阳竟无指出，生灭向流转边是有漏，向还灭边就是无漏。生灭并非专属于无漏果位所有，而是在生灭灭矣寂灭为乐中不舍离幻有，幻有不可无，大用不可绝，所谓涅槃寂灭为乐，寂灭非断灭，是不毁弃万法。所以才有诸佛菩萨尽未来际造诸功德，常现其幻，生灭因果流转不已。也就是说，有为法不可无，通过有为法彰显无为法，因为"一真法界不可说"④，真如理体不可思议，绝诸戏论，所以必须在用中见体。他说：

（凡法皆即用以显体；）十二分教皆诠俗谛，皆就用言。（又复须知体则性同，心佛众生三无差别；用则修异，流转还灭语不同年。）⑤

也就是说，从无为法无造作、不可说之为体，体必须在用中才得到

① 王雷泉编《悲愤而后有学——欧阳渐文选》，上海远东出版社1996年第一版，第26页。
② 王雷泉编《悲愤而后有学——欧阳渐文选》，上海远东出版社1996年第一版，第26页。
③ 王雷泉编《悲愤而后有学——欧阳渐文选》，上海远东出版社1996年第一版，第27页。
④ 王雷泉编《悲愤而后有学——欧阳渐文选》，上海远东出版社1996年第一版，第27页。
⑤ 王雷泉编《悲愤而后有学——欧阳渐文选》，上海远东出版社1996年第一版，第27页。

彰显，所以教中言说是从俗谛就用上立言，由用以显体。体上来说佛与众生平等，在用上不同，而有修得差异。这里便表明欧阳竟无即用显体的宗旨。

以上在《唯识抉择谈》中抉择体用的思想主旨，大概可以概括出欧阳竟无对体用问题的基本看法。基本上欧阳竟无侧重于体与用的泾渭分明，体是无为无造作，用则有为有造作，体与用必须简别，但体与用不是绝对无关，而要即用显体。但是，如何理解所谓体用之中还有二重体用呢？

首先，就第一重体用义来看，实际是以真如为体，而种子与现行为用。他说：

> 寂灭寂静，常也，不生不灭也，真如也，涅槃也，体也；变生万有，无常也，生灭也，正智也，菩提也，用也。体则终古不动，用则毕竟是动。动非凝然，非凝然者不为主宰，故动必依于不动，故用必依于体也。[①]

就无为一面看，不生灭的真如、涅槃可说为体，生灭无常的是用，如正智、菩提，而体恒常不动，用依于体而有变化，体自身无变化。他譬喻说如祖父从来不出门，因为用依于体，而体不可随缘，体就犹如祖父待在家里，寂然不动而有其用。从这种无为真如体出发，他批评了《大乘起信论》的真如缘起论，真如不可随缘，只能说在用上有变化，体上绝对不能有生灭之说。而缘起意味着有因、有生义，生是用边事，真如不能直接创生万法，而只能说是万法助缘，所以说正智缘起，说正智缘如可以，直接说真如生万法则不通。就真如与种子的关系来说，识种不从真如生，而依于真如，而真如为正智助缘。所以，无始以来诸法种子是依着不生不灭而起生灭变化。

可见，第一重体用是就无为与有为、非生灭和生灭的差异上说，就真如理体常恒不动而言，这是形上意义之体，而与之相对的有为法世界则为用，这一重体用是最根本的体用差异，第二重体用完全也是按照这

---

①　王雷泉编《悲愤而后有学——欧阳渐文选》，上海远东出版社 1996 年第一版，第 365 页。

种标准划分的，体中按照显得和生得的差异划分体中有体用之分，用中按照依助、因缘力用有用中体、用之分，基本上符合无为有为的大前提。

但是，就第二重体用看，我们认为，体与用在体中体、体中用、用中体、用中用的二次表述上不同于第一重体用。体中体用、用中体用的区分，则是在通常体用二词的随其所指上巧立施设的方便。也就是上节提到的刘定权所谓体用义不固定之意，随举一名相，而列出其体、用上的差别。也正如熊十力所说的体用二字有一般通用和玄学所指的不同。第二重体用是一般通用上的体用义，是在相对意义上为分析名相方便而建立，并不是实有其形上意义之体与现象之别。所以，体中体、体中用是相对体而言有分别，用中体、用中用也是相对用而言有分别。体与体中体、体中用是一级直接关系，用与用中体、用中用也是一级直接关系，两级当中体中体用与用中体用没有交涉，只是方便解释体与用的各自内部关系而设立。所以，在二重体用相互间也就不存在二重本体之嫌，不能将体中体用、用中体用当中的第二个体字抽离出来作本体理解。这可以从欧阳竟无对体中体用、用中体用的分析中看出来。

如就第一重体用说，以涅槃为体，则菩提为用。就体是不生灭，用是生灭而言，涅槃是不生不灭，而涅槃在用上显现无量功德，菩提则是涅槃体所显之用。所以"涅槃是体，菩提是用，体不离用；用能显体"①。用上显体，方便善巧。

两者的区别，又以体是显得，用是生得。欧阳竟无说：

> 菩提所生得，涅槃所显得。生是用能义，种子发生现行，皆用能边事；显是常住不动义，如灯显物，非如功能渐渐生起事。②

从如灯显物来看，涅槃就是如如不动的，而才有菩提使涅槃显现之说。生得一分菩提，则显一分涅槃。涅槃为显得，体现在转染成净之后而法身显现，而菩提是发心生得，为用。这种说法，也与《成唯识论》以涅槃为显得菩提为生得的说法相一致。所以欧阳竟无认为性则终古是

---

① 王雷泉编《悲愤而后有学——欧阳渐文选》，上海远东出版社 1996 年第一版，第 29 页。
② 王雷泉编《悲愤而后有学——欧阳渐文选》，上海远东出版社 1996 年第一版，第 349 页。

性，用则终古是用，缘起就用上来说，所以只能是正智边，而非真如边事。涅槃非缘起的生因，而是助因。

就第二重体上说，涅槃又有无余涅槃无住涅槃之分。无余涅槃就体边言，而无住涅槃为功德显现，就用边言，"体用不离，故举无余即所以显无住"①。涅槃寂静相显示其体，而就其有无量功德相而显示其用，这一重体用显然是随所指不同而假立体用二词，非哲学上本体与现象之谓。

就真如与正智说，"真如是所缘，正智是能缘。能是其用，所是其体"②。而用从熏习立言，用上有种子，所以种子能熏习，正智有种。真如简别有漏虚妄，真如无种，所以真如但遮诠而非表诠，由正智以显真如净用。进一步说，正智与真如中还有体用之分，这就是第二重意义上对体用概念的活用。在《欧阳竟无先生答梅君书》中，欧阳竟无就"言以证自证为如自证缘之，则自证为智；以自证为如证自证缘之，则证自证为智"③ 这两句做了分疏。就自证与如的关系看，他认为自证分与真如境体上意义相同。就真如是一切法体，而也就是无分别智之体，自证分自身则是见相二分之体，据此说两者无分别。"相见道不法自证者，以其无分别与如俱属体边故也。相见后得须表诠分别，故唯法真见道之见分，属用边故也。是自证与如就用有分，就体虽非一而无分也。"④ 这里面把自证分视为见相二分之体，这个体就是随处立名的通用体义。随所举事物而划分其当中有为无为，有分别无分别的部分，而假立体用之名。

那么，在何种意义上证自证和自证可以为如，欧阳竟无提出了智如在某种情况下非一非异的说法，由此则智如不二在某种条件下可以成立。就自证缘如来说：

> 智如虽二，然无分别智为能缘，缘真如所缘时宛若如一。且智不起用时，寂然泯然与如无别。⑤

---

① 王雷泉编《悲愤而后有学——欧阳渐文选》，上海远东出版社 1996 年第一版，第 28 页。
② 王雷泉编《悲愤而后有学——欧阳渐文选》，上海远东出版社 1996 年第一版，第 39 页。
③ 王雷泉编《悲愤而后有学——欧阳渐文选》，上海远东出版社 1996 年第一版，第 55 页。
④ 王雷泉编《悲愤而后有学——欧阳渐文选》，上海远东出版社 1996 年第一版，第 55 页。
⑤ 王雷泉编《悲愤而后有学——欧阳渐文选》，上海远东出版社 1996 年第一版，第 55～56 页。

就是说，在智不起用时，智与如相处寂然无别，譬如处女腹中无子，待他日智起时则如腹中有子，处女之腹有生子之用而尚未生子而已。而就如中有智、智中又有体用来说：

> 依如为智体、智为相见体言，说智而如摄其中，且以之为体，一无别也。依智不起用时言说智而如不可离，二无别也。……即自证智不起用与其真如无别，所以以之为所，而缘彼之证自证亦乃得用其所谓能者也。然其实非真如也。①

就如边言有正智缘如之说，而就智边言又有自证智缘证自证智之说。法相之间泾渭分明，条然不同，智如关系在二重体用之间的差异使得智如不二，但又非一的说法成立。这是在一般通用的体用意义上随其所指而确立不同情况下的智如非一非异。所以，欧阳竟无又提出真如缘起就无漏说则通，就一切说则不通。就是从体与体之用必然相应，无漏不能生有漏而言，而有漏也不能直接生无漏，正智与真如不二也是有相对条件的。

其余还有以四智心品为用，清净法界为体，法身为体，报身、化身为用的划分。都是就能、所差别而分体用二边，在有造作无造作的分别中假立体用二名来分析名相，便于理解。凡是有漏、有为都属于用边事，凡是无漏、无为都属于体边事。在这一标准下对各个具体相对的概念再划分它们之间谁为体谁为用，以便分析名相间的关系，这与欧阳竟无对体用之中又分二重体用的做法是一致的。

另外，就第一重形上意义的体用之别看，体与用不二并且用能显体的含义其实是体与用的性质相一致，即体与体之用的关系，而非本体与现象的关系。就欧阳竟无所强调的体用不二来看，他对体与用的划分是按照体用之间有为无为的差异进行，而用之所以能显体则在于性质上用是依于体，他说："正智是用，发菩提心成正等觉故。大悲是用，无住涅槃无边功德故。方便是用，一切善巧故。"② 就菩提是生得而涅槃是显得

---

① 王雷泉编《悲愤而后有学——欧阳渐文选》，上海远东出版社1996年第一版，第56页。
② 王雷泉编《悲愤而后有学——欧阳渐文选》，上海远东出版社1996年第一版，第200页。

来看，菩提边与涅槃边也是相应的，所以正智、大悲、方便这些都是在用上能显体的无量功德，与体的性质相一致之意。又如他以唯识三性说中的圆成实性为用，即以圆成为真如，有与真如体相应之意，所以说圆成实性。而三性皆用边事，相应即为真如，不相应即为遍计所执。这种对体用义的理解与熊十力引入西方本体现象概念来看待体用的方式是不同的。体与用的相应不二是从用上显示体的无量功德，与体相应而言。

从体与用的这种相应与否的表述不同，欧阳竟无还引申到对空有两宗不同的判断。就空宗而言，他认为空宗是以遮为表，所以一切诸法无自性，而相宗即用显体，侧重从用上显示依他起幻相有。就二谛与三性的关系言，空宗的二谛是遮世俗谛而显真谛，三性则重在诠释依他起，是从缘起之用上立言，所以依他起如幻有。由依他起之有说明即用以显体，正是相宗特色。所以他在《答熊子真书》中批评熊十力将依他、圆成析成一片来说，在三性说之中废弃依他起义，而以一方恒常一方生灭。依他起用不能轻易取消，这涉及如何步步显体，由菩提用显涅槃体，如果只有遍计所执的生灭现象与圆成实性，就成为熊十力所谓即流行即主宰，则舍染取净不能成立。

由欧阳竟无的体用观看，他是主张体用不二，即用显体的，甚至说一切佛法说教无非用，是方便显体之意，说明他注重对用的方面的强调。就体与用的概念理解看，他对体用各自的含义和性质做了细致区分，根据法相不可乱的原则，将纷繁的名相按无为有为的性质不同而确立当中体用关系，在这个基础上又肯定用的含义是与体相应之用，体与用各自功能不同，地位不同，不能浑然说为一，但就体上有其相应之用来看，体与体之发用毕竟一致。

联系熊十力的体用不二观看，欧阳竟无对熊十力的影响有如下三点。第一，从总体上而言，熊十力认为有宗即用显体，空宗破相显性，这个对空有两宗的基本判断完全来于欧阳竟无之教。第二，就即用显体这一点上说体用不二，这与欧阳竟无对体用相应的阐发是一致的。熊十力所谓的体用不二，在内涵上虽然包括了本体与现象，但是就体用形式上不二的关系来看，即用见体，而体本身不可言说，只能遮诠的主张与欧阳竟无的说法相类。两人对体的不可言说性的判断是一致的。第三，欧阳竟无的二重体用划分的做法影响了熊十力对佛教体用观的理解，导致他对唯识学二重本体的批判。

　　第三点也是至关重要的一点，就熊十力自己也主张即用见体而言，他又批评唯识学即用见体是体用割裂，原因就在于他对欧阳竟无二重体用划分的误解。在 1923 年的《唯识学概论》中，他说："不生灭是体，生灭是用。用中复分体用：功能是用之体，现行是用之用。"① 这个表述无疑与欧阳竟无的二重体用之分的叙述相一致，即无为、无生灭为体，有为有生灭为用，其中用中以种子（即功能）为体，现行为用。1926 年的《唯识学概论》，他又说："相见非条然各别，必有所依之体，是为自证分。相见是用中用，自证是用中体，所谓一体二用是也。"② 这时他已指出相见二分为所变，自证为能变，能所看作二物，如动静物截然不同。可见其分析名相茫无头绪，不得其旨，表现出在对欧阳竟无二重体用义的运用上的不知所措。到了 1930 年再次修改的《唯识论》中，他就明确提出了对护法的指责，认为护法以用对体而立，将体用说为两实，陷入两种实有论的矛盾中。这个说法就是他《新唯识论》当中对护法二重本体批判的先导。《新唯识论》沿着对欧阳竟无二重体用划分法的误解，而对唯识体用义提出了批评。认为唯识以真如为一重本体，而又确立种子为现行之体，种子与真如相待成二重本体之过。这个说法其实就是对欧阳竟无二重体用划分的批评。按照二重体用划分，真如为体中体，而种子为用中体，在熊十力那里，则成为两体之别，而真如与种子的关系不明，种子则被理解为一重体用中的一实存物。由对体中体用、用中体用划分的误解，熊十力进一步将有宗的即用见体理解为是将用看为实有，在用上已经实体化，而成体用割裂之说。可见，对唯识二重本体的误解实际上来源于熊十力对欧阳竟无二重体用划分的误解，将欧阳竟无所谓体中体用、用中体用看成了二重本体论。对佛教体用不二意义的举棋不定，乃至对唯识体用割裂的批评，与熊十力对欧阳竟无论佛教体用义的部分把握不清有关。另外一个原因，是熊十力的体用不二义虽来自于欧阳竟无，但他又将体用引申为本体与现象之别，由此走上与欧阳竟无体用义形式表述类似而又完全实指不同的路线。

---

① 萧萐父主编《熊十力全集》第一卷，湖北教育出版社 2001 年第一版，第 129 页。
② 萧萐父主编《熊十力全集》第一卷，湖北教育出版社 2001 年第一版，第 458 页。

可见，对体、用的含义的理解不同、所指不同，导致了以上的误解和理论纠纷。体的含义运用的模糊性与用的含义表述的相对性带来了熊十力对欧阳竟无体用观的误解，也说明了体用作为一对复杂的概念应该在具体的文本语境中分析。欧阳竟无的体用义在他的文本语境下是有其意义的，熊十力对体用义的运用也有其合理性，但不能将两者混为一谈，互相指责，也反映出体用不二这个命题在不同的义理背景下意义自然也不同。

三　《新唯识论》对儒佛体用义的吸取

从以上分析来看，《新唯识论》的体用观是在继承中国文化传统的体用不二观点基础上对佛教的体用、西方的本体现象论做了一定的综合。

就对中国本土体用观点吸取而言，熊十力认为体用不二的观念自古有之。就易学传统言，易学中的体有创生性，此为易本体的最鲜明特点，也最为熊十力所着力阐发。如就"显诸仁而藏诸用"来看，说明太极有生生不息的功用。熊十力指出，易学的这种传统就是以乾元为实体、本体，一元之体又变成乾坤万物，"是故有坤之阴暗，万物禀之以成形；有乾之阳明，万物禀之以成性"。[①] 所以乾德昭明，坤化成物，宇宙生机由此而来。一元本体中就有乾坤之两用，此为体用不二论的最早来源。熊十力以这个传统为影响中国文化体用观念形成的主要因素。这里他重点强调的是中国文化中本体的创生性，就本体能生化万物的宇宙观来看，这个体与其能创生之用是一体不二的。

从动态的观念看，易学的体用萌芽在儒家那里得到进一步发挥。熊十力以孔子为乾元统天的建立者。其中对本体的动态性的论述值得注意。即熊十力所谓实体即流行、流行即主宰的观念。这其实是他对易学和儒家以来的传统体用观的总结。以乾阳为精神，坤阴为物质，相当于熊十力所谓以辟为乾，翕为坤，在宇宙的流行变化中便可见主宰，流行虽然不即是实体，但实体是流行者，由此可见即实体即流行。这个宇宙创生的动态意义的体用关系推广到人身上，就成为儒家尽心知性知天、天人不二的思想来源。熊十力说：

---

① 　萧萐父主编《熊十力全集》第七卷，湖北教育出版社 2001 年第一版，第 267 页。

　　　孔门之学于用而识体，即于万化万变万物，而皆见为实体呈现。
易言之，实体即是吾人或一切物之自性，元非超脱吾人或一切物而
独在。大化无穷德用，即是吾人自性固有。①

　　所以，儒家体用不二的另一重含义是在天人关系来说，实体即人之
自性，实体是内在于人的。即所谓操之在我，非外力作用，而是全凭个
人努力上达天道。人之本性即乾元实体，推广就得到孟子性善论的根据。
就人之本性与天道体用不二，性即天道而言，人之本性自然本善。这就
是前面所说的体与称体之用的关系。合乎天道之德，即为善性。以此观
点看佛教，熊十力就认为佛教割裂性相，本体是不生不灭的、真实的，
现象却生老病死，充满杂染。这就把体与称体之用的体用含义延用到体
与现象的体用含义中去。

　　就佛教的体用义而言，在体与用的概念意义上其实与儒家并不完全
相同。体，可以泛指一切物体，一切法体，用，也可在体的意义上言其
功用、力用，并没有明确的本体论意义上的体用关系。也就是刘定权所
说的体用指称不固定之说。随意立名而便于分析解释法相，所以有体和
用的用法出现。而在解释一切法之根据、真如之理时，也有实体、体性、
理体之意。这个层面的体的含义就带有形上性质，以一切法的根据、成
立的本质这一点而言，与本体维度的体义可以有重叠。同时，在体和用
这对概念之外，佛教还有相的观念，体、相、用构成分析万法的一套语
言系统。

　　以《成唯识论》的体、相、用关系为例。《成唯识论》第一卷就开
始讨论诸法有体无体的问题。这个体就是带有实体、诸法本质意义的体。
以假立诸法有我，我为主宰义，即有我体有无的讨论。我体，就是主宰
体之意。以此破除有我体，而确立诸法种种相是依识转变，只有识体：

　　　　此经不说异色、心等有实寿体，为证不成。又先已成色不离识，
　　应此离识无别命根。又若命根异识实有，应如受等非实命根。……

　　① 萧萐父主编《熊十力全集》第六卷，湖北教育出版社 2001 年第一版，第 354 页。

此识足为界、趣、生体，是遍恒续异熟果故，无劳别执有实命根。①

所以，这个作为体的识体，有实体义，有命根义，是诸界、趣、生之体，这个体就带有万法本质，一切法之根据的意思。而寿体、色体、心体的提法，则是对寿、色、心的描述而指称有体，这个体就是一般泛用通用意义的体，而非本体意义。其余处还有解释声音用声体，解释沙受水药入镕铜有沙铜体，青、黄色有青体、黄体，还有因体、果体，等等，另外，八识有各识自体。基本上除了识有本体意义外，在解释其他诸法时也通用体字，并且每一诸法有其体与其相用关系，并非形上本体与现象的体用关系。

但是，就《成唯识论》出现较频繁的泛指体用意义而言，体和相用之间的关系也是不二的。从性质上说，体与其相用的性质一致，此为特定意义下的不二。不二指的是体不离其相用，每一法体有其相状貌，而也同时有其功用，构成体相用合一。如解释诸法前后时间相续而体无差别时说"用不离体，应常有故，体不离用，应非常故"。② 解释因果前后关系时说"体既本有，用亦应然"③，说明每一法其体必有其相用。并且一体当中可以有多种功用不同，如说眼识体有了别青、黄等多用，这种不二就并非熊十力所谓本体与现象之间的不二。

值得注意的是，唯识学对相与用的运用非常广泛，超过了熊十力所谓的用义。熊十力所谓的用虽然包括称体之用及现象部分，但由于他把佛教中的相纳入用之中，则几乎不承认诈现相状的宇宙万物有其相，而只考虑其用，实际上忽略了佛教当中相的意义，也走向了毁诃世间相的一面。

相，有法相、体相、相状貌。相可以说涵盖了一切诸法，凡可形容的，都有其行相。如《大智度论》将一切法分总相、别相二种。就诸法共性来说，诸行无常，诸法无我，这是宇宙一切法的总相。就各各物性来说，地、水、火、风四大不同，地有坚相，水有湿相，火有热相，风有动相，这是别相的不同。就坚湿暖动的体性不同，相状也各别。此外，

---

① 韩廷杰校《成唯识论校释》，中华书局1998年第一版，第62页。
② 韩廷杰校《成唯识论校释》，中华书局1998年第一版，第18页。
③ 韩廷杰校《成唯识论校释》，中华书局1998年第一版，第175页。

《十地经论》还有总相、别相、同相、异相、成相、坏相等六相之分，还有生住异灭相等等。《成唯识论》中有自相、共相、总相、别相等。这是就诸法显现出来的状貌而言，涵盖了一切可见之物，即以现象界之物呈现出的状态为相。这样，相就既有静态也有动态意义，包括了一切物的形成及其发展、变化的整体状态的方方面面。

同时，相还包括对思想、心理、行为状态的描述。《成唯识论》中对相的运用非常广泛。如就五蕴而言有五取蕴相，有为相中又有能相和所相，识所变相又有我相、能变相和所变相，乃至因相、果相、种相。如《唯识三十论颂》中有初能变阿赖耶识其相云何之说，则说"初阿赖耶识，异熟、一切种。不可知执受、处、了，常与触、作意、受、想、思相应。唯舍受，是无覆无记。触等亦如是。恒转如暴流，阿罗汉位舍"。①从阿赖耶识不可知执、受、处，乃至与受想思相应等等这一系列描述，都可称为阿赖耶识之相。相就是总体上对阿赖耶识的状态的表达。其余论及其他诸识诸法也同样设问"其相云何"，然后对诸法状态做解释，说明法体上可以就状态上表示其有相，并且相具体有多方面、多种不同，相就是对诸法表现出来的方方面面的概称。如《成唯识论》卷六说善位心所之相包括信、惭、愧，无贪等十一种，烦恼心所之相包括贪、瞋、痴、慢、疑、恶见六大根本烦恼。随烦恼相包括忿、恨、覆、恼、嫉、悭、诳等等。就根本烦恼与诸随烦恼的关系而言，又可以瞋为体，"离瞋无别忿相用故"，"离瞋无别恨相用故"②，又以贪为体，则悭又为其相用。

就修行阶位上看，不同阶段有清净相上的不同。如资粮位所修胜行有福和智两种相状，到究竟位则众相寂静，法身则有自性身、二受用身、变化身三相之别。《成唯识论》说：

> 如是法身有三相别：一、自性身。谓诸如来真净法界，受用、变化平等所依，离相寂然，绝诸戏论，具无边际真常功德，是一切法平等实性。即此自性亦名法身，大功德法所依止故。二、受用身。

---

① 韩廷杰校《成唯识论校释》，中华书局 1998 年第一版，第 101 页。
② 韩廷杰校《成唯识论校释》，中华书局 1998 年第一版，第 426 页。

此有二种：一、自受用，谓诸如来三无数劫修集无量福慧资粮，所起无边真实功德及极圆净常遍色身，相续湛然，尽未来际，恒自受用广大法乐；二、他受用，谓诸如来由平等智示现微妙净功德身，居纯净土，为住十地诸菩萨众现大神通，转正法轮，决众疑网，令彼受用大乘法乐。合此二种名受用身。三、变化身。谓诸如来由成事智变现无量随类化身，居净秽土，为未登地诸菩萨众、二乘、异生称彼机宜，现通说法，令各获得诸利乐事。①

以法身为体，则法身上有自性身、受用身、变化身三相差别。就这些相来说，则各自显示的功用也不同。自性身就如来清净法界离相寂静，绝诸戏论，具备无边功德而言。受用身就如来功德不同，对自而言有无量无边功德相，而受用法乐，对他而言如来显示清净功德身而为十地诸菩萨广开正法，决疑解惑，令菩萨能闻法乐。变化身就如来能居净土秽土，为地前菩萨及二乘等随机化教，利乐有情而言。三身体现不同法身相的三种不同受用，体、相、用是合一而前后相继对应的。

总的来说，唯识学的这些纷繁法相又可以按照三相系统归纳，根据遍计所执性、依他起性、圆成实性的不同，而有遍计所执相、依他起相、圆成实相之别。《解深密经·一切法相品第四》对诸法之相就分为以上三种。遍计所执相针对遍计所执性而言其相，从一切法上假立自性差别而言说，周遍计度宇宙万法为有而见其相状。依他起相则以一切法依他而起，从缘生角度看此有故彼有，此生故彼生，如无明缘行。圆成实相即真如法界平等无碍，远离颠倒。所以，相的概念运用范围之广，从有为到无为，从世间到出世间法方方面面，从众生所见的遍计所执相到内心烦恼相，到诸佛功德法身相、真如清净相，并非单纯的现象义或称体之用可与之相当。用的概念也相应地包括一切法，有法体而有其相状，有相状而有其功用，总之，体的所指的泛化带来了相的所指的扩大，且使用的范围不局限于有形可见之物。

当然也可以说，熊十力的体用含义当中由于吸取了儒佛易诸家思想，而用的范围也同样有扩大，有称体之用及现象两方面。就称体之用而言，

_____

① 韩廷杰校《成唯识论校释》，中华书局1998年第一版，第711页。

本体之作用是无边无量的，也非有形可见之用，而是形上本体之用，用在性质上与体相符合，所以并非可见可感物的功用。就现象而言，则现象界一切都可以称为体的作用。同样是对用的含义的扩大。但是，这种扩大是哲学思辨上的，并没有如来法身无量功德之用，也没有诸佛菩萨法相庄严之貌，就佛教在相上的语言系统中的体相用关系而言，这种相用是宗教意义上的，涵盖了宗教修行内容。所以这既非凡夫肉眼所见可感，但同时又真实不虚，为诸佛菩萨所证。

就体用关系上而言，由于佛教之体并非熊十力的哲学本体、宇宙本体，而是在一切诸法存在条件、本质根据，在此基础上建立起缘起诸法之相。就三相说来看，遍计所执与依他起是幻有，只有圆成实相才能证真，则宇宙现象这些遍计所执相就不可能是真如理体之发用，体相用的不二是就体及其内部性质一致而言，并不是本体与现象关系下的不二。印顺也指出，唯识的一切现象界都是从种现熏生的依他起上说，并没有本体起现象的观念。所以，佛教体相用不二可以说相当于熊十力所谓本体与其称体之用之间的不二，非本体与现象的不二。就体用不二这种表述均存在于儒佛两家而言，具体的内容表达上还是有差异的。而熊十力更多地强调宇宙本体，佛教更多地泛指诸法法体，即使在真如理体的表述层面上，也不存在真如有能生万法之用一说。

另外，熊十力的体用不二由于吸取了儒家天人关系论，所以最后在体用的内涵上也突出个体修行，突出内心实证，所谓即流行即主宰最后落实到人，用的范围就涵盖到尽心知性，体认天道，这一重意义的体用则与诸佛菩萨修行功德用可相应，但依然没有诸佛法相庄严三身变化之相论。

总结起来说，熊十力在体的方面充分吸取了易学传统、儒家传统，体现出重体的创生、能动性，就宇宙流行而肯定其生化之用。在用的方面，他吸取了佛教与西方哲学，出现称体之用和以现象为用的表述，并且试图把佛教之相纳入用的范围。但是，他对佛教之相的范围认识不足，忽略了相的含义和内容的广泛性。当然，这种广泛性是由体的意义的泛指带来的，这与佛教没有正面的本体创生说有关，由于本体论意义上的体的含义的模糊性带来了诸法一切存在皆为幻相，显示出佛教重视相的辨析特点。就熊十力肯定诸法存在为相状诈现而言，在《新唯识论》中他还是以本体为性空的。只不过在性空之外他将一切相归为用，则突出体直接发用的能动性，实际上对相的取消即缘于他肯定宇宙生生不息源自本体创生有关，这是吸取了儒佛两家各自学说之后体现出的特点。

第三节　《新唯识论》体用观之发展

由《新唯识论》的体用不二及其引来的关于体用义的讨论看，体用这一对概念的含义是复杂的，在不同学派不同人物那里所指也不同。就熊十力的体用不二来看，其中含有既想突出本体，另一方面由于即用见体而突出了用的双重意义，并把体之功用与现象都涵盖于用中。熊十力的后学在对体用的使用上则较为保守。就唐君毅而言，他注意到佛家所谓体、相、用的三字格局，并没有将相纳入用的范围消泯掉，同时他的体相用混融一体，可谓一种体用不二的新形态。就儒佛的体用义来说，牟宗三则更多地区别了儒佛体用之不同，特别按照《新唯识论》对本体的创生能动性的强调来对比佛家体用义，指出佛家的体用义并没有创生性的体用关系，可以说打破了体用义含混使用的局面。

一　唐君毅体、相、用浑合论

在体用问题上，唐君毅显然借鉴并吸取了佛教体、相、用的概念，在传统的体用关系之外还始终强调相，他多次提到《大乘起信论》的体大、相大、用大，在体相用关系中不仅坚持体用不二，而且阐发体相用合一之论。而他所谓的体相用有特定内涵。他说：

> 此生命存在于心灵自身，如视为一实体；则其中所见之境界，即有其相状或相；而此生命存在心灵与其境界之感通，则为其自身之活动，或作用，此用亦可说为此境界对此生命存在或心灵所显之用。①

在心境感通的活动过程中，体即为心灵，相即为境界，而用则是感

---

① 唐君毅：《生命存在与心灵境界》下册，台湾学生书局1986年第一版，第253页。

通活动自身，也可说境对心灵所显之用。在这个意义上的相和用是时常连用的，因相必有其用，用必由相显，相用是相应的。并且统一于体。他认为体不能孤立，体必有相用，体与相、用是合一的。若探求生命存在心灵活动的主体，则只有就其活动上之用、相来认识，"此主体即其诸用相之集合所成之一名"①。但是，就心境关系的互为感通来说，心灵活动丰富，感通活动多重而复杂，所以有九境的层级次第不同，所以主体的相、用也必然相应地有多重，要具体分析。依照心灵活动的先后次序，而更迭出现的相、用不同，而见出一整体下的不同相用差异。如用为乾、为阳，表示动的方面，相则为坤、为阴，表示静态定的方面，以相用说体，则体犹如统乾坤阴阳之太极。而从不同角度不同方向观之，又可以说体居上位而为相用之主，依次序而言则可以说必先有用，而在用上知有体有相，依种类来观则唯有依体之相呈现出的万物种类差别，而在相中定体之异类不同，而诸用不同。同时，他还根据一般通用的体相用义分疏，论证体相用义是可以互通的。一般通用中，以实体之物为体，为名词所表，而相为状词所表，侧重静态方面，用则为动词所表，侧重动态方面。但三者可相互为用，"如体以相用见，相依体之用转，用亦必自由其相而属于体"②。就此而可说体唯是相与用之合，而相则是体之用所呈现之态，用则是体之相之流行。由三者中的任意其中两个条件而可以界定出第三个，犹如三角形的三条边勾股弦的关系。至于说互转，则是在由两者界定第三者之中，在词语使用上的转换，他将一切词语分为表示体、相、用的三类。如动词表示用，名词表示体，状态词表示相。而相人相马之相为动词，是由相和人、马这些名词结合而表示出用的，就用来说则把相转换成了表示用的动词，又如体会的体，在这个词语中又变成了动词，体相用的意义在表达中可以相互运用而不碍，所以是一而三、三而一的关系。这里姑且不论他由对语词属性的分析来归纳体相用关系，就他所谓体相用作为一个完整的整体来说，三者合一的关系是明确的，就算不通过一般意义对体相用的运用，也可见出他所谓的体相用三者之间，是根据体、体呈现出的样态、样态的功用这三个意义来分别

---

① 唐君毅：《生命存在与心灵境界》下册，台湾学生书局1986年第一版，第320页。
② 唐君毅：《生命存在与心灵境界》上册，台湾学生书局1986年第一版，第45页。

确立体、相、用这三者的合一关系的。这是就一事物内部呈现来说体相用，与熊十力的形上体用并不相同。但是，就体与体之性质、功用而言，不论是一般事物意义上的泛用体相用，还是熊十力的本体与本体之作用，这种体用关系都是不二而且合一的。就合一来说，强调的是体相用是一个整体，就不二来说，则更强调用即是体。其实，就一般意义的事物与事物自身呈现的相与用来说，根本不存在不合一的情况，体用不二也就成为一句无内容的重复语句，没有增加任何实质性的说明，所谓的不二显然是就本体与现象关系，而不是本体与本体之相用本身来说才可见出其中形上意义上对体、相、用的使用。

在体相用合一的基础上，唐君毅还就体用不离的层面提出了体用的双向互动，成为一种体用浑合论。在他看来，主体心灵活动有超越的意义，在心灵活动的前后相继中，有隐显、伸屈、进退的作用，此是主体之用。在这个意义上主体必不能离其用。这是从整体上说。而心境感通活动中有一般意义上的各种体和各种体相用，非主体本体之体，而是就事事物物上有其体相用，而主体对某一部分或一类事物的感通活动，则成为局部特定的体用。在局部特定的体用活动中，主体所显之用可两两对观，如进则显而伸，这是积极活动之用，而屈则退而隐，此是主体活动的消极活动。积极活动的一面，即是由体而呈用，用得以显现出来，消极活动的体用，则体尚未能呈现其用，只是处于隐而不显，所以是由用返体。这时候只能说有用之势，但没有用之呈现。这个体包含消极和积极的两种用，使用的前后相继及不同相用差异中始终有一超越体主宰其中，使感通活动升降有序。整个体用浑合论是由由体呈用和由体返用，体用双向互动的两个活动态势构成的。在消极活动与积极活动、隐与显的活动中可见出体用之间的升降互动，构成一种动态双向体用观。

然而，体用浑合之论虽然圆融，但必须先有一番分梳，明确体与用的不同，用还是以体为主，他指出，所谓即用而能见体，必须明确用之所以显而能隐，进而能退，伸而能屈，说明在隐显之不同两用都可以说能即用见体，都有个超越之体存在，即顺用而见体。顺用见体其实与即用见体之意相同，但更强调体与用的相互作用相互顺应，如果不能顺用见体，不能先意识到有体，则即使以用观体，也不一定能见体。也就是强调在见体之前，必须有体的观念，确立有体，才能在感通活动中无不意识到用皆顺体而发，以见其中超越意义之体。他同样以海沤为喻，但大海为体，而通过大海中波浪的升进起伏而见此波退而彼波进，在前后相继升降中可见体之超越升降各种作用隐显互助，即波中见海，即海之动态知用之活动，体用浑合而圆融无碍。其中每一波均可为海体的全体显用，而前提是在每一波前后相继中首先见有一超越意义之体为本、为先，在体用浑合关系中仍是以体为主。在此基础上他继承了熊十力的返本还原说，提出若要先知体，肯定这一超越之体，还是要在用中见，而这个用毕竟是有限定活动，在这些活动中要返本还原，超越这些活动本身，即事以求理，不断反证。这就体现出生命存在主体的能动性，通过主体内在动力，突破感通活动中前境后境交替更迭的桎梏，不断开拓至无限之境，使主体心灵活动过程只升而不降，顺着九境顺序直达第九境，避免心境活动的逆反退转。这就体现出体用互动，特别是用的积极作用。所以这是一种动态浑合论的体用不二。

用华严的理事概念来分析这种动态浑合体用论，则于事相之流行中见事理互为隐显。就理而言，生命存在与心灵活动的相继是自隐自显，更迭超拔于有无、断常、生灭之事中，隐显进退皆可见理主于其中，行于其中，于事之流行不二，皆有一万化根源之妙理。就事而言，事事之间自如为理，事理一如，于事相见理。而事事虽有隐显、进退、屈伸，而能互不相碍，使人能依事而知理，依理而求当然之事，从心中之事到身体之事，到对物之事，可见理之顺序行于事中，成一气之流行。则事皆如其理，虽隐显之中有事未完全尽符合理，但不以此为执障、为碍，而于其中求当然之理，对观事之流行而顺理成事。而每一事物具体的小理与根本性命之大理皆一一相合，每一事中具体的小理都是大理的反映，都是通向追寻大理之路的桥梁，则一切理都见出知当然理、成当然事之心彻上彻下，能实现具体理性的大理之用。所以于一切境中之理皆可存而不废，能从一理平铺顺展而观一切事一切理，而行于事主于中，或进或退，或伸之屈之，而知理的普遍性超越性，以理摄一切事，摄一切小理，成心体之神用妙用。

二　牟宗三辨佛家体用义

牟宗三认为，佛家的体用义有自己的用法和特点，与儒家体用义不同。他重点探讨了这种差异性，并且以儒家体用义的用法对比佛家，辨别佛家在何种程度上可以说有体用义，体与用可相资相待，何种意义上并不存在体用的意义，不需要用体用的概念来解释佛法。体与用的相资相待，是就体与用相对照而言，而佛家空义与万物的关系有时可说万象为空中所见，有时却不可说，必须对佛家在不同宗派那里的体用的用法加以简别。不过，就体用相资相待来说，似乎体用是就体与体自身之功用而言，而就空与万象来说，则似乎成体与现象之谓，牟先生对体用的辨别从哪个含义的体用概念出发，还值得考察。

首先，就空义、缘生义来看体用。佛家所谓诸行无常，诸法无我，缘起性空，这是空义的本义。无常无我而以缘生说，所谓诸法无自性，缘生即空义，又可以说诸法以空为性，空即诸法之实相、如相。这一无自性之空性，缘起性，并非于缘生之外有一个实体名空，而是诸法之如相，当体即空，所以才有《中论》所说的"因缘所生法，我说即是空，亦为是假名，亦是中道义"。缘生即无性，无性而缘生，诸法无自体而假以空名，而这个生，也非实有性的生成。这个意义上的无自体、无自性之体、性字，均没有实质生成义。"此性字体字皆是虚的抒意词，故其为性并非儒家之作为实体之'性理'之性，其为体亦非儒家作为性理之诚体、心体、神体、性体之体，总之，非道德创生的实体之体。"① 对比儒家的道德创生之体而言，缘起性空确实无所谓实有意义的积极创生，缘起而如其无性，无体可言，假名说空，空当然不能作为万物生成的本体，这个体就是本体意义上的体。这个意义上的真如空性，空理，均不能作为体来理解。也就没有存在地生起缘起事物之用科研。空与缘生的关系就不是体用关系。

并且，就缘生而无性、无性而缘生来说，也不能认为缘生而无性这个而字中有因此所以的含义。其中潜藏有因为缘生所以无性之说法，但这个因此所以，牟先生认为只是言诠上的抒意字，是语法逻辑上可说有因此所以，但不是存有论意义的因此所以。因为其中不能说缘生是存在论上的一个体、因，而无性是存在论上的用、果。缘生而无性是同一层次上的语法，没有客观存在上的高低级关系，缘生和无性是同一表述的

① 牟宗三：《心体与性体》第一册，台湾正中书局2005年第二版，第573页。

不同说法而已。另外，就《中论》所谓"以有空义故，一切法得成"一颂而言，似乎可以将此看为体用关系。而牟先生再次分析，认为以有空义而诸法得成同样是抒意语句的用法，因这个成不是生成、建立诸法，而是就诸法性空而言说诸法本性，这仍不属于存有论意义上的生成，不是以空为体来建立诸法而说得成，只是就诸行诸法之无常无我的意义上说空为诸法本性，所以有空义而能明诸法之假立罢了。综合以上的几点解释，牟先生认为就佛家共法的空义来说，不能谓其中含有体用关系。

其次，就由缘起性空引申出来修行上的观空证果来说，由观空得解脱的修行上则必须有所肯定，有解脱得证涅槃果。在这一意义上，却是当体即如，涅槃寂静，并没有生成什么。而就解脱烦恼而言，关键在主体性的众生烦恼如何可断，依着如何断烦恼这一意义，唯识家以识来解释诸法，而将断烦恼证涅槃的根据在如何转识成智上，这就引申出以识来解释诸法。将一切现象解释为识所现，剖析为识之流，是否可说识有体义呢？牟先生认为不可。就唯识宗的三性说来看，三性即遍计所执性，依他起性和圆成实性。《成唯识论》对三性的解说是三性不离心心所法，从缘起幻化说名依他，从众生执我法说为遍计所执，从依他起上证二空所显真如为圆成实，实则三性不离。与之相应的三无性，即相无性、生无性、胜义无性。由遍计所执之相无自性到缘生和合之生无自性，由此达到胜义谛上的胜义无性，圆成实的真如即是此胜义无性的我法皆空。这与性空中道义是一致的，其实是缘起性空一义展转引申出来的说法。只是加入了遍计所执的识上的说明，侧重于对现象假有的描述。所以把无常无我的生死流转诸法统于心识，成阿赖耶缘起。其中，就修空所证显的圆成实真如与依他起关系上说，则不能为因果体用关系。因真如空性不是依他起所以能起之体，依他起也不能说为真如空性之用，诸法统摄于识心，识心是染污心，所以不能说为真如空性所显，自然不能成为体用关系。唯一可说有体用内涵的是阿赖耶识中种子现行关系，种现互生这一层上，而这一层实际上又只是依他起内之事，是识之潜伏与现行，因而仍不能说有体用意义。这里的所谓体用，可见是从本体而言的体用，非一般通用意义的体用。

再次，就如来藏系统中看体用。牟先生指出，从阿赖耶识系统发展出来，则有一超越的真常心的概念，即如来藏清净心，这是成佛的超越的根据。"此佛性不只是真如空理，而且是超越之真心，将缘起性空之空理空性融于真心上说"①，则此心不只是空理，而有觉用力用，可以色心不二，随缘不变，这使佛家体用义的说法成为可能。他以《大乘起信论》为根据对如来藏自性清净心与诸法关系加以论述。《大乘起信论》开篇即提出一心开二门，即开真如门与心生灭门。从心真如门看，心真如门是一法界大总相法门体，并且说"所谓心性不生不灭。一切诸法唯依妄念而有差别，若离妄念，则无一切境界之相。是故一切法从本已来，离言说相，离名字相，离心缘相，毕竟平等，无有变异，不可破坏，唯是一心，故名真如"。② 真如即真如心，一切诸法差别之相皆由妄念而起，而真如心本身不生不灭，离妄念而见此清净心，这个心就不是空理，因为后面还有真如心之如实空与如实不空两义。就如实空而言是说真如心空却妄念显空性，如实不空则说真如心具足无漏性功德，所以这个真如心不仅仅是缘起性空之空理。因真如心有其自体，并且有无漏性功德为用。

就生灭门说，是依于如来藏而有生灭心，这是生灭门与真如门的关系。生灭门的流转关键是不生不灭与生灭和合，非一非异的阿黎耶识。此阿黎耶识即阿赖耶识，阿赖耶识能摄一切法生一切法，是由于无明妄动而使心起念，而有不觉，故进入流转生灭。所以其中又说觉与不觉二义。就不生不灭与生灭和合而言，觉就不生不灭，是依于如来平等法身的真如心有本觉，而因妄念有不觉，无明熏真如，而有不觉，依于不觉可说有始觉。始觉就是离妄念后而觉，"始觉即是觉体之呈用。觉体呈用即是觉体在隐伏附随中呈现其自己。呈现其自己即有觉了洞澈识念生灭流转之无自体无实性而化除远离之之作用"③。而在始觉过程中证得本觉，肯定本觉作为成佛的超越根据，这是修行的保证。其中，则有两种相。即"本觉随染分别，生二种相，与彼本觉不相舍离。云何为二？一者智净相，二者不思议业相"④。就觉体自身即如实空与如实不空，而智净相即无分别的般若之智，不思议业相即随众生机感而能现无量无边功

---

① 牟宗三：《心体与性体》第一册，台湾正中书局 2005 年第二版，第 576 页。

② 高振农校《大乘起信论校释》，中华书局 1992 年第一版，第 17 页。

③ 牟宗三：《心体与性体》第一册，台湾正中书局 2005 年第二版，第 589 页。

④ 高振农校《大乘起信论校释》，中华书局 1992 年第一版，第 35 页。

德业相利益众生。此处即是依法力熏习，而对众生可有体用之说。

依法力熏习，有如来藏心之内力，也就是所谓的因熏习镜，即真如心之本觉，为一觉体，其次有佛菩萨为缘而说法教化众生之外力熏习，即所谓的缘熏习镜。就真如心非空理而言，所以可说是真如熏习，"言真如心即是心真如，真如心，故虽在缠自能具足无漏功德，熏习众生，及其出缠亦自能起不思议业用，作缘熏习"。① 此处即可说是真如有其自体并有其熏习之用。就真如自体相而言，则《大乘起信论》说真如自体相是一切凡夫、声闻、缘觉、菩萨、诸佛，无有增减，非前际生、非后际灭，毕竟常恒，从本以来，性自满足一切功德。自体有大智慧光明、遍照法界、常乐我净、不变自在等义；具足如是过于恒沙不离不断不异不思议佛法，亦名如来法身。而真如用则是诸佛如来在因地发大慈悲修诸波罗蜜摄化众生，欲度尽一切众生，以一切众生如己身，而不取众生相。由此真如平等法身而起不思议种种用，遍一切处，随众生见闻得益而有两种用，即应身和报身。应身依凡夫、二乘所见，取色分齐分别事识。报身依业识为诸菩萨所见，示现如是功德无量庄严相好。这里就可以归纳出其中的体用关系。一是由智净相显现法身，法身具足无量无漏功德，此法身即使心真如体，觉体。法身自己就有内在体用关系。二是依智净相而作一切不思议业相，即觉体对众生的外在作用，这可以说是外在的体用。三是觉体相四种大意中，因熏习镜是真如熏习无明，是内在熏习的体用。四是缘熏习镜中觉体出缠对众生熏习的体用。五是真如熏习不断，另不觉转向始觉，乃至达到究竟觉，法身显现，这是自起熏习力的体用。六是真如自体相即如来法身常住，永不断绝。七是真如用不断，则应身、报身不断，应、报身为对他而言，也是外在的体用关系，法身是体，应、报身是用。以上的七个方面都可以说蕴含有体用意义的关系。

总结这七种意义，其实又只是两种，即真如自体熏习的体用及三身体用。而真如熏习中缘熏习也可以说属于三身的体用，缘熏习即相应于应、报身的作用。那么，从真如自体因熏习来看，真如熏无明，而使净法不断，真如自体相在缠而起不思议业用，牟先生认为："法身自身不能算是体用，只可说是性相合一。其所具足之无漏功德性不能算是真如体

---

①　牟宗三：《心体与性体》第一册，台湾正中书局 2005 年第二版，第 593 页。

之用，只是它的相。"① 因为法身是真如心，自体具足无量无漏功德相，所以法身是一大功德聚，平等一味而无差别相，所以无所谓体用，只是内部的性相合一，心与理合一。如此一来，他认为真正可以说有体用意味的就是法身示现为应身、报身的三身关系上。

就应身而言，应身是法身之不思议业相，为众生之机感而应化，所以种种三十二相，八十种好，起种种胜妙境界，"其实如此差别分齐之色相境相乃至界相皆是凡夫二乘依其自身之分别事识而妄执为如此，这些胜妙境界实只是业识之所起现，实并无自体自相可言也"②。也就是说，这是随众生分别事识所执而见有此种种事相，所以不能说为真正的体用关系。就报身论，报身为佛自受用身，"此是菩萨依于业识（转识）所见者。此则由分别事识进入业识，已胜于凡夫二乘"③。然而，这仍然是菩萨转识而依识可见，不是佛如来法身之如如无相，仍属识念中事。就法身平等一味，无有分别而言，此报身亦只是虚说，法身无相，本来清净，不必然需要报身来呈现之。综合应身报身来说，则应化身只是幻相示现，所以离诸识而法身当下寂然，无相可见。因此，"分解地称理而谈，用既幻，则用亦可息。消用入体，则无用可说。是则体用不离亦可离"④。所谓分解地说，即就法身自体一边而说，就三身关系自身而说，从法身常在不变来看，报身应化身是应机教化而起，所以无碍法身常住，只是幻相示现，所以可以说是消用入体，体用不离而又可谓不存在用。因用是幻相，不必然与体构成实有意义的体用，即体不必然因有此用而成立，体自是体，用自是幻用。这一层次上的三身意义虽含有体用意味，但这是从修行的流转还灭依识幻现推演出的，牟先生称为"缘起性空，流转还灭，染净对翻，生灭不生灭对翻"⑤ 的纲领下的体用，也就是相对待而立的虚指体用，体用不离而可离之体用。

但是，《大乘起信论》当中还有另一重意味的体用，即圆融系统下的圆说体用，这开启天台、华严体用不二的路子，即色心不二的体用。

---

① 牟宗三：《心体与性体》第一册，台湾正中书局 2005 年第二版，第 605 页。
② 牟宗三：《心体与性体》第一册，台湾正中书局 2005 年第二版，第 608 页。
③ 牟宗三：《心体与性体》第一册，台湾正中书局 2005 年第二版，第 609 页。
④ 牟宗三：《心体与性体》第一册，台湾正中书局 2005 年第二版，第 610 页。
⑤ 牟宗三：《心体与性体》第一册，台湾正中书局 2005 年第二版，第 611 页。

《大乘起信论》说：

> 问曰：若诸佛法身离于色相者，云何能现色相？
> 答曰：即此法身是色体故，能现于色，所谓从本已来，色心不二。以色性即智故，色体无形，说名智身。以智性即色故，说名法身遍一切处。所现之色无有分齐，随心能示十方世界。无量菩萨，无量报身，无量庄严，各各差别，皆无分齐，而不相妨。此非心识分别能知，以真如自在用义故。[1]

即法身离于色相而能现色，这是真如自在用义。此非分别心识能知，可见即使不在众生心识所知范围，法身仍能色心不二，因法身即是色体，当体即遍一切处，而示现无量报身，这是超出众生分别识心范围的自在用，故不是虚说的幻现的用义。那么，这个色心不二是如何保证能成立为一存有论的体用呢？如何使法身成为以客观圆满真实的法身呢？这就通过大乘菩萨道不舍众生来解释。即菩萨成佛必以一切众生得度，誓愿度尽一切众生为内容，所以法身即摄尽一切未来际众生如己身，而不取众生相，肯定此世间无边界无量众生，而顺化、度脱之，如此则圆满无碍一切众生，以成佛不离世间，不断世间法来保证世出世无尽圆融。这种方法，即是消极意义上的肯定世间生死流转还灭，因着这种流转还灭而灭度之，不计执而不废缘起，即《维摩诘经》所谓的去病不去法，这是"就之而灭度之而复因而能超越地肯定之"[2] 这么一个曲线辩证完成了真如体与自在用如如相应。即随顺缘起之事而使之与己相应，与救度众生相应，成为真如自体的自在用，而这种虚系无碍的自在用也就是用而非用，只是法身常住而已。虽是性起而实无所起。顺着这个圆融义来看天台圆教的一念即具三千，则发展为性具，但性具也仍是流转还灭下的体用，因一念为烦恼心、无明心之转，仍并非一积极创生的实体而有其积极创生的用。

总的说，流转还灭至真如显现，这都是修行上的体用，因果关系，

---

① 高振农校《大乘起信论校释》，中华书局 1992 年第一版，第 116 页。
② 牟宗三：《心体与性体》第一册，台湾正中书局 2005 年第二版，第 615 页。

并非客观存有论意义的体用。体用虽在不同宗派那里有相待而立的意义，但均不是存有论的体用，简言之，佛家之体用并非存有论的体用，这就是牟先生的结论。可以看出，他是从儒家体用义的立场来衡量佛家体用义的，其体用是否具有存有论意义的标准就是体能否具有创生作用，体是不是一积极创生之体，"这是在道德意识下凭借内在道德性之定、常、遍以消除而净化之，不是在苦业意识下生灭不生灭对翻，凭借真如空性，无分别智，以寂灭之。这不是后返的灭度或当体即如的灭度之净化，而是前向的道德创生之净化"①。这样的体，即是一个具有内在道德意识而创生之体，这才是他判别佛家体用义的基点。以此来说，佛家之体确实无体可言，也无所谓积极创生，用也只是幻用，这就归结到从缘起性空的立场来判断体用义了。

不过，从他对体用的表述看，抛开体用本身道德创生与否这一具体内容来看，他所谓的佛家的体用义的判定仍是从体与体之用的关系着眼，其体即是指本体。三身佛中法身与应化身报身这是体与体之相用，而真如自体内熏习也是体与体之功用，如此种种体用是否相应，体用是不是存有的判断，大致是从传统体用义的基本内涵出发，并不是指本体与现象的这一重体用意义。这与熊十力将本体与现象解释为体用，其体用中混杂体与体之用、本体与现象的双重意义不同。就本体与其自身作用而言，这是探讨形上关系内部的本体与其用，而不涉指现象界层面。这个用有自身的独立意义，不能将这个用等同于现象。

最后，我们对本章做出小结。可以看出，体用不二是熊十力特别重视的一对概念。首先，他将用区分为称体之用与不称体之用，称体之用则为传统意义的用，即与体之性质相应的功能、作用，称为体之用，在他的《新唯识论》中也可说为辟。而不称体之用可以说为翕，相应于西方哲学的现象意义，包含了与体性质不同的宇宙万法。可以说，佛教的体相用合一与传统儒家的体用不二，主要侧重从称体之用，即体与体之功能相符合的角度立言。就体与用的关系说，熊十力强调即用见体，这使他的体用说实际上凸显了用的方面，虽然他无时不强调要认识本体，而实际效果上由于体的不可言说使用的意义反而突出。另外，他指出体

---

① 　牟宗三：《心体与性体》第一册，台湾正中书局 2005 年第二版，第 652 页。

不等于用，体用不二但有分，分而不二，可以说是非一非异。从他晚年
《体用论》对称体起用的强调看，他后来转向了对现实世界作为用的样
态的肯定，将体落实于现象中，表现出体与用之间仍然存在张力，并非
完全等同。而由于他将西方所谓与本体相对的现象概念吸纳到体用这对
传统哲学概念中，使他的体用关系范围扩大，使体之外的一切对象均成
为用。实则带来了体用概念使用的更加随意。

其次，他对这对传统概念的诠释表现在综合了佛教体相用说和西方
的本体现象论。在对唯识学二重本体的批评之余他对佛教的体相用概念
作了消化，把相纳入用中，相用合并，他对唯识学的体用关系，乃至对
佛教体用割裂的批评可以说是出于对欧阳竟无体用观的误解。而欧阳竟
无同样赞同体用不二，只不过熊十力受到传统易学对体的创生性的描述
的影响而突出体用之间的能动性关系。他所谓的唯识学体用割裂实际上
基于他认为佛教之体无创生内涵这一见解。

这种基于对本体创生内涵的理解自然会影响到对体用义的儒佛分判。
《新唯识论》对佛教相的意义和西方本体现象论的综合在唐君毅、牟宗
三那里得到进一步阐发，使他们注意到对佛教相的意义和西方现象义的
吸取。就唐君毅来说，他充分肯定了佛教体、相、用的三者平衡合一关
系，以体相用浑合论来理解体用不二，并突出体相用之间的双重多向互
动，是一种动态型的体用浑合论，是体用不二的一种新形态。牟宗三则
辨析儒佛体用含义使用上的不同，特别从能动创生性的体的含义出发来
说明佛家之体用概念并无儒家的创生性的体用含义，说明了两者之间的
差异。实际上也就从反面印证了佛家之体用义有自身特点。就体与用的
这一传统哲学概念，他认为不能与西方本体与现象的这对概念混同。在
这一点上他与熊十力有所不同，更注意区分体用关系在不同学派中的特
定内涵。他指出，用不能等于现象，物自身与现象的关系不是体用关系，
而是相应于主体而言，这就站在对体用概念的传统理解上分辨，可以看
出他所谓用还是指与体相应之功用而言。

所以，唐君毅、牟宗三在这方面虽然延续了《新唯识论》体用不二
的看法，但他们更注意分辨体与用之间的差异，打破体用含义使用含糊
不清的僵局。可见，对体与用的关系描述虽然儒佛两家均有，但在具体
使用中还有待进一步讨论，在不二的模式下对如何达到不二，达到不二

的途径可以多角度思考，也反映出体用概念的含糊性，诠释空间的宽泛性。

　　体用方法层面可以说反映了《新唯识论》的思想特色。熊十力在《新唯识论》中反复强调其体用不二的思想主旨。他的体用论是吸取儒佛两家体用思想的产物，建立在对佛教体用义批判的基础上进行。另外他的体用关系论与欧阳竟无对佛教体用义的阐发有密切联系，受到了欧阳竟无的影响。可以说，从概念的表述来看，体用的含义及体用之间的关系在儒佛两家的运用上有相似处，但在实质内容所指上有不同。《新唯识论》在吸取佛教体用含义的同时扩大了儒家体用概念的使用范围，并借儒佛体用义以对比西方本体现象论之不同，这是熊十力在体用关系论述上的理论创造。

第五章　修养论之儒佛会通

　　修养论层面熊十力更多表现出与中国佛教如来藏传统宗派间的相似性一致性。他主张返本还原，一方面大量引用禅家为据，说明宗门自识心源与他不谋而合，另一方面突出这是儒家孟学传统，以接续宋明儒的修行路数，体现出在修养论上对儒家的回归。另外，他并非只单纯强调个体对自心的体认，在突出体认的基础上，他还表现出对唯识学闻熏修证的吸取，即认识论上他以唯识学的三性说安排世俗谛和胜义谛，以遍计所执性安排科学知识的地位，为世间法作出了唯识学层面的理论解释。并且他在《新唯识论》中主张区分性智和量智，性智即个体对天道的体认面，而量智则体现出对闻熏习得的肯定。他以《新唯识论》为境论，境论只是他对本体境界层的总体描述，而知识层的量论可惜并未问世，只能从《新唯识论》的片段中看到他的量论线索。量论作为他对认识论层面的思考应该说是很重要的，包含了《新唯识论》提出的本体修养层面的实际操作法则。当然，《新唯识论》所区分的性智与量智，仍可作为理解他由认识而达修养论的重要参考。

第一节　性智主导量智的修证前提

　　熊十力自称他的理论包括境论和量论两部分，境论即是所谓《新唯识论》，阐发本体、宇宙、人生之境，所知所见，而量论则从能知、能见出发，相当于知识论或认识论的部分，可惜量论未曾问世。但对量论方面的阐发穿插在《新唯识论》中，《新唯识论》对认识论、知识之所以成立也给出了一个大体解释，从中可见出熊十力如何安排知识地位。总体上他吸取了佛教二谛说，以本体一元论为胜义谛，而现实世界则为世俗谛，知识论也属于俗谛假立的范围。而人的认识能力包括对现实世界的认识和对本体的认识两部分，前者为量智，后者为性智，两种智构成他阐发认识论的两大方面。基于这种突出性智的认识路线看，他在修养工夫上是以体认为主，闻熏习得为辅。

一 量智说安排遍计所执性之理智知识

熊十力认为，人的认识有智与慧之分。智是与本体实证相应的认识，即自性觉，而慧则是逐于境并被境化，对外界起分别作用，由此而产生经验，慧就是所谓理智或知识的方面。从一元论的本体立场而言，只有本体是真实存在的，一切外境都是虚幻不实，心与物都是相状诈现，那么，逐于境的认识，即理智的部分，也就是对外境的认识。也可以说理智是对一切现实世界的认识，而与对本体的认识相对。

就本体而言，本体则非理智所行境界，理智纯从人的执于外境并且将外境看为实有出发，与本体背道而驰。由此熊十力区分了科学和哲学的分野。哲学是探讨宇宙本体的，所以是实证相应，纯为性智，而科学所凭借的工具是理智，是向外驰求有实在事物，将外境看作客观独立存在的而产生思议。不但如此，他还批评今世玄学者全凭量智猜度本体，不在性智上涵养工夫。以为本体是思议所行境界，而离人心而外在，这种态度是向外推度。也就是所谓的量智，是从向外看事物而发展的。这与人在日常生活的宇宙里的认识活动有关。把官能所感摄的都看作自心以外的实在境物，从而辨识他、处理他。量智就是如此而发展来。所以量智只是一种向外求理的工具。他说：

> 量智，是思量和推度，或明辨事物之理则，及于所行所历，简择得失等等的作用故，故说名量智，亦名理智。此智，元是性智的发用，而卒别于性智者，因为性智作用，依官能而发现，即官能得假之以自用。①

理智即量智，都是指对外在境界执为实有，而产生思议、推断、分析作用，并且逐于境，向外寻求事物发展变化的认识作用。但是，这种作用又是从本具性智的人所发出，是从本体显发的性智而来，但由于逐于物而与性智相反，被熊十力称为依人的官能而被官能所假借来驰求外

---

① 熊十力：《新唯识论》，中华书局1985年第一版，第249页。

物。但是，这种向外驰求又是不可避免的，从人作为形气之躯来看，人心对境逐物，将外在境界执为实有，就产生了思议和求解欲，这就是知识的来源。知识即从这种逐于境的理智认识而来。知识完全来源于日常经验界，是对日常生活事物的认识，由理智所得。理智的特点就是把一切物看作离人的心而独立存在的，因此理智只是向外去看，而认为有客观独存的物事，这就是所谓的逐于境而境化。由此就产生了对于现实世界的一切知识。就二谛来看，这种知识又是允许存在的。一切事物于俗谛中假设其有，依于俗谛而有现实世界，而有对于现实世界的认识。他说：

> 随顺世间，设定境是有的，并且把他当做是外在的，这样，就使知识有立足处，是为俗谛。泯除一切对待的相，唯约真理而谈，便不承认境是离心外在的，驯至达到心境两忘、能所不分的境地，是为真谛。①

可见，知识的成立是从俗谛假施设事物有而存在。他认为知识不可无，所以要在现实世界中为知识找到立足处。就从人的依于境而起妄执出发，由随顺世间设定一切物是外在之境，而妄执为有，知识就是对这种遍计所执的外境的认识。这种知识，还特别的包括了科学知识。熊十力从遍计所执为有的外境出发寻找知识立足处，主要是为了解决科学知识何以可能的问题。他力图安排科学知识的地位，而想出了这个解释。"从大用之非空的方面来说，可以施设宇宙万象，即科学知识也有安足处了。"② 就遍计所执的宇宙外境而言，科学知识就是对这种外在事物的探求，理智就是科学知识探求事物的工具。同时也把对于一切外在事物的认识都归入理智作用中。

另外，熊十力对理智作用的活动过程做了分析。首先，理智是就心上作用而言，由心上的知觉力而经验于事物，而产生知识。这种对事物的经验过程就是理智作用。具体说，最初是感识缘境，即现量作用。如

---

① 熊十力：《新唯识论》，中华书局 1985 年第一版，第 277 页。
② 熊十力：《新唯识论》，中华书局 1985 年第一版，第 437 页。

眼识缘青色而能得青相，这是亲得境相，这时候是无分别作用的。"无分别者，以不同意识作解……此时能缘入所缘，毫无间隔，即是能所不分，浑然一体而转，是名亲得境相。"① 也就是说，最初的感识缘境是现量所得，由感官接纳外界物的刺激，而还没有起分别作用，以别于意识对事物能起判断。同时，熊十力认为感识缘境是纯然现量亲证，应该是离诸虚妄的，但凡夫虽有，不自任持。即凡夫在感识现量起时为意识所计度而不能于现量保任持守。这个过程就是感识起而意识随之取代感识做出判断推测，分别安立，"意识继起迅疾，又习相应故，不待计度，如眼识缘"。② 所以这个过程非常迅速，感识缘境即同时有意识继起而凭习分别，不待计度而得出对事物的判断，与感识缘境构成一个完整的过程。

其次，因识而成境。意识活动非常活跃，缘一切法，感识缘境只是感官对外境刺激的接受，而意识能由境而攀缘前境，在分别安立之后能假借感识为资具，而夹带境相。观境共相，明辨而审处之，这是意识的胜用特点。"如缘外色等境时，识上必现似外色等影像，虽复所缘本非外境，而识上亦现似所缘影像。此等影像亦如外境，同作所缘缘故，即于无法而起无解，识亦现似无之影像，是法本无而在识成境矣。"③ 也就是说，在意识于所缘境作所缘缘相，将本非实有的外境现似所缘缘，而于此起增益执着，又生现似影像，即意识常夹带境相而陷于其中，由识而转成境。

综合感识缘境及因识成境来说，意识活动作用包括两个部分，一即外缘，二即返缘。外缘就是缘外境界或在识上变似所缘影像。返缘则包含两方面，熊十力说：

> 返缘略说以二：一者于外缘时，自知知故，如方缘色而识自知知色之知故。二者全泯外缘，亲冥自性故。或谓察识，或言观照，皆此返缘作用。以返缘力深故，了境唯心，斯不逐于境；会物为己，斯不累于物。于是照体独立，迥脱诸尘，虽在险而能出矣。④

---

① 熊十力：《新唯识论》，中华书局1985年第一版，第115页。
② 熊十力：《新唯识论》，中华书局1985年第一版，第115页。
③ 熊十力：《新唯识论》，中华书局1985年第一版，第116页。
④ 熊十力：《新唯识论》，中华书局1985年第一版，第116页。

一方面于外缘时，能自知此缘境之知，是对自知的一种知，一种判断；另一方面这种知能泯境内观，了别唯心而实无外境，会物归己，这种返缘就是返归本体不受物役的。到能照体独立，迥脱外物执着，则知一切法而不留一切法，于一切相不起染着，能所俱遣又能所俱无，熊十力即名之为意识解脱、意识转化。这种意识解脱他又称后得智。

后得智，是相对根本智而言。他借用佛教根本、后得智之说，比喻他的性智和量智。后得智源于根本智，由根本智之起时方有后得智，意识解脱就是从性智起而能对返缘做出判断，达到照体独立，并且能继起意识但不逐于境，于境不起境相，能所俱泯，这种对事物的认识就是后得智，是在根本智起用后对事物才能达到这种无分别的后得智认识。而认识活动中两者的关系是分析与体认的关系。就物而言需要分析，辨物而求物之理，这个理智认识就是分析，分者为殊，而体认则是统领，由体认而得万物之理，再具体到各各不同之物分析其殊。一是万法总则，二是观物之别，两者缺一不可。但学有统领、有总则，分析才不会误入歧途，不得要领。正如返缘作用，知自知之境还要不逐于境，达到后者才能不累于物而会物归己。整个意识活动就是从外缘起，而又返缘的过程。

但是，返缘之后的意识转化还有程度差别。虽然量智从性智出，但量智还分真解和悬解不同。量智又谓习心，亦说为识。量智有时离妄习缠缚而神解昭著者，可说为悬解。但悬解还非真离系，要待妄习断尽，性智全显，量智才可以说纯为性智之发用，而不失其本然，这时就名真解。悬解是就习根潜伏而未现起之时说，真解则是返缘达到照体独立，妄习断尽。这时的真解即完全从性智出发，达到对事物的正确认识。

以上是从意识活动的过程来说明对事物的认识。那么，量智的思维推度根据在哪里呢，通过什么方式来组织思维、认识事物呢？这就涉及到范畴问题。对于遍计所执而起的外在世界的认识通过量智建构一套范畴系统才得以实现。

首先范畴是主客观结合的，他不同意康德所谓范畴为主观之说。若把范畴看作主观的、先验的，那么范畴就脱离了事物存在而独在，就好象在思维上任意构画一套格式来认识客观事物，而这种预定何以可能与客观事物完全相符？由此熊十力认为物之存在的这些法则或规律是与物本身相一致的，而这种法则又不能脱离事物自身，应随着事物自身的变化而呈现不同特点，范畴的运用就会随之而构画不同，这是主客结合的结果。他根据古语"有物有则"之说，事物必然有其规范，而这种规范是可认识的，这个规范是认识事物的基础，即范畴。范畴在他看来也就是则。他的范畴论包括以下五方面：时间空间、有无、数量、同异、因果。

第一，时间空间。这是范畴中的首位重要的一组概念，因为时间空间是物的存在形式。按照本体翕辟成变的说法，物的存在只是刹那幻相诈现，遍计所执才有，所以，这缘于日常经验里执有外境，时间空间相也是遍计所执而假名有，是由人心执定有外在的境才有的。由此空相时相也是境的存在形式，与境俱有，并非不待经验。同样，理智作用也是从执境为离心外在的这种虚妄的习惯中发展而来。一切知识就是以妄执外境的习惯为基础而产生。如果不执境为离心外在的，也不会对于境来处理和解析并加以思维等等。那么对于一切物的知识也无法成立。所以空间时间相是遍计所执外境中首先产生的一对重要概念，最能说明境的存在形式。而空间时间有六点需要说明。一是就空间时间的成立而言，不是毫无根据的，而是基于事物存在的形态决定。意识作用于境能以时空相的方式思辨、分析外境，将事物的刹那诈现关联在不同时间空间系列中而使其成为客观。所以时空观念非离物而别有，否则科学测量方法就无法成立。二是翕辟成变的刹那单位中每一事物都具有这种时空相，具有这种形式而存在，同时事物之间又各自形成自己的时空系列。三是感识缘境是无分别作用的，不起物相及时空相。四是意识继起时能忆持前境而加以择别，于现似幻相上起时间空间相，久而久之又把这种习惯形成抽象概念用来分析一切现似物，从而把时空观念作为客观实有，将空间时间绝对化为事物存在的样式。五是在这种将空间时间绝对化的观念下，将一切感识亲证物固定化为客观事物，而加以推求，则科学知识始有可能。科学知识就是在实际生活中对事物作客观化对象化的执取。六是既不能执空间时间为绝对客观，又不能任其纯为主观。空间时间从物得来，而不能偏由主观构画，这与他认为空间时间是主客兼属相一致。

第二，有无。就物的方面说，有无是互为相反的。有物便有其相用，并且每一物相用不同，如地球是椭圆形，就不可能是方形，而方形是其所无。有无也就是表示每一物各自所有和所没有的方面。就物上讲，就包含有和无两方面，就其有的某种特性而言实际上也说明了其无的方面。所以一切物任持自性质，而各有其特点，科学知识测量方法就可以探求事物的各自特性。

第三，数量。事物有一、多或小、大等数量之别。一切物互相差别又互相联系，其中既有个体也有整体，这就显示出数量上的差别，通过数量来表示物与物之间的关系，于事物差别中有综合。如地球与其他行星数量不一，通过八大行星这一数量概括，以此说明这些行星之间的关联性。将事物数量化起到化繁为简的作用。

第四，同异。就事物各各有其自相而言，这是异，就自相中有相互关系而又构成同，则为共相。如桌子、椅子各有其自相，各不相同，但就都属于人造物而言，这是同。又就人造物与自然物而言，人造物与自然物为异，但就并属于物而言又可为共相。所以同异是就自相共相而言。自相共相又可以随着所举事物的范围变化而推理变化，自共相就成为认识事物中的一组相对概念，以此比较事物，异的方面说明解析事物差别，同的方面体现对事物的综合判断。

第五，因果。熊十力依据事物之间的相互关联而假立因果，这里的因果泛指事物之间的普遍联系，并且是在普遍联系中考虑事物之间最切近的因，即他所谓增上缘。所以，他指明他的因果是从最切近的关系上说，并没有固定不变的因果，而是根据事物变化来分析事物的增上缘，即引起事物变化的最切近的因。

综上，物必有其则，而则是主客兼属的。在一切事物之中我们不可能完全穷尽对事物的认识，所以范畴是在不断发展中的，随着对事物的认识的加深则的发现会越来越多。另外，由于事物不能穷尽，知识是无限的，就只能根据现有的范畴来对事物进行有限的探求，根据事物本身具有的特点在固有的属于范畴的框架下来认识事物。物与则就构成主客交互，心物交融的活动。

另外一个问题是，对本体的认识需不需要通过范畴来思维呢？答案是肯定的。熊十力指出范畴虽然依物假立，不可执定为实有。但是，在本体上，随义差别而可说它或有或无。说无，是从真谛上看本体一元绝对，不可思议，非拟言说，故无范畴可言。言有，是从权宜施设上为了说明、认识本体，而对它加以思议。这个假名施设的范畴有三。

一是数量。熊十力以古代先哲为例，认为自古就有以数理名本体的思维方式。如以一来表示道，一是万变所由起，为本体，由本体而又生二、生三之说，生二、生三即说明本体之流行，这是对本体认识的一种抽象。

二是同异。依本体流行而言，翕辟相反而成为互异，翕以显辟，辟以运翕，翕辟相反又相成，合成恒转之同，所以本体上有同分异之分。

三是有无。就本体真实圆满，具足万德而言，本体能成流行大用，应说为有。同时本体清净湛然，远离遍计所执种种相，而可说为无的一面。所以本体是既无又有的。本体性空是为无，无为而无不为，是其有。

这三个范畴都可以用来表示对本体的思议，而不包括时空观念，因本体不在时空中，无物相。也没有所谓因果关系，因本体浑然为一大全。

那么，如何运用这些范畴思议本体的运动呢？熊十力把本体的翕辟成变做了最小单位的分析。按照翕辟成变是刹那诈现而言，本来无所谓物的存在。但是，在刹那相续中他又允许假说有延续相。每一刹那运动生灭极其迅速的最小单位为小一，小一既不是最小分子微粒，而是表示翕势的最微小的一团势用。"小一者，用也。用也者，真体之显也。"[1] 所以小一不能以物测，虽有凝势而不可谓成形，只是因为变化迅疾才生即灭而方便施设有刹那，而有时间空间。刹那本义不可做时空想。但是，小一中包含了凝和健两方面，所以小一是用来表示事物运动的最小单位，是为了说明每一事物都体现了本体恒转翕辟成变的作用，即所谓月印万川，全中有分，分中有全。这些无量的小一相摩相荡，其无量凝势诈现种种迹象，故名曰万物。

从用小一来分析本体运动来看，翕辟成变说仍可成立。但是就翕而成物的方面看显然不够圆满。既然小一非物质分子，又刹那不可做时间想，那小一表示物体运动形式的最小单位如何解释万物形成呢？最后万物仍然归于刹那诈现迹象。但是，刹那非常短暂，前后相继而不一定能延续起来，迹象产生的稳定性就无法保证。究竟小一在万物形成中如何

---

① 熊十力：《新唯识论》，中华书局 1985 年第一版，第 482 页。

起作用，还不十分明确。熊十力一方面要避开本体直接创生万物的神学说法，又对万物给予小一的解说，把万物看作诈现，在动态上沟通本体与万物，显然忽略了万物构成的多样性、丰富性，光从小一这种最小运动单位来说明万物，对物与物之间的差异性、数量性还没有做充分的解释。

当然从以上内容还是可以看出他量论部分的主要思想。第一，以理智为量智，量智为对事物的认识，知识的来源即由于量智作用。第二，分析了量智的活动经过，从感识缘境到意识了别，再到意识缘境的返缘，突出量智与性智之别。第三，用范畴来分析说明对事物的认识。还提出本体认识的范畴部分。而这种量智说的最大特点在于通过遍计所执的外境分析，说明一切知识产生于个体的执着妄见，以一切外境为幻相诈现，所以科学知识也是假立在遍计所执性的外在事物基础上。

二　性智说阐发个体对天道的体认

性智，相对于量智而言即是对本体的认识。性智，有时又称为本体之发用，性智在即用显体的角度上甚至又被称为体，体现出性智在个体认识活动中的主宰作用。作为本体之用，性智显然也是先天固有的，这是性智的特点。熊十力对性智的阐发主要有三方面：首先，就性智的内涵来看，突出性智本有，性智是自明自觉的；其次，就性智与量智的关系言，性智主导量智之后量智才得以达到对事物的正确认识，熊十力通过对儒家德性之知、见闻之知和佛家根本智、后得智，现量与比量的分析，来说明性智与量智的关系，说明性智与知识不可偏废，格物与穷理的关系是互补的，穷理在格物，而格物致知的前提是识得固有性智；第三，在实践行动上是知主行从，性智在于推广工夫，保任良知。在阐发性智与量智的关系之余，熊十力之所以特别强调性智，还在于他以此作为东方文化的显著特点，即就本体内在于人而肯定人有先天性智，并且以此智主导现实生活，促进科学知识的发展。在西学东渐，尤其是西方科学知识冲击下，他仍然固守个体对天道的体认，保任性智推动知识发展说，即是对中西文化融合提供的一种诠释。

首先就性智的含义而言，性智即自明自觉。他说：

性智者，即是真的自己底觉悟。此中真的自己一词，即谓本体。在宇宙论中，赅万有而言其本原，则云本体。即此本体，以其为吾人所以生之理而言，则亦名真的自己。即此真己，在量论中说名觉悟，即所谓性智。①

性智，就本体在人所以生之理而言，是先天本有的，这种真己就是觉悟，觉悟就是性智。所谓觉，即本无惑乱，悟，即本非倒妄，就是自明自觉，虚灵无碍圆满无缺。就本体为人所以生之理而言，这种真己就体现在人的自明自觉力，性智也就是本体内在于人的表现。就性智是本体在人身上发用的表现而言，"本体就是吾人固有的性智。吾人必须内部生活净化和发展时，这个智才显发的。到了性智显发的时候，自然内外混融，冥冥自证，无对待相，即依靠着这个智的作用去察别事物，也觉得现前一切物莫非至真至善"。② 而所谓内部生活的净化，熊十力解释说即保任本心，即保任固有性智，使本心勿失，可见，性智与前面所说的心性论角度的本心，恒转功能的辟一样，是在修养论层面的本体之用，所以也可以说为本体。就心性论而言是固有本心，就恒转功能而言则是辟的势用，就认识角度而言是性智，都是从不同角度不同层面上论述个体的内在超越性，体现出本体与个人天人不二，即用而能见体。而性智又可以说为本心，这些概念在熊十力那里使用不甚严格，但凡从即用见体的角度而言的本心、性智、辟虽然内涵不同，但都可以互用表达。另外，就性智作为本体之用而言，个人并非一开始就可以获得性智，性智虽然本有，但是受到习心障碍而不被发现。所以才说必须等到个人内部生活净化发展时，性智才会显发出来。而内外圆融，冥冥自证而无能所对待相，这都是性智显发之后的事。然而，性智固有但又内部生活净化之后才能显发，而内部生活净化的方法又在于保任固有性智，即保任本心，结合起来就是保任性智而使性智显发，实际上对于性智如何保任，乃至性智如何显发都没有做解释。

性智，与本心同义。就性智、本心内在于人而不被显发而言，性智

① 熊十力：《新唯识论》，中华书局1985年第一版，第249页。
② 熊十力：《新唯识论》，中华书局1985年第一版，第255页。

也固有一点真己。正如恒转翕辟成变，翕以成物，而辟仍主于翕中，但翕物化之势使辟暂时无法显现，而被官能资具凭借而习心逞起，反客为主。自明自觉的性智之力虽然本有，但是力量微弱，必须不断保任此性智，促使其发展出来，才能主导人的认识活动，性智的自明自觉力可以说是靠自己的力量逐步显发的，所以没有其他的方式来解释性智如何显发，如何保任。在熊十力那里，一元本体的思维始终贯穿其中，也影响到他对本心、性智、辟等的解释都是一条直线上贯下来，完全凭个人自我主宰力完成天人不二，而先天固有无疑起了决定性作用，使他的修养论路线实践操作性不强，而停留在对本有性、内在超越性的描述上，或者是对显发之后的境界描述上，而如何从本有到显发的过程则不甚了了。

但是，作为一种自明自觉性，性智的活动过程熊十力还是做了描述。即所谓体认、证会、证量、默识、思现观。

就性智自明自觉，自我内证而言，性智的最大特点自然是证会、体认。这可以说是将个人主观感受形上化、超越化的一种解释。在本心固有的前提下，体认才成为可能，才不会变成凡夫的妄情猜度。熊十力说：

> 夫体认者，栖神虚静，深心反观，赫斯在中，充实光明。（当反观时，便自见得有个充实而光明的体段在。充实者，至真无亏。光明者，纯净无染。赫斯者，盛大貌。……）是为实体显发，自了自证。于时无意言分别，直是物我双亡，离一切相。[①]

体认之时，就是深心反观，感觉有体段在其中，这个体段无疑是本体的拟称。就是自了自证，而识得本心之源，则离一切相，物我皆无，可见体认是一种内自识，无言说分别可言。所以熊十力强调本体唯有实证相应，别无他法。实证相应就是体认，自己认识自己，自识本心，本体只能通过性智来认识。

体认，又称为证会、证量，就是个人要不断反观自心，反本求原，这种境界是超脱思议言说的，无能所之分，冥冥契会本体，所以性智的这种体认无具体方法。同时这也是本心自己的自知自识。就本心固有，

---

① 熊十力：《新唯识论》，中华书局 1985 年第一版，第 111 页。

本心虽潜伏在官体中，但在无能所无分别状态下能逐渐显发呈现，这也可以说是本心自己的自识自觉，是个人后天努力与本心的双向互动。

性智显发，也就是本心呈露之时。而体认、证会之所以内外俱泯，能所皆无，离言内证，也是由本体的性质决定。本体是一元超绝的，无对待，离诸戏论，无可形容的。本体非知识所行境界。所以，本体实证之时也无法用世俗语言思维推度。本体不能看作一般世间存在事物来拟诸思议也在于此。所以与之相应的性智自然也无法言说，而是一种先天内自觉。所以又称为默识，本体寂然无形，冲寞无朕，只能在静默中本体自明自觉，自我察照，即孔子所谓"天何言哉"。熊十力批评西洋哲学不懂性智，停留在理智上，但又不追问理智的来源和根据，只是凭借虚妄心来构想一套学说。今世之玄学者中也凭借量智来猜度本体，不在性智上涵养工夫，使学与修分离，把本体看作一种外在事物向外寻求，"因为吾人在日常生活的宇宙里，把官能所感摄的都看作自心以外的实在境物，从而辨识他、处理他。量智就是如此而发展来。所以量智，只是一种向外求理的工具"。① 这说明由于人的官体之躯，而习于向外推求事物。那么，性智的显发与否，就涉及性智与个体习心用事所起的量智的关系。

从性智与量智的关系看，性智主导量智，并高于量智。性智发用而量智才能得以达到真解。量智，又称为理智，性智，又称为超理智。理智是在对事物的认识中不可或缺的，对外在事物的推度、分析、思维判断都属于理智层面，与性智纯属于对本体的自明自觉相对。但是，在一元本体的理论中，量智与习心一样，都是汇归本体、本心的，所以量智也是从属于性智的。他说：

> 吾人承认有本来固有的性智，则说理智亦是性智的发用，但他是流行于官体中而易为官能假之以自逞，又有习染之杂。他毕竟不即是性智，这是不可混淆的。②

---

① 熊十力：《新唯识论》，中华书局 1985 年第一版，第 254 页。
② 熊十力：《新唯识论》，中华书局 1985 年第一版，第 246 页。

　　可见，量智是习心用事的结果，但就性智本有而言，量智也归属于性智。只是在性智尚未显发之时，量智完全凭借思维外物构画一个知识结构，满足其逐物之欲。一旦性智显发，则量智也即是性智所发出，为性智所用，成为性智流行的一种力用。量智缘物而起，但一切物皆本体之流行，所以在某程度上，量智虽然以推度为主，而最终不能止于推度，而要从理智走向超理智。熊十力强调玄学的真理不是知识的，而必须由理智走向超理智，就是性智证会之境才可得。到了证会之时，就是性智完全统摄量智，依于性智而起量智，将理智转为正智，离一切虚妄分别相而与本体泯然一如，归趣证会。

　　所以，超理智决不是反理智，而是指超越于理智之上，非理智可理解可思议。正确而完整的认识活动过程就应该是在性智显发之后，性智主导量智，而推动对事物的正确认识，而不是由习心凭借量智来对外在事物进行推究。说明见体之后性智与量智是可以并存而互补的。在性智主导量智的认识过程中，熊十力又用佛家的说法来解释性智与量智的关系，将见体之时的性智说为佛家的真现量，将量智说为比量。现量，在佛家那里是指尚未加入思维判断、概念推理之前的感觉活动，如眼见色、耳闻声。现量又有真现量与似现量之分。真现量即根据外界感官所得的直接经验，而似现量是受幻相、错觉影响的感觉活动。而熊十力借用并显然改变了现量的说法，把真现量说为性智，即说明在性智显发之时有真实正确的对事物的感觉判断，这种感觉经验活动是证会出来的，又称为证量，保留了在性智活动中对外在事物的认识。他自言是变更了佛家的真现量之说，他的真现量是在性智中的真现量，这种真现量不是在定中或佛位才有，而是人生而固有，也就是良知、正智。只要不起惑妄，那么凡夫在性智显发时可以说有真现量。他引用《解深密经》"如理思唯"，指出良知反缘时，即如思现观，便是自明自证，并不是佛位无分别智之时才有。

　　真现量，也叫思现观，这是"如理思唯"而得。他说：

　　　　如理思唯一词，见《深密》等经。如，谓相应。其思唯恰恰与真理相应，而无颠倒推度者，名为如理。儒家《大学》，所谓"知止而后能定，定而后能静，静而后能安，安而后能虑，虑而后能得"，此等思虑，由定静中发，即无倒妄，故云得。得亦如理之谓。冥思者，以离虚妄分别故，说之为冥。思现观一词，见《大论》等。现，谓现前明证，非意想猜度故。观者，分明照察，无有迷谬故。如理之思，方名现观。此思现观之名所由立也，非克治惑染尽净，神智超脱，无由得思现观。①

也就是说，能与真理相应，由本体出发而思，就是如理之思。由如理之思而推度事物，则无虚妄分别。这时是在定静状态中由性智显发，在静中远离颠倒妄想才能冥思。这时候就能自明自觉，照体独立，犹如现前观想，而名思现观。也可以说是性智中特有的一种内证观照，其中也就是对本体的体认到达智慧现前的境地，而能观照一切事物均无虚妄执着，如实明了事物存在之理。这种如理之思与性智未显发前的不如理之思相对，"如理之思，其本身即理也，亦即是能也，亦即摄所归能，无心外之物可名所也。认识论，在如何求得如理之思耳，在分别如理之思与不如理之思，勿混作一谈耳"。② 严格说来，在性智未主导量智以前，量智仍然是不如理之思，因量智尚未证会本体，而只是一味驰求外在事物。只有如理之思时，量智才依性智起，依根而不随根转，才真正是性智发用主导量智。

性智与量智的关系又可以通过德性之知与见闻之知的关系来理解。熊十力最终把性智与量智定位在儒家格物穷理的范围内解释。性智，也就是儒家的德性之知，这是先天本有的，涉及对良知、本心的体认，具有德行修养意义。而量智则属于见闻之知，即是对外在事物的认识，是在见闻觉知这些经验领域内的认识。他说：

> 世儒以"德性之知"反己自识，为用力于内；"见闻之知"驰求事物，为用力于外，故谓学分内外。其实，成己成物之学，本无内心外物可分也。"德性之知"为主，即"见闻之知"皆德性之用也。后得智，亦名为智，根本智之等流故也。③

---

① 熊十力：《新唯识论》，中华书局 1985 年第一版，第 372 ~ 373 页。
② 萧萐父主编《熊十力全集》第四卷，湖北教育出版社 2001 年第一版，第 296 页。
③ 萧萐父主编《熊十力全集》第四卷，湖北教育出版社 2001 年第一版，第 324 页。

德性之知以反本自识为特点，见闻之知则重在对外在事物的认识，两者虽然不同，但就证会本体上说，则成己必然也能成物，本体之流行大用体现在对万物的成全，所以德性的修养和见闻学识的增加是不矛盾的，是互补的。并且德性之知的主于其中时，见闻之知即可谓德性之用，无处不体现出德性之知。犹如佛家根本智与后得智的关系也不是可分为二的，由根本无分别智能引根本后得智，促使对依他起幻相的世俗之知。用宋明儒的话说，就是穷理与格物均不可偏废。首要在于先立大本，即先自识自觉使性智显发，保任良知，当性智主于其中时则量智才可依此而行，性智主导量智，所以应以性智为本。穷理就是穷万化本源之理，穷理而后才能格物，才能尽人之性。所以学问的工夫首先就是培养德性之知，方法就是学归于证，以体认为要。熊十力阐发了学不究体的害处：一是就宇宙论上使万化无源万物无本。二是就人生论上则认识无有归宿，认识迷离颠倒而茫无头绪。三是道德上没有内在根源，则知识只在人与己或己与物的关系上停留，道德的建立也变成他律而外铄，人失其本性。四是学不究体则导致知识论上无知识来源，理智思辨无先天根据。就知识来源而言，必先有本体，才有学，有学而后才能修，理智必归于证量，才能达到真现量。所以学首先在证体，证体而后有理智知识。

其次，就量智，也就是见闻之知能反过来促进性智的显发。格物致知之"致"则尤为重要。熊十力将这个"致"理解为性智显发之后的向外推广。在修行上即强调推广工夫。推广，就是在格物中发现万物莫不应此理，而在事事物物中见本体之流行主宰作用。物之理即本体，天地万物就此一理，人与天道相通。致知也就是推广工夫，推广即良知实现的过程，是以知为本，知主行从。即保任本心不放失，由良知主于其中，则工夫无不即是本体。即是顺着良知在事事物物上格，由内在之智推广出去。顺着良知而着人力，即推广之谓。如孟子所谓是非之心为智之端，则在日用常行待人接物上保任此端，于每一念每一事上保任此智，使其如种子不断生长，就是推广。四端之心都是在善恶是非这些日常生活判断中渐渐积累巩固起来的，推广得一分，便见得性智主宰一分，推广到极致，则性智完全主宰于人，即是本体显发无遗。

就量智是顺乎良知而行推广工夫，从而格物致知而言，量智实际上还是由性智所发出，是良知自己的自明自觉。实际上还是从本体角度来阐明量智。那么，世俗知识和性智究竟是什么关系呢？熊十力特别针对西方科学兴起对中华文化的冲击而反思了这一问题。他指出，德性与见闻不可偏废，性智与知识也并不冲突。知识是建立在量智活动中获得，而知识也可以说从本体而来。没有良知则无知识，在知识与德性之间无疑德性是首位的。而智是性灵之发用，是无知而无所不知的。个人生命进化到产生本心明觉，就是性智主导于身的结果。而知识是后天习心为诱因，而以现实世界为对象而产生的，但知识的形成在于人自身的了别作用和思维能力，这都是性智作用的结果。就后天量智的思维活动而言，量智能产生经验、保留记忆，即习气，而促进思维作用的进一步推理判断，能将个人过去经验的事物积淀下来，也就是知识积累，生活经验积累，这是学的过程。所以性智不仅不反对知识，反而促进知识的形成。他以因明学三支作喻，指出格物之学，也就是世俗知识不得不用客观的方法，而探求对象认识之前必须有假设。以"声是无常"为例，在声是无常这个命题中，首先是个人于无常或常之中已经有一假设、有一判断，"这一问题发生时，在主张声无常论者的心里，当然对事物用了许多思想，也许徘徊于常与无常二者之间而久不敢决。未几，他的内心明几开发，乍悟声是所作性，应是无常，非是常"。① 这个内心明觉是自发的，未经任何实测分析，只是一种假设，由此假设而开始寻找公测，在万事万物上纵观变化，看看经验事实是否如此。就这一点言，假设的前提是内心的性智发动。所以熊十力说："余之本意，则以人心触物求知，唯赖内心明几发动，始得入理耳。"② 由此看，知识的产生其实也来源于性智之发用，假设的根据是先天的，无法证明的，把知识也归于本体发用流行的功劳。这种性智对知识论的贡献，又被他称为天机乍动。另一方面，从知识与德性的关系看。有知识而不具备德性，行不义之事的情况是存在的。所以必须以德性统率知识，弃恶扬善。

可见，知识也是以性智为本，德性之知的地位显然高于见闻之知，知识的获得也要靠天机乍动。所以熊十力仍然还是强调本体、性智的地

---

① 萧萐父主编《熊十力全集》第七卷，湖北教育出版社 2001 年第一版，第 249 页。

② 萧萐父主编《熊十力全集》第七卷，湖北教育出版社 2001 年第一版，第 251 页。

位，并没有真正赋予科学知识以客观独立性。他反对阳明致良知之说，认为阳明反对格物，不给知识保留地位。实际上他的性智主导知识论也没有给知识带来多大的独立性，知识仍然从属于性智，并且知识是为了更好地体现良知推广工夫。见闻之知的增长可以说是德性之知的一种表现作用而已。性智呈露之时，一切知识都只是性智之用，无知而无所不知。这种从本体角度完成认识建构的做法，未免太过笼统，也可见熊十力是重在强调其融合的一面。

就性智完全显发而全体无碍，理智知识能顺从性智主宰发展来说，天机乍动如何而来确实不可思议，性智如何显发出来这一点仍不十分明确。熊十力以神解、神悟来形容，这种境界来去无端绪，不可把捉，稍纵即逝。只有在此灵感产生之后不断努力去把捉它，才能逐渐促使它发展显露。"必于仰观俯察、近取诸身、远取诸物之际、触处体认、触处思惟与辨析，然后左右逢原，即证实其初所神悟者。"[①] 反复强调回来，又落在体认上。可见出个人对天道、本体的体认是熊十力认识论的中心问题。从体认出发，又反复不断体认，由性智推动量智，量智又反过来印证性智，思修交尽，修养工夫与知识增长合为一体。

第二节　唯识学的闻熏修证与熊十力的返本还原

从性智为主，量智为辅的指导原则看，无疑个体对天道的体认才是熊十力重点强调的，而性智与量智并行不悖，所谓为学修养工夫其实包含了返本和闻熏两方面。

可以说，闻熏修证和返本还原作为修养论上的方法是同时并存的。对于个体修养工夫而言，外部的教化激励、社会环境的熏陶以及内在的思想转变、反省体认都缺一不可。但是，由于强调的侧重点和入手方法不同，闻熏修证和返本还原之间还是有差别。强调闻熏修证，则更多地重视后天教化对个体成长的作用，强调返本还原则更多地突出个人自我认识的主观力量。不论哪种方法，在儒佛两家都有所阐发。在佛教则由于内部宗派历史发展不同，对这两种方法的强调也不同。而熊十力在

---

① 　萧萐父主编《熊十力全集》第五卷，湖北教育出版社2001年第一版，第39页。

《新唯识论》中突出返本还原的重要性，对唯识学的闻熏修证有所批评，这可以作为他矫枉过正的一种尝试，而不能作为他完全反对闻熏修证的证据。然而，基于闻熏修证和返本还原的修养特点不同，唯识学的闻熏说与熊十力的重在返本仍然区别明显。

一　唯识学的闻熏修证论

唯识学对闻熏修证的工夫修养有一套完整的理论说明，是根据唯识学的唯识思想体系来建立，由唯识的基本观念而达至修养上的闻熏实践，可以说步步为营，秩序、步骤井然可见，是一套切实针对唯识理论而展开的修行方法。当然，闻熏修证方法的具体内容在唯识学的不同发展阶段不同人物代表那里也有差别，这里主要以熊十力所重点关注的护法系为对象，以《成唯识论》为主要参考，以见出熊十力所理解的闻熏修证论的主要内容。

首先，唯识教义是从依他起性的诸法上立言。由于诸法唯识所现，皆不离识，总立识名。从识之力用殊特来说，一切法唯识所变，境不离识，识有境无。从识自身说，一切法以识为性，由此突出阿赖耶识缘起论。《成唯识论》列出阿赖耶识有能藏、所藏、执藏三义。能藏，谓第八识善于自体中含藏一切万法之种子，为宇宙万有之本，含藏万有，使之存而不失，故称藏识。所藏，阿赖耶识是含藏诸法一切种子的场所，犹如一个大仓库。这是从现行熏种子义而说，阿赖耶识为七转识熏习诸法种子之场所。就阿赖耶识能含藏诸法种子而言，阿赖耶识又称种子识。执藏，谓第八识恒被第七末那识妄执为实我、实法，故又称我爱执藏。所以《成唯识论》说阿赖耶识由于因缘力故，自体生时，内变为种及有根身，外变为器，以所变为自所缘。其中，就异熟识的意义来看，诸法流转还灭的根本就在于阿赖耶识的转化。由于阿赖耶识统摄八识，所以八识的展转增胜关键也在于第八识的作用。有情生死相续由内因而不待外缘，即在于阿赖耶识的转舍。既然有情所缘唯识所现，那么，破除烦恼超脱无明的根据也就在于如何转染成净，转识成智。由智慧力发菩提心而逐渐舍妄念舍杂染而转清净至觉悟。这就构成了唯识学修行理论的基本思路。由此《成唯识论》说："谓无始来依附本识有无漏种，由转识等数数熏发渐渐增胜，乃至究竟得成佛时，转舍本来杂染识种，转得始起清净种识，任持一切功德种子，由本愿力，尽未来际，起诸妙用，相续无穷，由此应知唯有内识。"① 这可作为对唯识学修行根据的基本概括，成立一切唯有识，由内识转现万法，则最后也由内识转染成净，由依他起性转圆成实性。

其中值得注意的就是转识环节中的种子理论。阿赖耶识含藏诸法种子，故如何转舍诸法种子，使有漏种伏灭清净无漏种现行，展转增胜而数数修行是成佛的关键一步。所以，对于种子的分类、有漏无漏种的先天还是后起涉及成佛的必然性与否以及众生成佛的普遍性问题。对种子的分类，唯识学诸家中大概可归为三种说法，即本有论、始起论及本有始起皆有论。就种子本有论者来看，一切种子应为本有不由熏生，熏习的作用只是使种子的力用增长。他们认为，根据"无始时来界，一切法等依"② 的说法，无始以来就有诸法种子，并且根据五种姓说，则无始以来有情种子皆具足，不可能由熏习而起，也就相当于本性住种姓说。这种说法把一切有情的有漏种和无漏种都包括在内，也就是说，无漏种子是本有的，有漏种子也是本有的。熏习而使有漏无漏各自种子增长起用，其实这可以说是一种先天决定论。按照一切有情无始种子法尔本有，那么有的有情也许根本不含无漏种，则永不能成佛，有的有情则先天具有无漏种，注定成佛，五种姓的提法就有了先天根据。这种说法无疑有将个人修行置于先天命定的危险中，而使成佛与否在某种程度上成为非后天努力必然可得之事。

就种子始起说而言，这一派认为种子是后天熏习始起。种子为习气的异名，习气则必由熏习才产生。有情诸染净心法为后天熏习始起，有漏为后天熏习，无漏也为后天闻净法界熏习起。而有情本来种姓差别不是由无漏种子有无决定，而是依障建立。根据烦恼障和所知障的有无，障蔽的程度，有障而建立声闻、缘觉，无毕竟二障种则为如来种姓。这种说法从成佛的可能性上肯定众生都可能成佛，但就无漏种同为后起来说，成佛只是一种可能，而非必然。而对于后天正闻熏习作用的有无个体无法确定，也无法获知在什么情况何种程度下自己属于哪个种姓阶层，

---

① 韩廷杰校《成唯识论校释》，中华书局 1998 年第一版，第 561 页。
② 韩廷杰校《成唯识论校释》，中华书局 1998 年第一版，第 109 页。

则成佛与否同样成为或然。

护法在此基础上做出调和，确立种子各有本有和始起两类，即本性住种和习所成种。《成唯识论》说：

> 一者本有，谓无始来异熟识中，法尔而有生蕴、处、界功能差别。世尊依此说诸有情无始时来有种种界，如恶叉聚法尔而有。余所引证广说如初。此即名为本性住种。二者始起，谓无始来数数现行熏习而有，世尊依此，说有情心染、净诸法所熏习故，无量种子之所积集。诸论亦说染、净种子由染、净法熏习故生，此即名为习所成种。若唯本有，转识不应与阿赖耶为因缘性。①

无始以来异熟识中有法尔功能差别而有本性住种，同时由于阿赖耶识与诸识有展转相生的关系，互为因果，所以由种子熏生而有诸识展转，有漏种生有漏，无漏种生无漏，如此建立因缘而诸法不乱。既有本有种，又有始起种，就调和了无漏后起的矛盾，但是对于有漏种和无漏种的增长而言，则主要落实在后天的熏习。

由此可见，熏习既可对有漏而言，也可对无漏而言。《成唯识论》说："本有种亦由熏习令其增盛，方能得果，故说内种定有熏习。其闻熏习非唯有漏，闻正法时亦熏本有无漏种子，令渐增盛。展转乃至生出世心，故亦说此名闻熏习。"② 所以，听闻正法，遇善知识开示，这些都可以使本有无漏种子熏习增盛，从而生出世心求证佛法。熏习，就是令种生长之意，有漏种和无漏种都包括在内。按照功能差异又分能熏所熏之别。就能熏而言，有四义，即有生灭、有胜用、有增减、与所熏和合而转。就熏习为生灭法而言，即非常，有作用有前后变化令习气生长。就能引生生灭势力而言则力用强，所以为胜用。就有胜用则可增可减，引起习气变化而言，则有胜劣差别。同时能熏与所熏同时同处不即不离，能所相对而俱生俱灭。就所熏义而言也有四义，即坚住性、无记性、可熏性、与能熏共和合性。就阿赖耶识力用殊特能执藏诸法种子而言，其

---

① 韩廷杰校《成唯识论校释》，中华书局 1998 年第一版，第 115 页。
② 韩廷杰校《成唯识论校释》，中华书局 1998 年第一版，第 122 页。

始终相续持种不断，此为坚住性。就阿赖耶识能容纳诸法染净种子，受熏有无漏有漏而言，则为无记性。所以才有有漏熏生有漏，无漏熏生无漏之别，熏习并不改变原来诸法之性，只是使其增长，故《成唯识论》又说"由此如来第八净识，唯带旧种，非新受熏"①。可见净种是寄附在阿赖耶识中，非阿赖耶识所摄。就可熏而言有种子生现行，现行熏种子，种现互熏而产生前后交替，这是由识的可熏性决定的。第四与所熏义第四相当，说明能熏所熏同时同处不即不离。所以，熏习的作用使种子力用增胜，而又生起现行，现行又复熏习种子，种子前后自类相生，因果秩序由此成立。

但是，就种子六义来看，种子是刹那灭、果俱有、恒随转、性决定、待众缘、引自果的。由此可见，种子生灭不断，那么，无漏法种生起之时，如何确保能持种不失，不断增胜而导致无漏现行有漏伏灭呢？《成唯识论》就通过无漏种寄附在阿赖耶识中的说法来解决这一问题。就有漏种而言，是具备种子六义，因异熟识能执持一切有漏法种，但就无漏种而言，则非此识性摄。"无漏法种虽依附此识，而非此性摄，故非所缘。虽非所缘，而不相离，如真如性不违唯识。"② 虽然如此，就一切种子有能熏所熏而言，无漏种寄附在阿赖耶识中，而同样可以受熏现行，虽非识性所摄而能由此熏习生长，成为一种有漏中生无漏的解说模式。这与《胜鬘经》所讲的众生无始以来本性清净而有染污义难可知了一样，无论是有漏中无漏现行还是无漏中生有漏，都会在解释杂染法和清净法关系当中面临问题。

就众生而言，众生无始以来都是凡夫有漏心，有漏杂染法中无漏种的增长除了靠正闻熏习以外并不能完满的解释无漏如何能现行。唯识学中通过阿赖耶识的转依理论来解释。即阿赖耶识有有漏位和无漏位之别，有漏位为无记性摄，无漏位唯善性摄，与善心所相应。转依建立在阿赖耶识依他起性基础上，"由数修习无分别智断本识中二障粗重，故能转舍依他起上遍计所执，及能转得依他起中圆成实性。由转烦恼得大涅槃，转所知障证无上觉，成立唯识意为有情证得如斯二转依果"③。从这一角

① 韩廷杰校《成唯识论校释》，中华书局 1998 年第一版，第 127～128 页。
② 韩廷杰校《成唯识论校释》，中华书局 1998 年第一版，第 143 页。
③ 韩廷杰校《成唯识论校释》，中华书局 1998 年第一版，第 636 页。

度看，遍计所执和圆成实通过依他起建立关系，阿赖耶识本身是转染分依他而得净分依他，转舍有漏杂染种而使无漏种生长乃至现行，法身呈现。所以，在异生、二乘诸菩萨位仍有有漏异熟识，到了如来地则转为无垢识最清净法，菩萨及二乘仍持有漏种可受熏，到如来第八净识方完全将异熟识体舍去，也就由阿赖耶识有漏位转为无漏位。所以修行用功当在如何将二障消除，转识成智，《大乘阿毗达磨经》说："无始时来界，一切法等依，由此有诸趣，及涅槃证得。"① 后两句就是就阿赖耶识的依持用而能证果言，涅槃的证得就在识上下工夫。

但是，转识成智是就无漏心种子生起之后而言，众生无始以来生死流转，没有无漏法现行熏习，无漏种如何得以增长？《摄大乘论》解释为"最清净法界等流，正闻熏习种子所生"②，可见还是强调要通过正闻熏习来促使无漏法种子生长，佛陀应机说法、教化众生，个人遇善知识开示悟入，涉猎佛典，这都是对无漏种子的熏习。熏习力逐渐增加，而使菩提心发起，才能逐渐转识成智。并且正闻熏习发心修行是有阶次的。《成唯识论》说：

> 如是所成唯识相性，谁于几位如何悟入？谓具大乘二种姓者，略于五位渐次悟入。何谓大乘二种种姓？一、本性住种姓，谓无始来依附本识法尔所得无漏法因；二、习所成种姓，谓闻法界等流法已闻所成等熏习所成。要具大乘此二种姓，方能渐次悟入唯识。何谓悟入唯识五位？一、资粮位，谓修大乘顺解脱分；二、加行位，谓修大乘顺决择分；三、通达位，谓诸菩萨所住见道；四、修习位，谓诸菩萨所住修道；五、究竟位，谓住无上正等菩提。云何渐次悟入唯识？谓诸菩萨于识相性资粮位中能深信解，在加行位能渐伏除所取、能取引发真见，在通达位如实通达，修习位中如所见理数数修习伏断余障，至究竟位出障圆明，能尽未来化有情类复令悟入唯识相性。③

---

①　韩廷杰校《成唯识论校释》，中华书局 1998 年第一版，第 193 页。
②　无著菩萨造，（唐）玄奘译《摄大乘论本》，《大正藏》第 31 册，第 136 页。
③　韩廷杰校《成唯识论校释》，中华书局 1998 年第一版，第 598~599 页。

　　这里说明了两个问题。首先，就正闻熏习的前提而言，必须有二种姓之分，本性住种姓说明佛、菩萨一类无漏种法尔成就，而习所成种姓说明声闻、缘觉通过后天正闻熏习可以成佛，如此有修行五位渐次。而一阐提无无漏种，断佛种姓，不能成佛，就排除在正闻熏习之外。这就在众生成佛的修行路上加了一个限定，即非一切众生皆可成佛，使某些个体的修行成为无的放矢，没有确定性和必然保证。其次，就有无漏种能熏习而言，通过五个阶段才能修成菩萨道。

　　第一，资粮位。唯识学中将初发菩提心至未起顺抉择识以前称为资粮位。顾名思义，资粮位就是累积福德和智慧，施行六度，能发菩提心趣向唯识，但能取和所取的随眠活动还没有完全消除，仍然有烦恼障和所知障的习气种子。所以二障种子在修行上往往使人心生退意。《成唯识论》就通过三种方法来说明如何磨练心智，而消除二障影响勇猛精进。一是对于无上正等正觉菩提心的广大深远、修行的漫漫长路而言，要引已经证得大菩提心者为例鞭策自己。二是闻六度施行困难诸多而自己还有意愿修行诸波罗蜜多，以此鼓励自己继续坚持。三是对于诸佛圆满转依难证得而言，要看到自己已经有种种善妙因缘亲近佛法，比起粗善之人而言已经接近了修证之道，以此坚固自己继续修行之心。这三种自我说服的思维方式，将闻思修慧结合起来，也是对修行者内部活动的心理分析。

　　第二，加行位。加行位的行相为"现前立少物，谓是唯识性。以有所得故，非实住唯识"①。说明此位仍然住相观影，空有二相尚未断除，所以还有现前立少物，非真实安住唯识理。只是带相观心，能取所取虽断，而仍然有分别心。

　　第三，通达位。通达，也就是菩萨在此位对于所缘境及无分别智都无所得，离二取相，智如平等。此时智能证如，但无如相，是初达唯识之理，为见道。

　　第四，修习位。这是对于前面见道以后仍然要不断修行的补充。菩萨在见道以后还要数数修习无分别智才能证得转依。无分别智就是无分别心，能断能取所取差别，所以又说无所得和不思议，有加行、根本、

①　韩廷杰校《成唯识论校释》，中华书局1998年第一版，第616页。

后得之别。所以这样就是出世间智，由此舍二障而证得转依果。成立唯识义，就是通过这个转舍唯识遍计所执为依他中圆成实，转烦恼障所知障，转生死及证涅槃，得解脱身。因为此时为转唯识性，还没有达到得大牟尼法身。这个过程还需要经历十地修十胜行，即修习施、戒、忍、精进、静虑、般若、方便善巧、愿、力、智等十波罗蜜，断十重障证十真如。其中初地至第七地菩萨有漏心和无漏心相混杂，到第八地纯无漏道才任运而起，烦恼才无法现行，到金刚喻定现前才可断除烦恼障所知障种子。

如此一来，十地修行中就可以逐渐将杂染识转为清净智。即转八识而成四智，转前五识得成所作智，转第六识得妙观察智，转第七识得平等性智，转第八识得大圆境智。到佛地则生大菩提得四智相应心。由此看，智依识转得，有漏位智劣识强，无漏位智强识劣，所以无漏位能转识成智，而依智舍识。大圆镜智能现自受用身净土相而持无漏种，平等性智能现他受用身净土相观众生平等，妙观察智能观自他功能过失，雨大法雨利乐有情，成所作智则变化身及十方净土相。四智心品是清净法界生菩提心所得，是无漏的。

第五，究竟位。就第四修行位而言所得二转依果其实也就是究竟位无漏界所摄。所以究竟位是无漏位，唯佛乃能穷尽诸法实相达到纯然无漏，诸漏永尽。所以是大牟尼法身，解脱身，有无边无量大功德生五乘世出世间利乐事。此佛身又有三相之别，即自性身、受用身、变化身，成就法身无量无边功用。

从这五阶段看，唯佛才能纯然无漏，诸漏断尽，在究竟位之前，十地菩萨修行充满考验。关键是无漏种子的熏生及现行，在有漏种子和无漏种子的势力对峙过程中正闻熏习对有漏种的伏灭和无漏种的生长起到极大的作用。而十地之中也仍然要时时刻刻靠修行作用断除二障种子。就五位修行中对二障种子的描述而言，二障种子在金刚道刹那顿除，也是十地修行之后。

总言之，闻熏修证的难度仍在于无漏种子寄附在阿赖耶识中，有漏无始存在并现行，无漏种子如何能得现行，并且无漏种现行后如何能保证势力不断增胜。无漏心的生起在唯识学中仍然是有待思考的问题。同时，由于阿赖耶识的转依特质，这又为无漏生起提供了一线希望，闻熏也就不完全是无根由的。更为困难的问题是，五种姓说实际上对于众生是否皆可成佛设下疑问。就众生上说，对于自己所处种姓的不确定以及无漏种子的有无的不确定反而是他们在修行中的最大疑问。闻熏修证为不同根机的修行者提供了循序渐进的修行步骤，但同时，由于强调修证中杂染面的客观存在，个人主观能动性只能是从有漏现行二障种子这些重重染污法中熏发无漏心，无漏现行之路在十地之后才真正起步，转识成智为佛地境界所得，大菩提的生得和大涅槃的转得都是经过了断除二障之后的事，无疑说明了成佛的困难性和修行之路的艰巨性。

二　熊十力的返本还原论

与《新唯识论》彻底心物一元、主客一元的本体论相应，个体与天道、个人与本体之间也是一元的。本体是内在于人的，人有先天固有的性智，所以才有返本还原之说。就本体言，熊十力强调本体非外在事物或思维中的逻辑概念，更不是个人臆想中追求的虚幻境界。所以个体唯反己深切体认，便自识本来面目。《新唯识论》开篇就说："今造此论，为欲悟诸究玄学者，令知实体非是离自心外在境界，及非知识所行境界，唯是反求实证相应故。"[①]本体既然内在于人，宇宙天地万物都是本体的显现，如同大海水与众沤的关系，人也只是众沤之一，在人身上也就可即用而见本体。所以，对于本体的认识就通过反求实证内心来获得。这个过程也就是自己认识自己，认识自己本来具有这种本心，本心即天理，即天道，就人身而言说为心，自识本心即证本体。熊十力对自心的描述是，心为身之主宰，且为天地万物在人之主宰，此心能离能所内外同异等分别相，而实昭昭明明，"体万物而不遗者，即唯此心。见心乃云见体"。[②]就把个人的自己认识自己、自识本心与求证本体联系起来，识心与证体是一致的。所以，返本还原实际上就是反求诸己，同时将本心显发出来。其实，就本心固有，本心内在于人而言，似乎没有还原的问题。既然本体昭昭明明照体独立，且在他一元论的理论框架下，心、物，染、净，翕、辟最后都是统一于本体的，都是体的用。实际上就是善恶一元

---

①　熊十力：《新唯识论》，中华书局1985年第一版，第43页。
②　熊十力：《新唯识论》，中华书局1985年第一版，第44页。

论，那么就不应该存在还原的说法。按照本体翕辟成变，宇宙万物之流行皆此主宰而言，似乎没有本然和后天的关系。但在现实层面来说，还是需要解释本心被障蔽的原因。所以，在彻底一元论的本体框架下，他做出返本还原的修行解释，也可见出其中本有与后天的差异，从善生恶，从净生染的问题仍然存在。

除了反复强调本体与个人实证相应，非离自心外在这个道理以外，这种本然纯善之心如何能得以被现实人心所认识所发现，熊十力给出了现实人心的解释，他说："善反，则当下便是，勿须穷索；（反之一义，最宜深玩。止观双运，方名反求。）顺性，则现前即真，毋庸欣寂。"①这里说明了两个问题，首先，就自识本心而言，只说善反即可，当下便是，可见是通过认识上一念转变而得，只要认识到本体非外在于人的物事，反求内心即可实证相应，简易直接。其次，又说反之一字为止观双运，可见反的过程包含了定慧观法，不是一蹴而就。但是，就熊十力强调顺本性而现前即真而言，反的过程还是顿的色彩较浓。这可以看作他返本还原论的一个基本思想，即当下即是。

另外，熊十力对本心不被发现的原因作了分析。他说："吾人生活内容，莫非习气。"②甚至还认为，宇宙万法莫非习气，习气即可谓为生命。这与他将翕看作恒转之反势有关，翕是物化的方面，物质方面都被他看成与本体恒转相反的运动方向，而只是幻相诈现，自然均属习气的范围。就这一点看，个人的现实存在就是染污的存在，就变成了染污法中含藏清净。但是，他同时认为本心的流行又必须在此种染污法中。即本心虽然有固有的灵明知觉，但依根取境，而乖其本。本心要凭借根门而始发现，但在这个过程中不免被反主为客，追求外在构画境界而丧失自我。他说：

> 原夫本心之发现，既不能不依借乎根，则根便自有其权能，即假心之力用，而自逞以迷逐于物。故本心之流行乎根门，每失其本然之明。是心借根为资具，乃反为资具所用也。而吾人亦因此不易

---

① 熊十力：《新唯识论》，中华书局1985年第一版，第45页。
② 熊十力：《新唯识论》，中华书局1985年第一版，第461页。

反识自心，或且以心灵为物理的作用而已。①

　　这说明本心的显发是要借根门，而根门本身又必然受习心影响，所以本心的流行就失其本然状态，反为资具。这与以翕成物一致，就恒转运动而言，辟是刚健不物化的，是顺乎恒转之势的，而恒转又不得不表现为与之相反的动势，即翕，而呈现物化之态。可以说是一个运动趋势中的两种互相矛盾的辩证方向，本心流行于根门也是如此，本心的呈现既然要借助根门，则似乎必然要借助习心彰显，成为本心最后直下证得的一个步骤。如此看，本心是本然的，而习心也是必然的。根据一元论本体推导，两者都属于本体之用的不同方面而已。所以，正如虚妄唯识系面临如何由虚妄的阿赖耶识保证净法产生的必然性，保证成佛的必然性一样，熊十力也面临如何解释从净法生染法的困难。既然心借根为资具而反为资具之根身所用，那岂不是说明了本心的超越性能动性不足吗？对于从净法产生染法，从本心产生习心的情况，熊十力最后只能说众生一向习心用事，而无法再往前追溯。

　　虽然如此，熊十力坚持返本，力证本心固有，本心即本体，有其原因。在修养上的侧重点来说，就落实到主体的能动性的张扬上。实际上是突出主体修证过程的主观动力，突出性智，他引用孟子的求放心一语，说：

　　　　问：放心如何收？

　　　　答曰：知放之知，勿令私欲起而间断之，便是收。不是别用一心来收此心也。如慧海被马祖提撕，习心偶歇，而本心之明，乍尔呈现。却恐妄习潜存，还障本明。②

　　放心，就是在自心上自我收摄，自我主宰，则本心能乍然呈现，而修行才始成为可能。本心呈现之后，要通过修行而断除妄习侵扰，这就是保任此本心的工夫。保任他认为有三方面，一即保任此本心不被惑染

----

① 熊十力：《新唯识论》，中华书局 1985 年第一版，第 549 页。
② 熊十力：《新唯识论》，中华书局 1985 年第一版，第 553 页。

障蔽，二是保任的工夫就在于随顺本心而存养本心，在生活上依赖本心作主，三是顺本心的运起而言，不能起妄念或他意把捉本心。第三个说法其实与第二个说法相关，从顺乎本心而言，自然不能用妄念再来主宰本心。而这种情况的存在，又是因人往往随躯壳起念引起的，所以简单的概括起来，保持本心的自明自觉，守护本心，涵养其性，顺乎本心，这是本心呈现之后修行的基本工夫。工夫即保任而已。

具体说，如何顺乎本心，保任本心呢？熊十力又结合修学来说明。他说：

> 盖人生本来之性，必资后起净法，始得显现。虽处染中，以此自性力故，常起净法不断。依此净法，说名为学。若向外驰求，取著于物，只成染法，不了自性，非此所谓学。故学之为言觉也。学以穷理为本，尽性为归。……今略举二义，以明修学之要。一者，从微至显。形不碍性故，性之所以全也，本心唯微，必借引发而后显。……二者，天人合德，性修不二故，学之所以成也。[①]

本心顿现之后，还要经过后起净法，始终修行才可以保任不已。保任的工夫通过学来强化。学的含义是穷理尽性，以穷理为本，尽性为归。穷理，这是加深对本体的认识，不断反求本心之理，而尽性，就是保任个体身心修养之性，属习德的方面，将善言善行践行不断，使善性得到障显。他又解释了学的两方面，一是从微至显。这是对本心本性与个人关系的进一步解释。就性而言，性是人所以生之理，而人有形气之躯，这个形气之躯虽与性不相似，却是性之显发的场所，形气之躯中还有辟的作用隐为主宰，这就是熊十力说的从微至显。这个辟，就是本心，他形容为一点真阳，这才是生命本身。它隐藏在形气中，至微却运而不息，正如金在矿中，一旦善习力用增长，则主于形而显发出来，全体顿现。二是天人合德，性修不二。他引用《易》之所谓继之者善，成之者性，学之所成就在于性修不二。全性起修，这是继的方面，全修在性，则为成。这是一个问题的两方面，就人来说，人之所以可修可为人，就在于

---

① 熊十力：《新唯识论》，中华书局1985年第一版，第621～622页。

本体不离人而外在，本心固有，所以人顺乎本性而起修行工夫是依本性而起修，是天命所赋予的善德。就本体而言，全修在性，修行之功在依性起，是本体对人的成就，赖于本性固有，非后天个人对本性的增益，是天道之成就人道，天人不二。一为人力，二为天命。人之本性就是弘道，在儒家言修行则为率循五德，在佛家言则勤行六度。虽然道不远人，万物皆备于我，但还是靠后天修行来持守本心。"五德本性具之德，其用必待充而始完。六度乃顺性而修，其事亦遇缘而方显。"① 但就五德和六度而言，熊十力认为六度多重在事相上，不如五德尅指本体，突出天人合德的一面。最后他引用禅家所谓一念迥机，便同本得。总体来说，顿悟当下即是，反求内心则良知炯然呈现，同时后天不断创起净习，保任此心，为学不已，性修不二，则可以成就天道。

由此也可见，他对个体修行主观能动性的强调是建立在天人不二，性命合一的基础上。就本心即性，性即天道而言，个体之所以能反求实证而相应于本体，就在于本体之赋予人，本体对人的成就。本体大化流行，"引而不竭，用而弥出"②，主宰于人，所以本心的呈现，净习的创起可以说都是本体流行发用。而就后天创起净习，不断精进，顺固有之性来勤修五德六度来说，这也包含了后天闻熏工夫。

所以，对于闻熏修证的方法，他认为应建立在本性固有，本体内在于人的基础上，本心呈现之后，正闻熏习才有据可依。他和吕澂之间就修证从闻熏入手与否的问题展开过争论。在《新唯识论》语体文本末卷他再次提及对吕澂鹄悬法界之说的看法。

他首先承认返本之说儒释皆有，但闻熏入手与返本入手效果不同。吕澂所谓："鹄悬法界，穷际追求，而一转捩间，无住生涯，无穷开展。庶几位育，匪托空谈。若云反本，恐起自足于己之心，便已毕生陷身惰性。"③ 他却认为，自心即法界，不可把法界看作外在之物高悬，自性清净具足万德，非由外铄。所以应该先自识本心，然后依此本心才能多闻熏习，净习才能生发起用，不然则有四害：

---

① 熊十力：《新唯识论》，中华书局1985年第一版，第623页。
② 熊十力：《新唯识论》，中华书局1985年第一版，第623页。
③ 熊十力：《新唯识论》，中华书局1985年第一版，第581页。

真性无外，而虚构一外境，乖真自误，其害一。追求之勇，生于外美，无可讳言。外美之情，犹存功利。恶根潜伏，乌知所及，其害二。反本则会物归己，位育功宏。外美则对待情生。祸几且伏，如何位育，其害三。外美者内不足，全恃追求之勇为其生命，彼所谓无住生涯，无穷开展。虽说得好听，要知所谓开展者，只恃外美之情，以鼓其追求而已。毕竟虚其内，而自绝真源，非真开展，其害四。①

这四点批评，实际上前提是以法界为外在，所以是向外追求，而没有内自我主宰。所以才会有外美、功利、恶根随之而来。主要症结在于熊十力认为不能将本体看作外在事物追求。但是，这与吕澂所谓鹄悬法界并不矛盾。吕澂认为法界非外在，鹄悬也不可理解为就是一高高在上的事物。净种的习成乃为增上，不是纯然外铄，则无漏种先天寄附于阿赖耶识中是习成的前提。返本并非不可，但是在佛、圣才有返本可言，才有佛心可印，凡夫俗心又如何可以格量圣说。就闻熏修证来看，无漏心是因，而非已得，所以自然不能反之即成，非熊十力所谓当下顿得。凡夫位无漏心从来没有现行，如何可言本心呈现。对于本心呈现与后起修行之间的顺序双方各执一词。欧阳竟无早在1939年《答陈真如书》中对熊十力来函陈真如信中所谓"涅槃只是常、乐、我、净，此是自己分上事，自明自见"②表示不满，所谓自明自证，在欧阳竟无看来，乃误解佛家修养的根本大意。他说：

涅槃所显得，菩提则所生得。生得一分菩提，即显得一分涅槃，涅槃必待菩提而显，故必发菩提以显之。③

吾辈皆毛道凡夫，当急求初渐次加行智境界法门，若侈谈无所得，或窃取有所得，非方广道人，即顺世外道，于生死大事何曾涉

---

① 熊十力：《新唯识论》，中华书局1985年第一版，第581~582页。

② 王雷泉编《悲愤而后有学——欧阳渐文选》，上海远东出版社1996年第一版，第332页。

③ 王雷泉编《悲愤而后有学——欧阳渐文选》，上海远东出版社1996年第一版，第327页。

着一毫，此可欺人或自欺耶？①

故凡夫觉悟即在率尔心上久久缘习，引发无漏法转有漏为无漏，岂可开口即谈地上菩萨境界的无所得无分别心，这也完全是从唯识学的修证立场入手批评熊十力返本之论。

与欧阳竟无所谓生一分菩提显一分涅槃相类，熊十力也说："性觉显发一分，则客尘可去一分。"② 他引禅家为例，认为宗门直澈真源，一念迴机便同本得，与吕澂所谓委身性情，禅悦飘零形成鲜明对比。但他辩解说这种情况只是禅宗末流，不能以此完全否定返本之学的作用。至于委身性情而未必能证得本体的疑虑，他也承认个人很容易受形躯所使而使习心用事，但相比较外铄的危害而言，则必须先承认本心固有，修行才有资具。陷于性情固然未必会证得本体，而将本体推向外在，则无所本，既无所本则更谈不上实证相应。而且识得本体之后并非就可以废弃修行，"孰谓一旦悟入自性，便可安享现成，无所事事哉！"③ 就此而言，熊十力是主张先顿后渐的，在良知顿现，本心当下即是之后，善习善行要不断养护本心，这才是闻熏修证的工夫，他认为闻熏修证必须在识得本心之后，方才有方向有主宰，这与他主张性智主导量智，量智服务于性智保持一致。

现在可以将闻熏修证和返本还原的修养工夫图示如下：

闻熏→无漏种现行→闻熏
返本→见性→保任本心

可以说，闻熏的基础在于无漏种本有，返本的基础在于心性本具，均不能说没有来源没有依据，作为先天修行根据的种子、本心都是前提条件，只不过双方对于种子的现行、本心的呈现的理解不同。呈现可以理解为种子的显发而尚未成熟，因此呈现之后还需要不断闻熏。呈现也可以理解为当下即是完全获得，但获得之后仍要不断保任的工夫。可见

---

① 王雷泉编《悲愤而后有学——欧阳渐文选》，上海远东出版社 1996 年第一版，第 329 页。
② 熊十力：《新唯识论》，中华书局 1985 年第一版，第 582 页。
③ 熊十力：《新唯识论》，中华书局 1985 年第一版，第 585 页。

不论闻熏还是返本，呈现之后的不断修行，精进不已都是必需的。可见两种修行方法的差异主要还在于对闻熏和返本中的顿渐过程理解不同。当然，过于强调从染生净或者过于强调从净出染都有困难。无漏种子如何可以寄附在杂染阿赖耶识中，本心既然固有又如何需要借助根门而习心用事，这都是问题。关键在于修行中哪种方法对众生来说更加符合自身情况。

就熊十力的返本还原说而言，他一方面对禅宗大加赞赏，在顿现本心上与宗门接近，但另一方面他又觉得菩提心的说法太神化，净种的发现毕竟困难。所以，虽然他在妄念障蔽本心上与禅家一致，但他主要还是从本心与现实人心合一的角度着眼，习心也属于本体显发的一面，就本体非外在于人而言，修行工夫实自本体出，性修不二才成为可能。而菩提心与现实人心不能用不二、合一这样的模式来概括。菩提心、种姓说都是从成佛之因而言，没有本体意义。熊十力的返本还原还是从性修不二着眼，从性即本体立言，但他对具体如何返本、如何还原的步骤没有更为深入的交代，而仅仅停留在对为学的强调，对本体认识的重要性，使得他的返本还原论多少缺乏了实践可操作性。

第三节　《新唯识论》修养论之发展

由性智说发展而来即是突出个体对天道的体认，突出对本体的认知是一种特殊之知，又突出这种知的特点是觉，并且是个人先天本有这种觉心。而由量智说的发展即开出对理智知识、世俗知识的认识部分，特别是融入了佛家遍计所执性来说明这种知识是一种执。而修养工夫上相应于性智统摄量智，则仍是以儒家传统心性之学中自明自证，返本还原为主。在唐君毅、牟宗三那里同样顺着这两方面，既区分了性智与量智、理智与超理智，本体之知与世俗知识，同时还力图通过对世俗之知的论述确保科学知识的地位，将认识论的区分放入回应西学的更为广大的视野中。

一　唐君毅的“无定执而自超越”论

与熊十力对体认的强调相同，唐君毅将体认、觉悟本体的返本修养方法发挥到极致。他的哲学理论核心就是围绕个体生命存在的心灵境界活动展开的，这个心灵活动本身即是一感通而内觉的活动过程，就是一个本心不断体认本体，上达天道境界的过程，通过心境感知而不断修养身心，构成唐君毅心境感通活动的修养内容。而除了继续强调对天道的体认这一点外，在对佛家执的含义的运用上唐君毅保留并发展了熊十力对遍计所执性的诠释。同样在知识论层面以遍计所执性保住知识的地位，肯定知识、客观事物的认知活动是通过个体之执来完成的。把遍计所执扩大为对我执、法执的阐述，并且通过对执的论述解读了华严的理事无碍、事事无碍，来处理科学知识与本体之知的关系，可以说是融唯识与华严为一体。对心境感通的强调构成他继承熊十力体认说、性智论的方面，而对执的运用，对理事、事事关系的解读构成他补充量智的方面，在为科学知识保留地位、确立知识与本体关系上他开辟了另外的道路。对心与境的双向强调表明，唐君毅不仅保留了性智、体认本体的儒家传统心性之学的特点，而且注意开发境界层面的知识论意义，特别突出境对心的反作用，以佛家之执的观念阐发科学知识的地位和重要性，将理与事结合起来，将中西文化及各门学科领域都涵摄在心境感通的九个境界中，体现出极大的包容性。

首先，就心灵感通的自觉自明看，唐君毅肯定生命存在本质的心灵活动是自明自觉的，这其中含有一超越意义的认知主体，这也是与本体合一的主体。他描述为一内在超越的灵明，这个灵明是人可以超越生死，由超越客体到超越主体，到完成超越主客二元对立的根据。它可以降于此世界中，也可以从世界中超离出来，当个体回归内心，脱离外在事物束缚时，即可照见有这一内觉而灵明之体，这才是心灵的本质，又称为心灵的本性或理性。理性一词在唐君毅那里特指至真无执而与心灵相应。同样也是肯定理性并借助理性逐步使认知能力加强，促使心灵境界不断提升进化直至最高境界。而生命存在的心灵境界的逐步提高既与理性认知能力的提高有关，还在于这种内在的主体性的超越的自觉灵明，这种自觉灵明是知、情、意的统一。包括超越的认知、会悟，超越的感情、超越的意欲和信念，将个体生命存在本质与心灵内觉、认知世界结合起来。所以，心灵活动是一种自明自觉的活动，"一切生命心灵之活动存于自觉的心灵中"①。而个体之间的境界差异就在于能否自觉此灵明之

---

① 唐君毅：《生命存在与心灵境界》下册，台湾学生书局1986年第一版，第440页。

心，各人自觉程度的不同，而造成境界的不同。而自觉程度的差异，又与个体所受外境影响有关，对于外境的种种认知程度的差异影响了各人对自觉灵明的认识。这就涉及到如何破除世间之知中的妄的成分而达到真知，实现超越的会悟。

在对世间之知的分析上，唐君毅借用了佛家的执的观念。他认为佛家对世间之知当中主客对立有自己的一套破解方法，即通过破除我法二执来消解主客二元，这是佛家诸法平等的特色。佛家所谓破执观空，即在破一切我与非我，一切法的虚妄分别执着。其中，对我之执名为我执，对非我或不视为我的其他事物之执名为法执，我执和法执就概括了世间一切法的种类，在他看来，我执可视为主观自我之执，法执即客观存在事物之执，合起来就是破除主客观两方面，达到无主客对立、无主客分别。而比较确立一神信仰根本的其他宗教的解决方法而言，佛家对我法二执的破斥不在于建立一个客观存在的神或异于己的他我，这都仍然是增加我执而已，是以一客观的我执代替主客我法二执罢了。佛家则破除一切主观人我执与客观法我执而使心灵自身内觉自明，超于主客观之境。这是直接就心灵上泯除主客之分，而非通过确立他者这种外在形式。用佛家的话说，即去除分别心，达到无分别境。但是，就分别心的根源上，唐君毅做了自己的解释，他不是从无始无明出发，而认为能去除分别心、破除我法二执之可能在于我法二执并非先在于心灵中，即他以执为后起。"人之心灵生命之原始活动，乃一感觉情意执活动。在此人之感觉情意活动中，人有所感，初不知有人我执分别，亦未形成概念判断"①，人在感觉活动之初并无人我分别，他称为世间现量境，这是众生位上的现量境，所以难免含有分别我执的种子潜伏于阿赖耶识中，于是有种子受到熏习而现行，即有知解判断，在人运用概念判断、分别事物时，即有了差别观念，即区分何者为我、何者非我，并且人贪执于自我生命，排斥种种非我。所以人有种种烦恼俱生，其实也就是对世间事物的周遍计度，思量而看为实有。

因此，虽然执的产生是个体认识活动开始后不可避免发生的，但用概念思维分析并非即等于分别我执，概念思维分析本身有可取处，他并

---

① 唐君毅：《生命存在与心灵境界》下册，台湾学生书局1986年第一版，第177页。

不否认认知活动的合理性。并且在"用概念以判断之事之中，亦有思想活动之超越性与思想活动中之善之表现"①。就认知活动中的种种概念分析判断更迭活动而言，也同样有屈伸、隐显、进退的种种差别，其中既有妄执，也有真知。而他与佛家之别就在于他认为佛家在众生现量境即否认众生心灵中有一无分别我执之善。而他强调在人选择并更迭运用概念认识事物的过程中，人之所以能不断认识事物，即在于人的心灵有内自觉。而认识事物的过程就是从概念的由显而隐，由伸而屈，由进而退，以至概念判断自归于寂的过程。于是最终能达到对事物的无分别之知。这就是心灵自身所具有的善性，所以是以善主导心灵，而非以执主导心灵。并且就个体间的感通而言，人能感通他我，能在感通活动中认识到无我与非我，与他者同情共感，这说明有善的流行，是普遍而先在的，这才是生命中的原始性情，即仁心。

如此，由对认识之执的分析就过渡到对执的肯定。执固然是有对立有分别的，却是认识活动中必要的。并且这个执是在善的统摄之下，概念的隐退伸进都在个体心灵感通活动掌握之中，这就肯定了生命心灵活动本身的正面价值。他说：

> 佛家言我执法执，为一切罪恶与染污之本。此执之原为俱生我执者，必与生相俱，此生命之自身即所执；然此生命之自身，非即是执，亦不必即不善也。②

就生命活动最终能完成自我认识，达到超越境界来说，这即涵具一"无定执而自超越"的原理，又称为道，这是个体与道的呼应，所以对生命存在的内在超越价值是不容否定的，这是在我法执之外保留了生命存在的至善之执。因此现量境中可以肯定众生有超越之善作为心灵感通活动的保证。这就转入对儒家至善说的肯定。

> 对较佛家之义，而言人之自然生命，与其心灵之性中原有善，

---

① 唐君毅：《生命存在与心灵境界》下册，台湾学生书局1986年第一版，第175页。
② 唐君毅：《生命存在与心灵境界》下册，台湾学生书局1986年第一版，第179页。

非意在否认佛家所谓俱生我执，分别我执，分别法执之存在，而唯
在言不能据此以否认人与物之自然生命与其心灵之性之非以其善为
本。由此可见儒家所言之性善，乃第一义之本性；佛家所言之有我
执之性，乃第二义之本性。①

　　所以，佛家所谓破执只能说是对治第二义的本性之用，就生命活动
本身而言，则首先是由一超越的至善为其本质，所以人的心灵感通活动
才能自觉运用概念判断思维事物，最终达到对事物的正确认识。所以不
能以执为万物之本性，同时肯定执在认识事物过程中的作用，由至善引
导超执、化执。这是对执的正面的应对方法。而佛家的所谓破执，只是
令执不起，也就是使其寂灭，是一种消极面的解决办法，即消解执的存
在。这种办法并非见执而能超越执，只是以执为空性，将其看为幻有而
使其息灭。所以，真正的超分别应该是正面肯定它，继而超越它，即儒
家的顺第一义之性率性而尽性，顺成之教，直下超化执性。也就是根据
"无定执而自超越"之道，正面肯定个体生命存在的价值及一切世间存
在事物的价值，顺物之性而尽人之事。

　　然而，与传统儒佛之辨中扬儒抑佛不同，唐君毅对执的解读目的并
非抬高儒家性善系统的地位，而是最后站在分别说与非分别说的立场上
对各大宗教及中西文化做了判教。虽然九境当中是以儒家的天道流行为
最高境，但同时也提出了一个包容中西古今各大文化价值系统的理想，
即同一学说下的圆融观照论。就各民族文化不同价值学说体系而言，这
相当于佛家所谓的分别说，即对各种义理众说纷纭，从不同角度进行阐
释，体现文化多样多元化特点。但是，殊途同归，其实这都是同一终极
真理、同一共同理念下的不同民族文化系统所做的不同诠释罢了。这个
同一的终极说法，即非分别说，即最高教法。"一切说不同义理之语，无
不可在一观点之下成立"②，譬如佛经的一一说法似相异相反，实则是各
家各派侧重点不同，都是对同一佛陀说法做不同角度的阐释，实则均可
会而通之。以此来观东西古今哲人的众多说法也是如此，从不同的观照

<hr/>

① 唐君毅：《生命存在与心灵境界》下册，台湾学生书局1986年第一版，第160页。
② 唐君毅：《生命存在与心灵境界》下册，台湾学生书局1986年第一版，第481页。

角度而见其中似乎无可融通，实则均可相接引，只有当机成教的不同。站在诸种理论可圆融无碍的角度看，则九境虽然以儒家为最高境，但就肯定世间之知的价值来说，九境是可以相互贯通而连成一气的，这也是他对未来文化发展的构想。

二　牟宗三"智的直觉"与识心之执

熊十力的性智说与量智说的认识划分，在牟宗三那里则演化为对认知主体的两种直觉的划分，即智的直觉与感触直觉。智的直觉同性智一样，即是对本体的认识之知，而感触直觉即识心之执，相应与量智，指对现象界的认识。根据人虽有限而可无限的预设，就承认个体有两种知识，即智知和识知，前者即智的直觉所成，后者为感触直觉所成。

牟宗三认为智的直觉为中国文化所特别阐发，儒佛道三家均强调智的直觉，而智的直觉是认知主体必然有的，这才能保证自由无限心的必然性，在康德那里，上帝才有智的直觉，人没有，所以物自身是人无法认知的。牟先生认为必须肯定人有智的直觉，人能认识物自身，物自身才不会落空为一纯逻辑概念，而具有一定的价值意味。同时这是道德律成为一必然的要求，必须肯定智的直觉，人才有自由意志，自由才不仅仅是一设准，并且智的直觉是个真实的呈现，这完全继承了熊十力的性智说而发展，充分肯定了个体对天道的体认面。

智的直觉，也就是自由无限心的明觉作用。智的直觉就是无限心的作用，"吾人说智的直觉朗现自由就等于说无限心底明觉作用反照其自己而使其自己如如朗现。因此，智的直觉之主观活动与其所照的其自己之为朗现之客观性是一"。① 所以智的直觉是一种觉体内证、自证、反证，又可说为知体明觉的自我感应，自身反照自身，又称为"逆觉体证"，是本心自我之自证自省，知体明觉自身所发之光，"此光返照知体明觉自身是如如地朗现之，故此智的直觉无杂多可言，其所朗现而给与于我们者只是此知体明觉之自身"。② 这里首先是肯定本心为一内觉之体，突出觉性，因牟先生认为道德意识、道德情感应为一种觉情，自由才不仅仅

---

① 牟宗三：《现象与物自身》，台湾学生书局 1990 年初版，第 61 页。
② 牟宗三：《现象与物自身》，台湾学生书局 1990 年初版，第 102 页。

是一设准而成为一朗现。就能觉而言，才有觉体自明而朗现，所以智的直觉就是本心自体的反观内证，内觉，是对本体的认识，所以说是一种智，而就其为一觉情又是知体自证而言，是当下呈现的，故说为一种直觉。智的直觉具有先天必然性，因它是由认知主体所发出，是觉体自证，必先肯定为人所本有，本体才可以被认识，这就充分肯定了个体对天道的体认具有必然性。

就佛家看，佛家的智的直觉即般若智。般若智是如实观空的智慧，是成佛过程中所修证的，所以与一般世间智不同，观缘起中道而不执于空，适化众生而不染尘累，虽有所知而无能所分别相，即无知而无所不知，是在观空及缘起如幻中朗现的，所以非一般世间的识知。而般若智的圆照即是在一切缘起诸法中如僧肇所说寂而恒照，照而恒寂，独觉冥冥。在圆教下则是智具三千，一念佛心智中朗现三千世间法，而成为佛心智中的自我活动。这仍然是突出修证主体的体认面。

就识知而言，识知即是由识心之执所得的世间认识。就智的直觉来说，这是对物自身的认识，在智的直觉自觉内证中，并不能得出对世间事物的知识，开不出科学知识，也无开出世间科学知识的必要。佛家的关注点也在于如何转识成智，而不是落在世间法识心之执上，但是，世间知识又可以在智的直觉中无而能有，智的直觉可以成全世间之知。这就是知体明觉自身开出知性的环节。即从一智的直觉的道德主体转为一认知主体。他说：

> 知体明觉之自觉地自我坎陷即是其自觉地从无执转为执。自我坎陷就是执。坎陷者下落而陷于执也。……这不是无始无明的执，而是自觉地要执，所以也就是"难得糊涂"的执，因而也就是明的执，是"莫逆于心相视而笑"的执。[1]

可见，这是知体明觉自己自觉的有意识的成就世间之知，所以说是一种自我坎陷，即自觉陷落在世间，陷于执中，就着智的直觉来转为一种识心之执，实际上与熊十力所说的辟运于翕，翕以显辟的功能类似，

---

[1]　牟宗三：《现象与物自身》，台湾学生书局1990年初版，第123页。

只不过这里更强调了主体自身的自我陷落，有意识的成就习心，识执，来完成认知主体的转化过程。所以科学知识也就因此是知体明觉的自觉要求其有，变无而能有，是就着智的直觉为无知而能成就无所不知。这与牟先生论述一心开二门和良知自我坎陷的思路一致，真如心自己虽不起染法，但阿赖耶识自身是两头通的，能随无明而流转，也可以破除无明而进入真如门，实际是如来藏法身之在缠与出缠的关系。就能认知的识心之执而言，识心之执即保证了现象界存有，也可以说是知体明觉之用，所以又名为权用，"是经由知体明觉之自我坎陷而间接地即辩证地开出者，它虽是虚的，却是客观地必要的"。① 智心与识心也就是经与权的关系。

识心之执，这个执的概念是借用佛家而来。识心即了别心，识心之执即认知心的了别作用，这就涵盖了认知事物的判断、分析、推理等步骤。由概念起判断，便是知性之执，由架构时空形式而对应建立范畴，为想象之执，随感性而成直觉，为感性之执，以时空为形式条件则为感触的直觉之执，感性本身之执依佛家说又可为现量执，总之，感性、知性，判断、推理等等，均可以用执来表示。这是牟宗三对执的概念的一种特殊运用。就佛家的执而言侧重从心理学意义阐明烦恼识心，将执作为一个心理色彩的词，而牟先生认为还有逻辑意义的执，即所谓逻辑上的置定，如此则有知识上的执。

就此安排科学知识，则科学知识为遍计所执性的范围，与智的直觉相比，科学知识即成为一种执。因科学知识的成立需要范畴决定、需要抽象作用，而感性、知性及由此而成的知识就应该属于八识范围，其活动即是一种执着。而以对科学知识的肯定出发，牟先生认为应该承认科学知识也有相当的谛性，不能仅仅说为俗谛，就俗谛而言俗谛的幻有也不是可有可无的，而是真谛必然安排有此俗谛。他特别以不相应行法为例，指出唯识宗的不相应行法中有时间、空间、数目等不与色、心相应，而数目、时空这些概念其实就是康德所谓感性之形式的时间空间及法则性的概念范畴，这些形式与概念在佛家即属于不与心相应，又不与心所相应，是分位假立，这自然是一种执。所以可以把科学知识中的范畴决

---

① 牟宗三：《现象与物自身》，台湾学生书局 1990 年初版，第 129 页。

定部分看作执。而以佛家的立场说，科学知识在菩萨道不舍众生的方便中是可以保住的，在佛菩萨大悲心中可以有谛性的执着，即自觉从法身陷落下来开出随顺世俗的科学知识，这就与前面所说的良知自我坎陷、知体明觉的自我陷落一致，说明科学知识的无而能有通过智的直觉来保证。熊十力也是通过遍计所执来思考科学知识，安排科学知识在形上系统中的地位。但是，也可以说，这种安排是在一定时代背景下的产物，是应对西方科技文明的兴起而在哲学上做出相应的思考。以圆教、本体存有的形式来安排内圣当中的外王学，将科学知识作为一种俗谛、遍计所执性来看待，以心性学统摄识执，以智的直觉这种超理性超世俗的本体之内觉来说明遍计所执的识心之知，本身仍是抬高心性学地位来说明儒佛道的传统智慧与科学知识并不冲突。

综上所述，修养论上的闻熏修证还是返本还原仍然是悬而未决的问题，这取决于不同的心性论和对众生根机不同的说法。通过以上的分析看，双方各有优点，在宗教修行中必不可少。而熊十力对返本还原的强调在于他力图说明个体对天道体认的特殊经验，他以性智为本体之发用，性智即肯定了人能够认识天道，天人合一，突出人的超越性和内在性兼具。与传统儒家的这种本心即性、性即天道的认识不同在于，在性智之外他还提出量智说，以量智来肯定现实理智知识的重要性，这就保留了闻熏修学的地位。在量智方面他充分发挥了唯识学对遍计所执性的描述，指出遍计所执之执即是向外求理，而科学知识即源于这种识心之执取外境，探求外物。他根据佛教的二谛说，以性智为对天道的体认，这是胜义之知，相当于佛教的般若智，而量智为理智知识，世俗之知，即俗谛，这两部分合起来构成人的认识全部。但是，就性智与量智的关系看仍是彻底一元论的思路，即把量智统摄于性智下，科学让位于形上哲学，突出性智的崇高性和道德意识涵养的优先性，突出德性之知优于见闻之知，体认优于习得。

这一特点完全为唐君毅、牟宗三所继承。他们同样强调遍计所执用来肯定科学知识的地位，以执来说明现实见闻之知，而同时强调个体对天道的体认的优先性。科学知识只不过是良知的自我坎陷，同样是一种一元和合思维，也同样体现出他们对个体的内在而超越的强调，正由于个体是可以即内在而超越，虽有限而可无限，以人具有无限性超越性而可以返本还原，而可以确保科学知识的可能，由此一切问题都可以化归到心性上的超越性来解决。但是，这种建构认识论的方式完全是从形上心性论引申来，知识仍没有独立地位。其实，从心性学的建构出发，可以设问，何以非要在存有层安排科学知识？我们可以反观西方哲学文化智慧，反观西方宗教文化理念，其中也不见得有科学知识发展的必然逻辑，科学知识的发不发展、发展的程度，与哲学形上建构之间似乎没有必然联系，不必一定要在哲学系统中安排科学地位。另外，熊十力、唐君毅、牟宗三都不约而同的延续以佛家遍计所执性来开出科学知识的思路，但遍计所执性本身是一宗教立场的价值判断，就执与不执本身而言，以此来证成智的直觉的必然呈现是可能的，但以此来说明科学知识则似乎不充分。科学知识的基础应有其物质层的客观性，不能以形上学的建构来囊括，这不应该属于形上学建构的范畴。

修养论层面，熊十力综合了儒佛两家各自的优点，但在闻熏修证和返本还原这两种方法上仍以突出返本还原为主。对闻熏修证的吸取在于提出量智说，特别注意到唯识学遍计所执性对现象界理智知识的保留，开出民主和科学应有的地位，补充了儒家对知识层面重视不足的缺憾。另一方面，量智服务于性智，《新唯识论》主要突出性智说，即在修养上突出个体对天道的体认，仍是回到返本还原的修养路子。结合他对性智说的强调和对量智说的划分可见，熊十力吸取了佛教修养论中的闻熏修证说，归纳出闻熏修证也可以作为一种对天道体认的补充，但突出个体对天道的体认，返本还原仍是他修养论的重点。

第六章　儒佛会通与儒佛之争

以上是对《新唯识论》文本内容的分析。然而，对《新唯识论》儒佛会通思想的认识和定位还应该包括对其同时代批评者意见的考察，从思想史的角度认定其价值。这就需要对《新唯识论》做全局性反思，大致以内学院及佛学界太虚系的意见为代表，因熊十力对这两系对他的批评均有所回应，在回应中其门下弟子也发表了维护师说的观点，由此构成儒佛之间亦宗教亦哲学、亦理论亦门户的意见之争。基于对争论各方的综合评价和对《新唯识论》会通思想的认定，可以此总结这一会通模式对宗教对话的启示。

第一节　熊十力与内学院的往复论辩

《新唯识论》文言文本一出，立刻引起欧阳竟无及其门下内学院诸人的驳难。影响较大的是刘定权、吕澂、王恩洋三位的批驳。

第一次辨难始于 1932 年《新唯识论》文言文本造出，内学院刘定权（字衡如）率先作《破新唯识论》，并刊登在当年 12 月《内学》第六辑，欧阳竟无亲自作序，谓熊十力灭弃圣言量，乃愈聪明愈逞才智，愈弃道远，明确表示对《新唯识论》的反对。熊十力次年二月即写出《破破新唯识论》以答刘定权，坚决维护己说。此后欧阳竟无在 1937 年 4 月的《答熊子真书》，1939 年 7 月的《答陈真如书》《再答陈真如》书中也发表了对熊十力《新唯识论》的一些看法。

熊十力与内学院门人的第二次争论起因于 1943 年欧阳竟无逝世，吕澂致信熊十力商量悼文事宜。而熊十力回信附上题为《与梁漱溟论宜黄大师》一文，对其师欧阳竟无的学问从闻熏入手表示遗憾。并在回信中自称侍师日浅，思想又不纯属佛家，"即为师作文，恐难尽合"[①]，况且

[①]　萧萐父主编《熊十力全集》第八卷，湖北教育出版社 2001 年第一版，第 421 页。

悼文纪念等时俗恐与欧阳竟无大师之名不合，可免阿谀之词，切勿效仿云云。吕澂即回信维护尊师，双方就闻熏入手展开来往书信争论，其中熊十力紧紧围绕其《新唯识论》旨意辩驳，显然借闻熏修证工夫来发挥其《新唯识论》改造佛说之意，以续第一次争论中未决之疑难。而吕澂则站在唯识学的角度批评熊十力返求实证说，将其归入《大乘起信论》等伪经、伪论非佛说之一流，将批评范围扩大到对中国佛教如来藏系的台、贤、禅三家，大有非唯识学不得为佛说之势。

第三次则是在 1944 年《新唯识论》语体文本造出后，王恩洋阅其《新唯识论问答》而概论其思想，于当年 6 月即作文评议其不当，对《新唯识论》语体文本的流行表示担忧。可谓接续前两次内学院门人对熊十力批评未完之志。而熊十力对此文未作明确回应。

一 《破新唯识论》与《破破新唯识论》辩难

首先，刘定权对《新唯识论》的思想定位是"杂取中土儒道两家之义，又旁采印度外道之谈"①，并认为熊十力对唯识学"顺者取之，违者弃之，匪唯弃之，又复诋之，遂使无著世亲护法于千载之后，遭意外之谤"②。刘定权所坚决反对的就是熊十力杂合外道与诸家学说来融合佛学，又任意改造唯识学的做法。更重要的是，刘定权认为熊十力的《新唯识论》诋毁了无著世亲所传护法的正统唯识学，出于对护法唯识学的维护，故《破新唯识论》不得不做。

《破新唯识论》对《新唯识论》的批评主要从以下几方面入手。首先是对熊十力的"新的唯识论"思想体系的批驳，其次是对《新唯识论》中批评护法唯识学的不当之处进行回应，说明熊十力对世亲护法唯识学的错误认识，指出其谬解佛法处，最后针对熊十力自身理论中对佛教概念运用的错误进行释难，说明《新唯识论》无法自圆其说。

《破新唯识论》首篇破计部分就是对熊十力《新唯识论》体系的批驳。前四个部分包括破一元本体论，破众生同源说，破宇宙一体论，破反求实证的工夫论。前三部分是一个整体，主要围绕对熊十力一元论思

---

① 熊十力：《新唯识论》，中华书局 1985 年第一版，第 212 页。
② 熊十力：《新唯识论》，中华书局 1985 年第一版，第 213 页。

想的批驳。众生同源、宇宙一体，最后都归结为对一元论本体的认定，这是一个问题的不同表述方面。破反求实证则从工夫修养论上说明其理论的不可行。

刘定权指出，熊十力自己尚言世之为玄学者妄构一元、二元、多元等论，但自己也与玄学家为同一流，构建一恒转功能一翕一辟成天地人物，宇宙生生不容已之大流即肇端乎此恒转之功能，故认定熊十力为一元论。不仅如此，熊十力还认定护法的非一元论为谬，这就引起了刘定权的大不满。刘定权以圣言量为据指出：

> 诚如熊君所言"护法之立功能也，固不以众生同源，宇宙为一体"。匪唯护法，三藏十二部经中，固未尝有"以众生同源，宇宙为一体"之说也。①

说明熊十力以功能为一元，而众生与此同源，宇宙由此一体的诸种主张是没有佛典根据的。其实，对唯识学功能义的改造是熊十力建立其一元论的翕辟成变说的第一步而已，功能一词在熊十力那里变成了对唯识学概念的一种借用，同名而异义。而对众生同源、宇宙一体的反驳，刘定权主要用归谬反问法。即按熊氏之说姑且举例，由例证推导出其自身不能自圆其说，自语相违。如破众生同源中说：

> 万有皆资始乎功能之一元，何以天得之但以成天而不成地与人物？广说乃至何以物得之但以成物而不成天地与人？②

又说：

> 且彼功能之一元，既能成天，则应随时随处皆唯成天。③

破宇宙一体中说，若宇宙一体，则

---

① 熊十力：《新唯识论》，中华书局1985年第一版，第214页。
② 熊十力：《新唯识论》，中华书局1985年第一版，第214页。
③ 熊十力：《新唯识论》，中华书局1985年第一版，第214页。

一义其体浑然，不应于一方处两物中间有间隙事……如何可于此一处有至有不至，于其中间见有空处？又此一义亦应无大小物之别，水虫细物与彼粗物同在一处量应等故。若谓此彼之别但由相故，则定应许此差别物展转分析成多极微，此相方分故。故彼所执一体不成。①

如此反驳处还有很多，但从这些反驳看，刘定权对形上一元论的认识是模糊的，他对体的概念的认定也夹杂着不少误解，纯粹从形式逻辑的角度将哲学中的一元、体字做实物观，这是促使熊十力立刻撰文《破破新唯识论》的直接原因。对一元论问题，刘定权正面给出的观点是：佛教中一和多的概念具有相对性，可言多也可言一，不能绝对化。他说：

唯识所变之宇宙，无量无边，本不可以假立之分位量度之也。故此假立之一多分位，顺逆推之，皆无穷尽。②

又说：

若就假立而言，则统目宇宙谓为一体，则无不可；分指万有谓为多体，亦无不可。③

从这个结论看，说一说多无不可，熊十力的宇宙一体说在某种意义上是可以接受的，关键在于"奈何执'护法不说宇宙一体'以为指摘耶？"④，熊十力对护法的这种批评就变成了无的放矢。

对熊十力反求实证说的批驳在于熊十力宣称其实体，即本体，唯是反求实证相应，如此则其本体说即有来源，有工夫修养依据。然而，刘定权的反驳也缺乏力度。如针对熊十力说一旦反求本心，则生机油然充

---

① 熊十力：《新唯识论》，中华书局 1985 年第一版，第 215 页。
② 熊十力：《新唯识论》，中华书局 1985 年第一版，第 215 页。
③ 熊十力：《新唯识论》，中华书局 1985 年第一版，第 216 页。
④ 熊十力：《新唯识论》，中华书局 1985 年第一版，第 216 页。

之矣，自然物皆顺应天则，则何以熊又自说"北京群盗喧恼逼热"，"疾病交摧"这一点，刘定权说熊"是岂非自认物之未顺天则，生理之未流行欤？"①，将熊十力自说身体疾病交摧与反求未成联系起来，显然将哲学讨论与现实生活混为一谈，无怪乎熊十力叹为戏谑，懒于反驳。其余破一翕一辟、能习差违处也存在这种理解上的偏差，可见刘定权对《新唯识论》的思想主旨并未完全把握，有任意裁割之嫌。

针对《新唯识论》提出护法唯识学立真如为体，又立种子为体，两体对待若何关系这一问题，刘定权做了正面回答。首先，立真如为体，这在刘定权看来恰恰是熊十力自己的做法，熊十力自己以一翕一辟为真如，以恒转功能为本体，真如即熊十力所谓本体，而以真如为因缘生起万法，实属真如缘起论。但

圣说真如缘起者，但有所缘缘缘起之义。盖当正智以真如为所缘缘而生起时，能引自无漏种为因，亲生一切无漏诸法。非谓以真如为因缘，能亲生一切染净诸法也。②

则熊十力以真如为亲因生起万法，这有违因缘法之本义。所谓缘起正理，在于一切法依众缘和合而生，故因果平等，都无自性，"是故不说一法为诸法本，能生能成一切诸法"。③ 所以，熊十力以恒转实体为诸法本，能生万有，这显然与佛法缘起性空之理不合。由此说，唯识学并非以真如为因缘能亲生一切法，反倒是熊十力恒转之说有此意。第二，所谓护法立种子为体，刘定权认为，这是熊十力误解了种子义造成的。"原夫功能、习气、种子，此三名词原无差别。"④ 护法种子本义在种生现行，现行生种，种子前后自类相生，故皆是因缘，皆待缘生，"岂但以功能为能生之因，现界为所生之果耶？"⑤ 万物皆从种生故皆是缘起，在刘定权看来恰恰是诸法无自性的绝好证明。而熊十力对种子说的误解恰在

①　熊十力：《新唯识论》，中华书局 1985 年第一版，第 220 页。
②　熊十力：《新唯识论》，中华书局 1985 年第一版，第 221 ~ 222 页。
③　熊十力：《新唯识论》，中华书局 1985 年第一版，第 222 页。
④　熊十力：《新唯识论》，中华书局 1985 年第一版，第 227 页。
⑤　熊十力：《新唯识论》，中华书局 1985 年第一版，第 223 页。

于不理解唯识学的体的含义。由此刘定权指出,体用之名的意义有中印不同。中国体用之说固定,而印度则不固定。所以,唯识学中称种子为体之处只是泛指法体,非玄学中与现象相对的本体概念。若不了解唯识学的体的含义,则难免会产生以种子为本体这种谬解。

至于说两体对待若何关系则更是无稽之谈。刘定权指出,护法未立功能为现界之体,更未尝以真如为生成万物之体,熊十力处处以一法为先物之实体,不承认缘生正理,故对护法依缘起说诸法无自性视而不见。而这一切都根源于熊十力对缘起性空的歪曲。又熊十力认为轮回业报理或亦然,又在他处说或为定论,闪烁其词,故其对佛法因缘大义的解释就矛盾丛生了。业报说的或然或定论说也是其他方家批评熊十力的一个共同之处,这与熊十力的思想认识转变有关,也是他最终从佛转向儒的一个关键点,前面已经分析过,正是由于他对佛教业报轮回说的怀疑,最终导致他摒弃了业报说,转而创立生生大德宇宙流行的一元主宰说,走向融通儒佛之路。

其他还有针对熊十力理论中对某些佛教概念的释难,包括熊十力认为无著立八识不与与诸法平列不妥,心心所二分又将八识割得零碎支离等等。这些批评中,值得注意的是,熊十力对八识与诸法平列不平列的问题确有自己的看法。他认为原始佛教之初五蕴中色与识处于平列地位,而无著之后立第八识,特以唯识统摄诸法,则色与识不平列,导致了佛教发展出本体论倾向,朝唯心论方向发展,熊十力将阿赖耶识理解为一实体,故有此结论。这个观点在1933年其破刘定权《破新唯识论》之时还未完全形成,但在他晚年由其义女仲光辑录的《困学记》中才明确的表达出来,这与他在初造《新唯识论》时的想法大概一致。对于心心所二分的批评问题,源于熊十力在《新唯识论》中一以贯之地表达了对八识分立、心心所二分、加之见相二分种种唯识学体系中细致入微的概念剖析的不满,认为唯识学分析法太过繁琐。刘定权却指出,熊十力在自己的体系中是允许心心所分为多的。其所谓无量种界有种种势用,每一心念起时必有潜伏种子现起与心相应,则其"不但自许心、心所可分为多,且谓种子亦无量矣"①。这一批评抓住了熊十力自身对唯识学概念理

---

① 熊十力:《新唯识论》,中华书局 1985 年第一版,第 232 页。

解的一些矛盾。熊十力晚年在《五蕴与八识及种子义》中明确表示，见相四分说若活讲也有理据，种子说也可活讲，只是不需要将种子析成各别粒子。实际上，熊十力一直比较赞同他所理解的佛教初期所说的种子义，即一种潜在的势用，并自认为与唯识古学较为接近。而他反对的是护法将种子微粒实有的做法。故在刘定权所破的文言文本《新唯识论》中确实存在这个问题，可以说，熊十力是在概念分析的细致处反对护法唯识学，但在对这些概念含义的大体运用上还是保留了唯识学的色彩，并未完全抛弃唯识学的全部内容，如何活用唯识学理论来创造自己的思想体系，这才是熊十力所思考的核心问题。

反观《破破新唯识论》，熊十力一开始即对刘定权说他"顺者取之，违者弃之，匪唯弃之，又复诋之"的做法表示反对。他认为，这恰恰是他在方法论上的长处，而非刘定权所认为的短处。他说："融摄诸家，讵为吾病？"① 这就是会通儒佛的方法。在他看来，这种会通不同于刘定权所理解的随意比附：

> 自昔有三教融通之谈，吾亦唾之凤矣。其所谓融通，非融通也，直拉杂耳、比附耳。……如斯之流，公所弗尚，吾何取焉？若乃上智旷观百家之虑，虽各有条例，各成系统，而如其分理，不齐斯齐，会其玄极，同于大通。故乃涵万象而为宰，鼓鸿炉而造化，（所以异乎拉杂比附者，为其融会贯穿，新有所创，成为化学的变化故也。）同归尽自殊途，百虑何妨一致？②

所以，熊十力认为为学"必析异以尽其偏曲，必一贯以睹其大纯，知异而不知同，非所以为学也"③。他的主旨就在于用会通的方法，融摄的视野，取儒佛诸家之长，而融合成一种新的理论，弥补各家所短，自然与刘定权的理解有所不同。

其次，对一元论主旨的批评，熊十力的回应在于其一元论不同于玄学一般意义的一元论，非玄学所穷之本体，"非可看作客观独存之境界而

① 熊十力：《新唯识论》，中华书局 1985 年第一版，第 161 页。
② 熊十力：《新唯识论》，中华书局 1985 年第一版，第 161 页。
③ 熊十力：《新唯识论》，中华书局 1985 年第一版，第 161 页。

寻索之"①。《新唯识论》中所谓的一元，是方便显体而权名之，主要是从恒转功能显神用之不测，故说万物有资始乎一元，"彰其无待，假说为一，明其体物不遗，假说为元"。② "故乃从其炽然不空，强为拟似，假诠恒转，令悟远离常断。伪说功能，亦显不属有无。"③ 他还借用禅宗的话，说随说随扫，不落言诠，超言绝思，总之，他把一元看作方便施设，还等同于圆成实性。而此一元本体的内容，他以本心、真如解之。所谓众生同源、宇宙一体，实际是始于本心推出去说，非于心上增益一物，故假说本心为体，本心一体，则显示本体之流行，故众生心即一人之心，直指本心即可见体，心佛众生三无差别，故与佛理不悖。而所谓真如为体，熊十力则引用了《成唯识论》中的真如定义，所谓常如其性，表无变易，常如其性说明真如如所有性：

　　此言真如遍为万法实体，实体即无变易，在净法中常如其性，在染法中亦常如其性，不增不减。④

此恒常如故之体也同为熊十力一元本体，此为如。而于变易的染净诸法中见真如其性，则为于变易中见不变易，他借此引用慧远《法性论》的名句"至极以不变为宗，得性以体极为则"⑤，说明在纷然万象中体证真如之体，故假说有一元之体，教人返求实证，以体极为要，"即转变即不变"⑥，恒转功能即是此常如其性之体，于恒转中又有一翕一辟之运动，则是在变中见不变，即用显体。这个思路，明显就融合了《成唯识论》的真如义，但在表无变易这个环节做了方便诠解，实际是认为在用中实有万法纷然，实为在变易中见不变易，从其体用不二的思想看，变与不变虽为即用显体的关系，但实则变与不变没有了本质区别，表无变易的表字也就多余了。

　　但是，从这个引申的真如义出发，熊十力直接否认了刘定权认为他

①　熊十力：《新唯识论》，中华书局 1985 年第一版，第 164 页。
②　熊十力：《新唯识论》，中华书局 1985 年第一版，第 164 页。
③　熊十力：《新唯识论》，中华书局 1985 年第一版，第 165 页。
④　熊十力：《新唯识论》，中华书局 1985 年第一版，第 171 页。
⑤　熊十力：《新唯识论》，中华书局 1985 年第一版，第 171 页。
⑥　熊十力：《新唯识论》，中华书局 1985 年第一版，第 172 页。

以因缘说真如缘起的指责。他自认非以因缘说真如缘起，非以真如为生染净诸法亲因。他只是从变易中见不变之真如体常如其性，故在用中姑且权说为一恒转功能，非悬空一个物事为不变易之体。"功能者，即实性，非因缘"①，从这个角度来理解真如，不把真如做实物想，这是合理的。但取消因缘义，却又说恒转之一翕一辟成天地人物，则似以一生多，成不平等因。虽不承认有亲因，但毕竟难以脱离生万物之嫌。同时他也不承认真如为所缘缘，不同意正智缘如，故一方面否定因缘，另一方面难逃一因生万法的模式。若取消本体的因义，则又成一体生万物，故勉强说成真如现为万法，即变易中现不变易。最后还是落入真如缘起论中，实际上是靠近真如缘起论而不自觉。与玄学的一元本体也难以区别，其真如虽非亲因生万法，却在恒转功能中仍翕辟成变现为万法，这也因此成为诸家破熊十力《新唯识论》的主要方面。

用这一真如本体观来批评唯识种现说，则彻底表露出他不承认缘起性空之理。对于他所说的护法立真如为体，又立种子为体，两体对待若何关系，他做了进一步解释。主要抓住种现互为缘生，故他认为"种子如众粒集聚，现行诸法亦如多数分子集聚，如是而谈缘起，有立无遮，明明成集聚论"②。如此才是违背缘起性空之理。可见他仍然坚持将种子理解为如谷物颗粒的种子。而对于他自己的恒转成翕辟之变，他却说是方便显示本体之流行，能说明诸行变化之理。

至于他对种子和现行、功能与习气等概念的理解，则表现出不同于护法的新诠释。如他将护法的种子理解为用中之体：

> 护法功能亦名种子，其种子义是用义。须知所谓用者，即言乎本体之流行，状夫本体之发现。……故不可说用有自体。若许用有自体者，安得更有实体可假名真如乎？今护法等谈用并建种现为实有，复以种为用中之体，拟诸物种，类似极微。③

前面已经提到，用中之体，这个提法可追溯到欧阳竟无，熊十力对

---

① 熊十力：《新唯识论》，中华书局1985年第一版，第174页。
② 熊十力：《新唯识论》，中华书局1985年第一版，第177页。
③ 熊十力：《新唯识论》，中华书局1985年第一版，第206页。

种子说的误解可以说与欧阳竟无体用义的四重划分有关。总之，对种子说的误解导致了熊十力一方面自己在用上也承认有无量种子潜伏隐现，另一方面却不许护法唯识学种现分离，指之为用中之体，这既是对欧阳竟无体用义的发挥，又是对种现说的误读。

最后熊十力重点强调，他的《新唯识论》对护法唯识学的改造就救护法之失，并没有违背中观义，最重要的是他处处强调这种理论是他返求内心，自家体认下过一番功夫得来，贵在自得，非轻言妄论，是出于他对本体的证悟。如此一来，则所有的批评都无法反驳他自己所谓实证境界，驳难就失去了可讨论的共同基础。

总体看，两人围绕《新唯识论》展开的争论并未取得实质性进展。刘定权虽然在唯识学的关键问题上对熊十力予以回击，但由于他对这些问题的论述并不十分透彻，且在论述中又夹杂着对《新唯识论》的意气用事的歪曲言辞，并未领会《新唯识论》的要旨，这就使得他对熊十力的驳难缺乏系统性和条理性。以至于周叔迦做《新唯识三论判》，也不得不说"熊君造论，而刘君破之，刘君述破，不唯熊君再破之，余亦非之"[①]，而有《破〈新唯识论〉判》问世。周叔迦在《新唯识三论判》中分别对熊十力的《新唯识论》、刘定权的《破新唯识论》，熊十力的《破破新唯识论》做了评判，这是对熊十力与刘定权两人的争论所做的比较全面的评价，所以被称为三论判。

周叔迦指出，刘定权未能抓住熊十力理论缺陷中的要害处，而横生枝节，在一些概念逻辑上纠缠不清，不善引用圣言量。他认为，熊十力计有恒转功能、众生同源，过非在一元，而在混真俗为一谈。所以刘定权破熊十力一元本体，众生同源这些方面并未指出问题实质。又刘定权谓熊十力未能反求实证，止观双运，则近乎攻讦，非善能破。对于刘定权所谓中印体用义之别，周叔迦并不认同。他认为刘定权的中国体用义固定，印度体用义不固定这一说法并不恰当。"印度与中国不同，夫印度中国，究何所指？彼夫印度外道，执有大有胜性，对于体言，亦是固定，中国大德知一切法无自性，亦复于体知不固定，是故应言佛教与外道截

---

① 萧萐父主编《熊十力全集》附卷上，湖北教育出版社 2001 年第一版，第 48 页。

然不同。外道体用之说固定，佛教则不固定"①，所以，熊十力所谓体义与唯识学的体义的最大差别在于熊十力定执有体，体义为本体，则体义已固定，与相对用而立言的不固定所指的佛教体用义有天渊之别，实同为外道之说。

周叔迦认为，熊十力的根本问题在于错解唯识学的种子说、真如论，同时废弃因缘义，妄建本体，沦为外道。熊十力认为唯识学种子论是一种集聚说，这一点为周叔迦所承认，但种子现行的集聚义为了解释缘起，在因缘法中立如是体用关系，是就依他起立一切法，"所谓因缘者，相生为义。如彼世间，种能生果，果还成种，循环无已。是故种子即是习气之异名，与阿赖耶识，不一不异，不惟心从种生，一切现行，皆从种生。十二因缘，无明缘行。行缘识，此识即是种子识。以此识因缘名色六入受等，故名种子。又以此识从过去无明行因缘而有，故名习气。若谓非从种生，则无一切因果十二因缘等"②，所以，种现关系、种识关系无非是依他起上显示缘生的道理，若陷入佛教的名相分析中，五蕴十二处十八界岂不是将宇宙人生割裂成五片十二片自相矛盾。若在此基础上强加本体，则是横生增益谤。这一切皆"因由执体为实"③，立宇宙一体却不知体义说既不固定，则应为权变说法，不应又执定体，反批唯识有执体，遂执其一端而攻其余，才有二重本体之论。可见，以本体观解读佛教体义，是熊十力错解唯识学的根本原因。

二　《辨佛学根本问题》的吕澂、熊十力之争

《辨佛学根本问题》是后人对吕澂与熊十力之间往来 16 通书信编辑起来的总命名，最初被收录在 1984 年《中国哲学》第 11 辑中。两人往来通信本始于欧阳竟无逝世后熊十力却评价师说多从闻熏入手，甚为可惜，表达自己于流行识主宰，返本的主张。但在两人后来的往来书信中变成了熊十力借以阐明其《新唯识论》之旨的争论，与吕澂原意有所出入。故随着信件往来的增多，吕澂在复熊十力第四封信时明确表示未有

---

①　萧萐父主编《熊十力全集》附卷上，湖北教育出版社 2001 年第一版，第 82 页。
②　萧萐父主编《熊十力全集》附卷上，湖北教育出版社 2001 年第一版，第 54～55 页。
③　萧萐父主编《熊十力全集》附卷上，湖北教育出版社 2001 年第一版，第 98 页。

闲暇管《新论》事，"尊函所谓视《新论》如无物，诚是也"。① 但熊十力本身对欧阳竟无从闻熏入手工夫的微词与他在《新唯识论》中的主张是一以贯之的，故在讨论闻熏实践问题时，则自然会借题发挥其新论大意，难免与吕澂纯粹从佛学角度来探讨闻熏工夫之义有冲突，目的不同，两人的对话自然答非所问，变成各自独白。

通信内容上两人有直接交锋的问题主要有两个，一是闻熏实践或者返本还源的工夫修养问题，二是《新唯识论》所属是否为伪经伪论一流的分判。对于闻熏实践还是返本还原，吕澂首先对熊十力所谓欧阳竟无从闻熏入手做了反驳。即所谓闻熏的定义，并非如熊十力所说的外铄：

> 《瑜伽论》说净种习成，不过增上，大有异乎外铄。至于归趣，以般若为实相，本非外求，但唐贤传习晦其真意耳。②

在此吕澂提出一个根本性的看法，即熊十力完全从性觉立说，与性寂完全相反，"与中土一切伪经、伪论同一鼻孔出气"③，他从性寂、性觉说两个概念来区别印度佛说心性本净与中土伪说，中土伪说他指的是"由《起信》而《占察》，而《金刚三昧》，而《圆觉》，而《楞严》，一脉相承"④，矛头已直指尊《大乘起信论》而来的如来藏系的中国化佛教宗派。在其后的往来通信中，吕澂对性寂性觉说做了进一步解释，并深化他对熊十力的思想定位，即中国佛教如来藏系之流。而他对《大乘起信论》的全盘否定，决定了他在对中国佛教如来藏系思想的认定上与日本佛教界批判如来藏非佛说保持一致，维护他独尊唯识学的立场。

性寂性觉说，在吕澂看来，是对心性本净说的两种不同解释。心性本净在印度佛教部派时期重在强调心性不与烦恼相应，所谓心性本净而客尘所染，这才与烦恼杂染法区别开，这是人得以出离生死，修心成佛的关键。

---

① 《中国哲学》第十一辑，人民出版社 1984 年第一版，第 173 页。
② 《中国哲学》第十一辑，人民出版社 1984 年第一版，第 169 页。
③ 《中国哲学》第十一辑，人民出版社 1984 年第一版，第 169 页。
④ 《中国哲学》第十一辑，人民出版社 1984 年第一版，第 171 页。

性寂乃心性本净之正解（虚妄分别之内证离言性，原非二取，故云寂也）。性觉亦从心性本净来，而望文生义，圣教无征，讹传而已。①

而闻熏实践还是返本还原，在吕澂看来就归结为性寂还是性觉的问题。性寂还是性觉说，决定了在心性论上一则根据自性涅槃（即性寂），一则根据自性菩提（即性觉），在工夫修养上一则革兴（即性寂），一则返本（即性觉）。

由前立论，乃重视所缘境界依；由后立论，乃重视因缘种子依。能所异位，功行全殊。②

所以，工夫修养论上的重闻熏还是重返本，在吕澂看来有重大差别。而唯识学的工夫修养论当然以强调闻熏为要，其实吕澂并不否认返本之学，但返本是建立在佛心圣心的前提下，而熊十力以凡夫心为本，不过是以凡心格量圣言罢了。对于吕澂所谓闻熏，熊十力却认为此乃吕澂治经论得来，完全忽略闻熏实践在工夫修养上应有的地位，自然不能让吕澂信服。在吕澂看来，闻熏实践是凡夫修行入手最切实可行的方法，这也是他心教交参，千锤百炼所获：

唯其革新，故鹄悬法界，穷际追求。而一转捩间，无住生涯，无穷开展。……唯其返本，故才起具足于己之心，便已毕生委身情性，纵有安排，无非节文损益而已。等而下之，至于禅悦飘零，暗滋鄙吝，则其道亦既穷矣。③

这里说明了两种不同修养方法所带来的不同结果。从正闻熏习入手，则修行有渐次有步骤，转染依为净依，无漏种不断增长，最后断除烦恼习气，促使清净法身呈现。而所谓返本，不过凭凡夫妄识习心任情随解，

① 《中国哲学》第十一辑，人民出版社1984年第一版，第171页。
② 《中国哲学》第十一辑，人民出版社1984年第一版，第171页。
③ 《中国哲学》第十一辑，人民出版社1984年第一版，第173页。

浮泛空说而已。这种典型，就是禅宗末流，熊十力的所谓返求实证就没有修行依据，不过自我主宰空头滥调而已。

> 盖性寂就所知因性染位而言，而性觉错为能知果性已净。由性寂知妄染为妄染，得有离染去妄之功行。但由性觉，则误妄念为真净，极量扩充，乃愈益沉沦于染妄。①

在这一基础上，吕澂判定熊十力与中土伪经、伪论为一流，他对《新唯识论》本身并不关心，但对于熊十力回信所作的反驳，在他看来则与尊《大乘起信论》而来的中国化佛教如来藏系没什么区别。

对于性寂性觉说的分判，熊十力认为，性寂与性觉不可分，他主要从他对性体的诠释来理解，则性体原是真寂真觉，两方面不可分。这在吕澂看来则是一种认识上的模糊，"道理整个不可分，性寂说如觉有一分是处，即应从其全盘组织，全盘承受，决不能尝鼎一脔，任情宰割"②，对于经论的真伪问题，熊十力说不欲考辨，但《大乘起信论》大致不背佛法，甚至说，如判性觉为伪说，则伪说尤可尊。即认为从思想内容上看《大乘起信论》有其理论价值，以至于最后他坦言"对于伪不伪的问题，都无所谓。我还是反在自身来找真理"。③虽然他认为自己所学与伪书全无关系，但从他的反驳立场看，他对佛法的理解，对唯识学的批评已经被吕澂自觉地划入《大乘起信论》的思想范围，从侧面反映出熊十力之学与中国佛教如来藏系相亲近。

当然，以性寂性觉来判断中印佛教心性论之差异不是没有问题。对于这种做法，印顺表达了自己的观点。他在《起信论与扶南大乘》中指出，性寂说并不能完全概括印度佛教心性论的所有方面。在真常大乘经中如来藏就有性觉义，而不只是性寂，他引用《大方等如来藏经》《胜鬘经》《大乘密严经》《楞伽经》等如来藏经典，特别是引用真谛说的"界以解为性"④，所谓的解，即与知、觉相通，解性的提出在印度佛教

---

① 《中国哲学》第十一辑，人民出版社1984年第一版，第174页。
② 《中国哲学》第十一辑，人民出版社1984年第一版，第179页。
③ 《中国哲学》第十一辑，人民出版社1984年第一版，第199页。
④ 印顺：《永光集》，印顺文教基金会2004年第一版，第141页。

如来藏经典中已不新鲜。近人周贵华的《唯识、心性与如来藏》[①] 一书也沿袭这个思路，并进一步指出，中观派的心性本净说偏指自性空义，而吕澂的性寂义似乎没有包含性空义在里面。该书还进一步论证性觉说是印度佛教心性说的合理发展，彻底将性寂说与性觉说融合起来。关于心性本净说的中印之别还有待探讨，但从这些发展趋势看，单纯以性寂或性觉来概括中印佛教心性论之别尚未尽善。

其实，抛开性寂与性觉的中印心性论分野不谈，熊十力与吕澂的争论实际上关涉如何由心性论转向修行工夫论的问题，由此心性论问题才有工夫上的差别，修行上的返本或革新。而吕澂认为，只有转染成净，认识心性的杂染烦恼的本质，才能通过闻熏不断修证，获得境界上的提升，这才是真正的层层革新。而返本之说，根源于本觉，但此种凡夫境界的自明自觉如何证知佛境，这在工夫修养论上来讲未免流于自说自话。所以吕澂才批评熊十力，究竟是见的自家何种境界，如何能不委身性情，沦为知见。无独有偶，方东美与熊十力也曾就此问题进行过讨论。而方东美所提出的问题与吕澂的观点也颇为相似，可以说是对吕澂与熊十力之争的一个注脚。

方东美曾写信询问熊十力关于修养工夫的问题，熊十力对此也做了答复。但两人的第一回合的信件均未查到，只看到方东美再次给熊十力的复信，这封信收录在《熊十力全集》的附卷中，从这封信的内容看，两人最初讨论的问题及相关内容得以一窥全豹。方东美所询问的问题，正是返本还原的修行之法。这恰恰是熊十力在《新唯识论》中主张的体证天道的性智之说，而此性智如何能体认天道，此返本还原之法如何在修行上实现，熊十力则只以证量带过，这是《新唯识论》的工夫修养论中尚未细致说明的问题，却也是关乎性智能否证得的重要问题。

方东美来信中询问的问题有四点，第一，性字当作何解；第二，见性的途径该如何抉择；第三，怎么判断什么是真见道，舍妄归真的途径是什么；第四，忘言绝虑的默识是否为离绝思议的境界，此种忘言绝虑是否唾弃知识？方东美自己将第一封来信的这四个问题归纳为两大问题，即"落实见性"和"亡言默识"两点。

---

① 周贵华：《唯识、心性与如来藏》，宗教文化出版社 2006 年第一版。

关于见性的问题，方东美认为佛教所谓心性与儒家并不同，佛家所论性，"一面证立圣智境界，揭出真如清净本原，以成佛性；一面发见世俗昏妄念动，指出惑障迷途，悬为戒禁"①。所以，他认为，佛教论性是站在宗教解脱的立场，既肯定人有本元清净的成佛可能，同时又阐明阿赖耶识的烦恼杂染，染净种子并存，这是佛家论人性的特殊之处。而儒家则相反，"孔孟所体认之性情，两善俱举，原属一贯，不可分截"②。特以《中庸》所说"喜怒哀乐之未发谓之中，发而皆中节谓之和"，可见儒家的是性情一贯的，属于性情俱善论，无所谓性善而情后起为恶之说。由此看，如何落实见性，则所意指的对象不同，见到之性自然也应有所分别。可见，在区分性的意义的前提下，讨论工夫修养上的返本还原还是闻熏修证才有意义，而心性本寂与本觉的差异恰好说明佛教的论述心性问题上的性与情，本有与后起的区分，都是佛性论中不可缺少的部分，何能裂为二术，以此谈工夫修养。

再者，方东美肯定了熊十力忘言默识的方法，但是，他同时强调，要达到默识仍需要一番思议的工夫，在落实见性这件事上，不能将闻熏修证的后天求知抛到一边。不可思议的境界正是要首先经过思议，认清问题，探究问题的阶段才能获得。更何况，修道工夫要深到超出思议的境界还需要八地阶次的层层修行，非一蹴而就。他以《华严经》为例，说明从地前初见道到经过二地、三地乃至第七地的过程是何等艰辛，菩萨必须依止不退转心才能步步安稳法要，忘却思议，渐入不可思议的忘言默识之境，"准此则第七地成就智功用分以前，未离分别，无忘简择，不舍思议可知矣"③。可见，在返本还原的具体实践上，忘言默识的证量是很难实现，熊十力虽然不偏废量智，但性智如何显发，如何返本仍然悬而未决。

从吕澂与熊十力的争论及方东美与熊十力的书信往来看，工夫修养上的返本还是闻熏确实是一个难以截然对立的问题，从佛教心性论的角度看，两种手段恰恰都是可取的，只是在修行过程中要分辨之，正确运用之。而吕澂从批判如来藏学的角度出发来看待这一问题，无疑使问题

---

① 萧萐父主编《熊十力全集》附卷上，湖北教育出版社 2001 年第一版，第 128 页。
② 萧萐父主编《熊十力全集》附卷上，湖北教育出版社 2001 年第一版，第 128 页。
③ 萧萐父主编《熊十力全集》附卷上，湖北教育出版社 2001 年第一版，第 135 页。

偏离转向，两人各执一词，立场不同，自然很难再深入下去。

三　王恩洋评《新唯识论》

同样学出欧阳竟无门下的王恩洋在《新唯识论》语体文本发行后做了《评〈新唯识论〉者之思想》一文，对与其有同窗求学之谊的熊十力进行了委婉的批评。该文对熊十力《新唯识论》思想的评价包括三方面：一是对熊十力思想的定位，二是对熊十力体用义的释难，三是在一元和种子说上反驳熊十力对唯识学的误解。

对熊十力的思想定位基于对其性智说的评价。王恩洋认为，熊十力的性智说是将性智等同于本心、自性、真如、本体，而其主张智如不二，故性智乃自证真如，修养即在于持守本心，从本心中主宰自体，收摄本心而不放失。但是，对本心，王恩洋提出质疑，他认为熊十力所谓的本心实为习心，在这一点上，他与前两位批评者的观点相似。他们均将熊十力所谓的本心自证理解为一种凡夫习心的妄证。故他说：

> 此习心亦仍是本体之所显现否。如曰仍即本体之所显现，则习心仍即本心。如曰非是本体之所显现，则是本体之外，别有自体。……如谓气质非由本体显现，而能生起习气，则是本体之外有气质，复成心物二元论矣。①

由于熊十力主张返求本心之后证悟本体，故不论此心是王恩洋所谓的习心还是他自认为的本心，最后性智证量仍是有所得，有真如本体不可空，这在王恩洋看来显然有违熊十力所说遵循《般若经》之旨，这个观点在他看来与空宗绝不相侔，而与《大乘起信论》相似。王恩洋指出："是果在读《般若经》耶。曰，读《起信论》耳。唯《起信论》乃于空义外立不空真义。般若何尝有是耶。"② 从思想的相似性上将熊十力归入《大乘起信论》之流。

对熊十力体用义的批评则贯穿在王恩洋对熊十力整个《新唯识论》

---

① 王恩洋：《中国佛教与唯识学》，宗教文化出版社 2003 年第一版，第 491 页。
② 王恩洋：《中国佛教与唯识学》，宗教文化出版社 2003 年第一版，第 495 页。

的概念的反驳中，体用义在他看来是熊十力的根本错误所在，一切其他理论问题都归结在熊十力对体用义的误解。他首先指出，所谓本体，即现象之本体，本体与现象相待而言，而熊十力的一本万殊却如水沤之喻、金器之喻，沤虽无量，水性则一。金虽是一，成器可多。这在王恩洋看来是错误的，因"沤虽众多，体唯是水。器虽无量，体唯是金。然则形可变而性不可变也"。① 而熊十力又以心物相待，以心为本体，其实心物应属于现象的范围，故在现象界中不该又立本体，王恩洋质疑道：

> 同属现象如何可以一分现象作本体而以余之一分作现象耶？……心物既二，本体亦应二。②

假设熊十力的本体为一元中立，非心非物，则王恩洋认为同样不可成立，因"非心非物之体，何因何缘倏变为物为心之现象耶？"③。由此则破熊十力的一元论也不成立。第二个质疑是：

> 本体自纯善，而现象自杂染。人生之惑染，世界之昏浊，为一不可否认的事实。则与《新论》现象界之千变万化，正是本体界之大用流行。即体即用即象之说为不孚也。④

王恩洋认为，既然本体清净至善，则恶如何产生？这个问题无法说明。按照他的理解，似乎本体至善，则现象界一切均应为善，应本体与现象是即体即用的关系，其性质应该完全一致。第三个质疑，则在于王恩洋将熊十力的体与用完全等同起来，认为熊十力的体与用没有区别。故体既然唯是一，则不应该能既静又动，既翕又辟，本体是一，则势用不可为多，功能就不该有两种，"势用依功能起故，功能既即本体，应汝本体和杂非一。若尔，一元唯心论仍不得成"⑤。实际上，第三个质疑与

---

① 王恩洋：《中国佛教与唯识学》，宗教文化出版社 2003 年第一版，第 478 页。
② 王恩洋：《中国佛教与唯识学》，宗教文化出版社 2003 年第一版，第 479 页。
③ 王恩洋：《中国佛教与唯识学》，宗教文化出版社 2003 年第一版，第 479 页。
④ 王恩洋：《中国佛教与唯识学》，宗教文化出版社 2003 年第一版，第 485 页。
⑤ 王恩洋：《中国佛教与唯识学》，宗教文化出版社 2003 年第一版，第 483 页。

第二个质疑类似，均从体与用的性质应一致出发。

综合这三个体用方面的质疑看，王恩洋首先将体与用看作本体与现象的关系，即把用等同于现象。其次，他列举熊十力海水与众沤的比喻，说明其体与现象，但海水与众沤，金之与器，不属于本体与现象两个维度。应属于体与体之性质，用熊十力的话说，即体与体之用的关系，而非现象义。水与波，金与金所铸成的器皿，两者都是一物质，但状态不同，这是体与体之属性，而非本体与现象的关系。而所谓心与物相对的概念，则又没有注意到熊十力所谓心有本心与习心之分，习心可属现象，但本心属称体之用，况且，熊十力认为本体非心非物，但落实在人，可方便说本体为心，故心物对举是可以成立的，但本体绝不是从现象的心划分出来的一个东西。至于说本体纯善而恶从何来，也是把本体与本体的性质等同与本体与现象的关系，故所谓本体的善应保证其用也为善，但其用的善却不等同于现象界没有恶出现。这仍然是涉及对体与用的理解问题。将体用理解为体与体之性，还是本体与现象，在这两方面王恩洋出现了概念的互换跳跃，当然，这与熊十力《新唯识论》中体用义的表述也不无关系。最后，关于体与用是否完全等同的问题，答案自然是否定的。熊十力明确表示体用不二而有分，体用相即并不表示体可以完全等同于用。故翕、辟成变，只是体之用的两个方面，即称体之用与不称体之用。这也可见出，用的意义在熊十力那里与现象、体之用混淆在一起。

对于熊十力对唯识学的批评，王恩洋同样指出这是熊十力对种子说的误解。

> 今法相唯识之解种子也，曰诸法因缘，亲办自果，归法于有为。是生灭法。何尝以之为诸法本体耶？其诠真如也，曰为二空所显，诸法实性，是无为法，常住无生灭，遍一切一味。自不能生，亦不生他。虽以为诸法实性，但亦不如《新论》所云之本体。[①]

故熊十力对真如的理解、对种子的理解都是有悖唯识学的。而其理

---

① 王恩洋：《中国佛教与唯识学》，宗教文化出版社 2003 年第一版，第 499 页。

解错误的根本原因，即：

> 废缘生而谈显现。废因缘而立本体，斥因果而谈体用。建立一定性真常独立之本体，以为生化万象之机。是非遍计所执性而何，是非一因不平等因外道而何！①

王恩洋同样将熊十力对真如的理解归为真如缘起论，其本体与不变随缘，随缘不变的中国佛教如来藏系思想倒比较接近。至于熊十力指责护法唯识学为集聚说，为多元论，王恩洋说："《新论》谓唯识为多元论也，吾极端赞同。其谓为二元论也，吾亦不全否认。"② 唯识学确实以一切有情各有八识，心心所法各有自种，但唯识学建立的前提是万法不离识故言唯识，是就现象界说的，非离弃因缘万法自性空而言唯有识独存，故"但有现象，别无本体者也"。③ 故王恩洋理解的多元、二元非指本体，熊十力对唯识学的指责却从本体角度，而忽视了八识分立的真正意义，错将八识、种子各个看成本体。

从以上内学院刘定权、吕澂、王恩洋对熊十力的批评来看，熊十力的《新唯识论》确实误解了唯识学，对唯识学的一些概念认识存在偏差。而熊十力自己所重点发挥的会通思想，则没有得到三位的注意。但他们不约而同地将熊十力的思想与《大乘起信论》一系如来藏佛教宗派联系起来，特别是熊十力对真如的理解，在他们看来是来自《大乘起信论》，而熊十力对觉的强调，则被吕澂划入《大乘起信论》性觉说一流，也客观上说明了熊十力自诩的新的唯识论实际上更多地向中国佛教如来藏系宗派靠近。而他的会通儒佛的宗旨则使他改造护法唯识学而不自觉，吸取中国佛教如来藏系而不自知，其实走上了推进中国佛教如来藏思想与儒家思想融合之路。

四　牟宗三对熊十力与内学院之争评议

牟宗三对内学院与熊十力的争论有自己的看法。他在《佛性与般

---

① 王恩洋：《中国佛教与唯识学》，宗教文化出版社 2003 年第一版，第 505 页。
② 王恩洋：《中国佛教与唯识学》，宗教文化出版社 2003 年第一版，第 496 页。
③ 王恩洋：《中国佛教与唯识学》，宗教文化出版社 2003 年第一版，第 499 页。

若》中沿袭熊十力对中国佛教理解的路线而有所创获，其中对内学院及佛学界人士如太虚、印顺的思想有所吸收，并在批判中强化了维护并推进中国佛教如来藏系思想的倾向。

首先，他认为应从接续中国文化生命智慧来理解《新唯识论》，正面肯定了熊十力融摄中国传统文化中儒佛道诸家学派的思想精华发扬光大的做法。在接续中国文化慧命的道路上看，《新唯识论》会通儒佛有其精神价值。故

> 今舍立场不同而论，单自理上言之，吾以为儒家是对的，熊先生是对的。人不应封于其一偏之见而不进。佛家有所见，然真理不止不尽于其所见。会而通之，当有所转进。[①]

在义理倾向上牟宗三当然是从儒家思想出发，故抛弃立场不同来看，他对熊十力的会通方法还是肯定的。同时他自己也认为佛教思想有其理论缺陷。

> 即根本言之，谓其"真如"只寂静而无生生；自文化言之，不能开出人文，不能肯定人性、人道、人伦。[②]

他将内学院欧阳竟无及吕澂以佛教立场对熊十力的辩难看作最高宗趣的最后决断之辩。这代表了儒佛两家思想宗趣的根本不同。他说：

> 依内学院诸大居士，以为佛家只言自性涅槃，不言自性菩提，复以为真如是"所"，不是"能"。此两义相连而生，而所以判儒佛者即在此。涅槃即寂灭，菩提即圆觉。寂灭即空，即真如，即一切法之自性。依佛家，一切法皆因缘生，无自性，唯以空为性，故云自性涅槃也。至于菩提则为观空观因缘而透彻后所修得之"圆觉"，自非本有者，故不云自性菩提也。……是以真如为"所"而非"能"。

---

① 牟宗三：《生命的学问》，广西师范大学出版社 2005 年第一版，第 92 页。
② 牟宗三：《生命的学问》，广西师范大学出版社 2005 年第一版，第 91 页。

此种真如自然不能生生，不能繁兴大用，开出人文。①

他认为，正是由于佛教的真如为自性空，非以心为本体，故无上菩提，无余涅槃，最后归结到证空，所以这个体或菩提心自然也不包含仁义礼智之性或天理，自不能为"能"而生化大用，所以，熊十力才强调自性智。

> 言"自性智"。自性即本心，本心即灵觉，亦可依阳明言"良知之灵觉"，故云自性智，此自性智亦寂静，亦起用，故其为体，为主为能而非是"所"也。故自性不但寂灭，亦有灵觉之健动也。有此自性灵觉，方可言修。修行所得所证是灵觉之圆满实现。②

从义理内容的分际来看，牟宗三自然是赞同即寂而灵觉，灵觉而寂的仁心之体了，他认为也唯有这样，修行才有根据、才有主宰，充分显示了儒佛两家不同的精神旨趣。当然，站在接续中国文化之慧命的立场，他对佛教的思想有充分的肯定和吸收，只是最后他认为应该会通儒佛，在义理上才能对两家有所推进，这是儒佛两家理论发展的共同需要。而对内学院站在唯识学的狭隘立场批评如来藏学，判佛教其他宗派为非，甚至批评儒家，批评熊十力的护教行为，他自然不能接受。

所以，他对内学院批评的第二个方面就是反驳其独尊唯识而判《大乘起信论》为伪说的态度，维护如来藏学在中国佛教发展中的合法地位。他说：

> 我既非佛教徒，故亦无佛教内部宗派上的偏见。内学院的态度，我自始即不喜。欧阳竟无先生说藏密、禅、净、天台、华严，绝口不谈；又说自台、贤宗兴，佛法之光益晦。……而吕秋逸写信给熊先生竟谓天台、华严、禅是俗学。此皆是宗派作祟，不能见中国吸收佛教发展之全程矣。他们说这是力复印度原有之旧。然而佛之教

---

① 牟宗三：《生命的学问》，广西师范大学出版社 2005 年第一版，第 91 页。
② 牟宗三：《生命的学问》，广西师范大学出版社 2005 年第一版，第 92 页。

义岂只停于印度原有之唯识宗耶？此亦是浅心狭志之过也。①

不独他如此，印顺也针对吕澂判《大乘起信论》、魏译《楞伽经》为伪说道："其实，即使《起信论》是依译文正确的《楞伽经》而作，论义又正确，也未必能为吕澂等所认同……站在一宗一派的观点来衡量方便多门的佛法，是不太适当的！"②

针对内学院判定如来藏非佛说，倡导回归印度佛学，甄别中国佛教与印度佛教之不同的情况，牟先生认为中国佛教乃印度佛教合理的发展：

> 近人常说中国佛教如何如何，印度佛教如何如何，好像有两个佛教似的。其实只是一个佛教之继续发展。③

具体而言，他指的是如来藏系宗派思想的发展是顺着印度佛教思想发展的逻辑线索而来。他从真谛所译唯识学思想中辨别出真谛唯识学与如来藏学的关系，说明真谛《摄大乘论》翻译中已有真心论痕迹，《大乘起信论》则是如来藏学发展的一个理论必然。从虚妄的阿赖耶识学如何能保证成佛必然性这个问题出发，他说：

> 佛教的发展必然要提出"真常心"系统。而这个系统可以《大乘起信论》的思想为代表。④

又说：

> 在佛教教义的发展过程中，唯识宗并非最终之理境；顺着唯识宗的思想再往前发展，则是《大乘起信论》的系统。⑤

---

① 牟宗三：《佛性与般若》上册，台湾学生书局 2004 年修订版，序第 6~7 页。
② 印顺：《永光集》，印顺文教基金会 2004 年第一版，第 124 页。
③ 牟宗三：《佛性与般若》上册，台湾学生书局 2004 年修订版，序第 4 页。
④ 牟宗三：《中国哲学十九讲》，上海古籍出版社 1997 年第一版，第 268 页。
⑤ 牟宗三：《中国哲学十九讲》，上海古籍出版社 1997 年第一版，第 266 页。

　　在他看来，虚妄杂染的阿赖耶识无法保证成佛的必然性，因为无漏种寄附在有漏中，而无漏种乃经由后天正闻熏习而成，则清净功德法就落入了后天经验界中，且有待遇缘成果，靠碰到善知识的因缘才能证道成佛，则一切众生皆能成佛的力量显然不够。"所以就佛教内部教义的发展，顺着问题之逼迫，必须往前推进，肯定有一超越的真常心，作为众生成佛的超越根据。"① 在这一点上，其实不通过这番理论论证，如来藏思想的发展也有历史依据，从太虚、印顺等人的印度佛教发展的分期说，中国佛教发展的宗派划分来看，法界圆觉宗、真常唯心系在佛教发展史上是确实成立的，不能说没有，也不能如日本批判佛教那样认为如来藏非佛说。而欧阳竟无及其门下吕澂、王恩洋等人力辩《大乘起信论》非佛说，无疑动摇了以之为宗的中国佛教如来藏系台、贤、禅诸宗派的根基，中国佛教传统如来藏宗派的合法地位也就遭到挑战，故不仅牟宗三，连佛教界太虚、印顺诸人也起来反驳，维护中国佛教如来藏系宗派的地位。

　　当然从理论上说，真常唯心与虚妄唯识两系在思想旨趣上确实有不同，这是应该分辨的。但这种理论差异并不能作为一方判断另一方为非佛说的理由。

　　在牟宗三对内学院的辩驳中，他还特别回应吕澂《起信与禅——对于大乘起信论来历的探讨》一文，列举吕澂认识之误，逐渐从熊十力与内学院的争论转向对内学院批判《大乘起信论》的反驳，站在了和太虚、印顺一系的相同立场上来维护如来藏系思想的合理性。并且还特别注意对真谛译《摄大乘论》的研究，紧紧围绕如来藏真心思想的发展来论证其出现的逻辑必然性。可以说，在思想上，牟宗三是有取于如来藏学的，所谓的儒佛会通，也是出于对如来藏学的吸取，在思想上朝如来藏系宗派靠近。这是牟宗三不遗余力地自觉维护《大乘起信论》合法性的根源。

第二节　佛学界对《新唯识论》的评议

　　《新唯识论》一出，佛学界中议论者不乏其人，较早做出回应的有太虚。他率先在1933年一月即写《略评〈新唯识论〉》，后又在1942年

---

① 牟宗三：《中国哲学十九讲》，上海古籍出版社1997年第一版，第268页。

写《〈新唯识论〉语体文本再略评》，表现出对此论的关注。其弟子印顺也针对《新唯识论》语体文本于 1948 年发表《评熊十力的〈新唯识论〉》，此后熊十力对印顺的文章做了回应，原稿以其弟子黄艮庸的名义发表于 1949 年，后在 1950 年熊十力增改了此文，题名《摧惑显宗记》，在破印顺疑难之余略述新论要旨平章儒佛，收录于《熊十力全集》第五卷。太虚站在调和佛学内部派系的立场，而印顺站在佛教般若中观立场，但两人对熊十力的思想认定都不约而同地指向如来藏学，涉及熊十力的新唯识学理论对如来藏学的融合问题。

一　太虚论《新唯识论》的佛学思想归属

太虚对《新唯识论》的评价有两篇文章，一是 1933 年的《略评新唯识论》，二是《新唯识论》语体本出来后，太虚于 1942 年又在《海潮音》上发表《〈新唯识论〉语体文本再略评》一文。两篇文章中均谈到《新唯识论》的思想定位问题，而太虚主要是站在调和唯识学及如来藏学的立场对熊十力进行评价的。

太虚首先将熊十力与内学院关于《新唯识论》的争论与此前内学院攻击《大乘起信论》联系起来。他指出，昔有内学院据唯识学来攻击起信，而现在熊十力出自欧阳竟无门下，却又对护法窥基唯识学加以攻击，双方各见其所是，但可见在理上均不能站住脚，唯识学与《大乘起信论》的如来藏学均有其价值，应融摄并观。而在他看来熊十力便是站在如来藏学立场来反驳护法唯识学的。他说：

> 顷熊君之论出，本禅宗而尚宋明儒学，斟酌性台贤密孔孟老庄而隐摭及数论进化论创化论之义，殆成一新贤首学；对于护法窥基之唯识学，亦有一蹴而蹭之概。[①]

他将熊十力《新唯识论》理解为新的贤首学，表明他认为熊十力的《新唯识论》在理论上接近华严宗，应属于如来藏系一派思想。他指出，熊十力造论在于"令知实体非是离自心外在境界，及非知识所行境界，

---

① 太虚：《法相唯识学》下册，商务印书馆 2002 年第一版，第 115 页。

唯是反求实证相应故"①，从这一点看，熊十力对实体的理解属于真如宗。而熊十力所谓的实体相当于真如性，其宗旨在于直证真如性。

太虚进一步从自己对中国大乘佛学的宗派认定出发，论证熊十力的理论与《大乘起信论》相近。他将大乘佛教分为般若宗、唯识宗、真如宗三系，指出这三系的不同在于对三性说的理解侧重点强调不同，般若系依托于遍计所执性立教，故多破鲜立，遣荡一切遍计执相而证圆成实性，以中观等论为代表。唯识系偏重于从依他起立教，以唯识明一切法依他起性，而遣遍计执证圆成实。真如宗则侧重从圆成实性出发施设言教，多立鲜破，以一切法皆即真如，故开示果地证得之圆成实性而使众生起信行证，使遍计执性自远离，以《大乘起信论》等论为代表。三家的差别在于对三性说的诠释的差异，而差异的根源在于对"心"的论述不同：

> 诚以"心"为万化之中枢，必夺归于所扩充之性，而后乃能据之以统持一切。故般若宗必夺归遍计执性内，五法三自性皆非，八识二无我俱遣，而后乃无智亦无得；唯识宗必夺归依他起性内，了境造业持种转变皆属之，而后成一切所知之依；真如宗必夺归圆成实性内。故起信云："唯是一心名为真如。"熊论亦云："是故体万物而不遗者，即唯此心，见心乃云见体。"②

而熊十力的本心，具体而言，与如来藏自性清净心的意义相近。太虚说：

> 熊论以心以智以功能摄归真如实性，即楞严所谓："本如来藏妙真如性"，若以此立其自宗，固无不合。③

所以，熊十力本属发挥如来藏学思想，在佛学系统中属真心论，就不该将他的理论命名为《新唯识论》，其站在如来藏学立场批评唯识学

---

① 太虚：《法相唯识学》下册，商务印书馆 2002 年第一版，第 117 页。
② 太虚：《法相唯识学》下册，商务印书馆 2002 年第一版，第 117 页。
③ 太虚：《法相唯识学》下册，商务印书馆 2002 年第一版，第 117 页。

也就是没有道理的，是据自宗而斥别宗。这是熊十力不了解大乘三宗各有其殊胜处。

太虚认为，大乘佛教三系各有胜用：

> 若从策发观行而伏断妄执以言之，应以般若宗为最适；譬建都要塞，而便于攘外安内故。若从建立学理而印持胜解以言之，应以唯识宗为最适；譬建都中部，而便于交通照应故。若从决定信愿而直趣果觉以言之，应以真如宗为最适；譬建都高处，而便于瞻望趋向故。要之：于"教"以真如宗为最高，而"教所成益"每为最下，以苟非深智上根者，往往仅藉以仰信果德故；于"教"以般若宗为最下，而"教所成益"却为最高，以若能绝虑忘言者，必成妙观而发真智故；于"教"以唯识宗为处中，而"教所成益"亦为处中，以如实了解唯识相性者，虽或进未行证，而必非仅能仰信故。[①]

而熊十力袭取如来藏不变随缘随缘不变之说，却以儒道庄易之学来附会，混为一谈，这就印证了太虚所谓"真如宗之教所成益，每为最下"[②] 之言。

其次，对于熊十力对护法唯识学的反驳，太虚认为也有不当。他首先指出熊十力对护法的反驳是凡情直觉而不依据圣言量，这与内学院诸位的指责一致。另外，熊十力所谓的种、现、八识、心所等概念皆是缘生幻相而非实体，而熊十力不依此立论，却直说实体，完全站在唯识学的立场外来解释唯识学，其理论也就不应该称为新的唯识学。而对于熊十力直说实体的部分，太虚也不满意。《新唯识论》通篇以转变、恒转、翕辟、刹那、幻有、圆满、交遍等纷繁的概念来描述真如本体实性，在太虚看来与禅宗末支神会一系知解宗徒没什么区别，都犯了过度诠释的毛病。熊十力自己批评护法唯识学概念繁琐复杂，却建构了一个并不比护法唯识学更简单的理论体系来诠释真如义，知解太过，不明白真如实性不可言说的道理，自障悟门，"此其探头太过者"。[③] 按照熊十力的思

---

① 太虚：《法相唯识学》下册，商务印书馆 2002 年第一版，第 119～120 页。
② 太虚：《法相唯识学》下册，商务印书馆 2002 年第一版，第 121 页。
③ 太虚：《法相唯识学》下册，商务印书馆 2002 年第一版，第 126 页。

想来推断，其实体也不免有神我论之嫌。太虚说："反之，执'心为浑然不可分之全体'，'为吾一身之主宰'者，已堕神我论；'体万物而无不在'，又堕泛神论"①，这些都是熊十力实体说欠缺处。

至于熊十力的工夫修养论，太虚认为与真如宗旨趣相近，还是有可取处。所以，太虚最后说：

> 然余许熊论不失为真如宗之属，以其提撕向上，主反求实证相应，鞭辟入里，切近宗门，亦正为义学昌炽中之要着。②

甚至对于熊十力评价护法唯识学令人茫无头绪，玩弄于纷繁名相中难以索解，太虚也表示认可，认为此切中时弊。甚至发出"熊君斯言，乃有同感"③ 之调，唯识学名相之纷繁可见一斑。

最后，对于《新唯识论》与内学院之争的现象，太虚表示感慨。他认为，这与内学院欧阳竟无率先攻击如来藏系思想有关。欧阳竟无门下肆意攻击如来藏学，实际上开了个不好的头，即毁弃圣言。甚至于后来熊十力也以如来藏系立场攻击唯识学，遂使佛教各大宗派面临互相攻击毁弃的境地，经典的权威性也不断遭到质疑，实际上破坏了宗教经典的神圣性。他说：

> 然履霜坚冰至，其由来者渐：夫起信与楞严等，殆为中国佛教唐以来相承之最高圣言，居士虽未获融贯会通，而判为"引小入大之不了义"说，犹未失为方便；乃其门人王君等，拨而外之，居士阴许而不呵止；殊不知即此便开毁弃圣言之渐！迫令千百年来相承起信楞严学者，亦敢为遮拨法相唯识，仿佛中论，依傍禅录。爰有瞀僧狂士，攻讦窥基护法，而侵及世亲无著。今刘君犹曰："除起信论伪书外"，居士亦未拣除，徒责熊君之弃圣言，所谓有知人之智而无自知之明欤？④

---

① 太虚：《法相唯识学》下册，商务印书馆 2002 年第一版，第 123 页。
② 太虚：《法相唯识学》下册，商务印书馆 2002 年第一版，第 126 页。
③ 太虚：《法相唯识学》下册，商务印书馆 2002 年第一版，第 127 页。
④ 太虚：《法相唯识学》下册，商务印书馆 2002 年第一版，第 127 页。

这充分体现了太虚作为教内宗师的护教立场。无论对于唯识学还是如来藏学，其地位都不应该遭到质疑。能质疑《大乘起信论》动摇了唐代以来中国佛教传统如来藏系宗派的地位，同样的唯识学的地位也能遭到质疑，争论纷起的现象说明了调和融贯以保持佛教内部各宗派平等发展，维护经典权威的重要性。

以上是 1933 年太虚对《新唯识论》的看法，基本上太虚认为熊十力在佛教思想上接近如来藏系，属于真如宗系统，并且与禅宗较相合。而1942 年太虚再次略评《新唯识论》语体文本，加剧了对熊十力的批判。他抓住熊十力说生死业报为或然，又妄论佛法出世解脱为消极，将熊十力的思想归结为唯心的顺世外道。这个转变，或许与语体文本中熊十力对佛教出世观的批评有增无减有关，自然受到倡导人生佛教思想的太虚的批评。

二　印顺对《新唯识论》的思想定位

印顺在《评熊十力的〈新唯识论〉》中首先指出，熊十力的思想主旨在援佛入儒，但根本上却扬儒抑佛，故其不应标题为《新唯识论》，不应该自称新佛家，因为他已经由佛家立场转向了儒家。如此自标佛家而又违背佛理，这是印顺忍不住也站出来批评他的原因。但是，与太虚对熊十力的思想定位相一致，印顺认为若从佛家立场看，熊十力是受如来藏系台、贤、禅诸宗派影响的，他主要从心性思想、体用思想和修养方法来指出熊十力与如来藏学的相似性。印顺说：

> 我们读《新论》，觉得他于般若及唯识，有所取、有所破；在修持上，还相对的同情禅宗；……《新论》是有所取于台、贤的，轻轻的避开去，不是掠美，便是藏拙！[①]

而熊十力的本心思想与《大乘起信论》相似，均以心能摄一切法生一切法，《华严经》性起品说一切众生具如来智慧功德相为如来藏，这

---

① 萧萐父主编《熊十力全集》附卷上，湖北教育出版社 2001 年第一版，第 225 页。

与熊十力的主张接近。他说：

> 佛家的如来藏说，除少数极端的神我化而外，大抵以如来藏为心性本净与称性功德——智慧德相——不二，为一切净法的根源；杂染，由于无始来的客尘所染，隐覆真心而幻现的。天台家说"性具"：真性具足一切法而泯然无别；即性具而现为"事造"，理事不二。禅宗六祖在悟道时说："何期自性能生万法。"台、贤、禅所说性体——或心体——的能生、能起、能现，大有接近《新论》处，与《新论》所说的大有大空，那里会无所外呢？①

第二个与如来藏学相似的方面即熊十力的体用思想。印顺指出：

> 我们知道：《新论》所说的"举体为用，即用为体"；"称体起用，即用显体"；"全性起修，全修在性"；"大小无碍"；"主伴互融"；"一多相涉"等；以及"海沤"、"冰水"、"药丸"等比喻，在台、贤学者，甚至北朝地论学者，早已成为公式了。《新论》果真无所取于台、贤吗？台、贤果真不出大空大有吗？真常唯心论，在印度与婆罗门教合化的，在中国与儒道混融的，我从佛家本义的立场，是不能完全赞同；然而，这在印度是久已有之，在中国的台、贤更发挥到顶点。《新论》近于此系，也大量的融摄，然而不但默然的不加说明，还故意的抹煞，似乎有所不可！②

从《新唯识论》即体即用，体用不二的方法论看，他与如来藏系学派的思想确实接近，从其本心论看，清净与杂染法都由本心翕辟成变而产生，与含藏万法的如来藏藏识雷同。但是，熊十力却不是故意的不加说明，而是融摄其中而不自觉。这也可以从印顺对熊十力性相关系的批评可以看出来。印顺指出，佛教中观的体用是不一不异的，而《新唯识论》的体用则是以真如实性为体，这始于南北朝的中国佛教学者。性相

---

① 萧萐父主编《熊十力全集》附卷上，湖北教育出版社 2001 年第一版，第 225 页。
② 萧萐父主编《熊十力全集》附卷上，湖北教育出版社 2001 年第一版，第 226 页。

两个概念本来在佛教经论中也非截然对立的命题，而是可以互用，无严格区别。"性相的对立深刻化、普遍化，成为众所周知的论题，实完成于中国佛学之手。"① 熊十力的体义是袭用南北朝中国佛教学者而来。而佛教空宗也不是熊十力所说的离用言体，而是泯相证性和即用显体（融相即性）同时存在。在这一点上看，印顺是认为佛教也有即用显体，而非体用割裂。从体用不二的角度说，则印顺与熊十力的主张相同。只不过熊十力没有意识到佛教也是即用显体，体用不二。体用概念的具体内容尽管在双方的理解中不完全相同，但可见体用不二的思维模式是双方的共识，只是针对对象和描述的意义有区别。

第三方面，从修养方法上看，印顺认为熊十力与如来藏系学派也有若干相似。他指出，熊十力《新唯识论》的修养方法是重定轻慧。熊十力从性智出发，高谈自身体认，其见体工夫却在于收摄凝聚，反诸内心，实际是以主静为见道方法。由于从先天性智出发，故"必然的重禅而轻慧"②，"《新论》即用见体的功夫，无疑的偏于定而略于观"。③ 与此不同的是，佛家的修养是内心不散乱中见慧，不一定要将静虑之功造乎其极。而是在悲愿深切中定慧等持，才不至于落入沉空滞寂或落入定境无法自拔。而熊十力所谓一番静功后的境界出于本心之力用，性智之自觉自悟，虚灵无碍，圆融无缺，印顺则认为此与一般神学、印度婆罗门及佛梵同化之流没什么两样。而印顺所谓佛梵同化之流，其实暗指印度佛教发展后期的真常心系。他说：

> 这种思想及体验，大抵是唯心的、内向的、重静的，漠视一切而专于内求自我或真心的。这种经验的发现，总是在自我与心识中，一层层的深入进去。……如佛教的唯心论者，从相分、见分而到证自证分，从六识、七识到如来藏藏识，从事心、妄心到真心。
>
> ……
>
> 总之，《新论》典型的真心论，偏执"相即"，将心境理智揽成

---

① 萧萐父主编《熊十力全集》附卷上，湖北教育出版社 2001 年第一版，第 237 页。
② 萧萐父主编《熊十力全集》附卷上，湖北教育出版社 2001 年第一版，第 249 页。
③ 萧萐父主编《熊十力全集》附卷上，湖北教育出版社 2001 年第一版，第 249 页。

一团。①

从这一点看，印顺与太虚的立场相似，即认为真常唯心系在修持效果上每为最下。他说：

> 真常唯心论者，在从心而物，从善而恶的解说中，包含有同一性质的难题。如论到心与物，《新论》以"本心即是实体"，强调心的自在，不失自性。但在现实世界中，极难同意。②

完全从清净法立意来解释杂染现象如何产生，这在印顺看来是真常唯心系的一个困难。这如同善如何产生出恶的问题。而修行中的反求本心，在印顺看来，凡夫俗心难以达到，缺乏修行根据。印顺表示，佛教是依缘起说立论，故不能就性智显现，本体流行来阐明现象界杂染法。众生无始以来应该是有善有恶的，从现象界的情况看，无始以来无明是存在的，佛法的修持也就必须在正见缘起本性的基础上闻思修证，以智化情，需要众生不断精进不已，而不是本心本俱，一反观自心即轻易获得。

印顺批评熊十力的第二点是熊十力对佛教出世观的误解。印顺从中观思想出发，指出佛教的出世不能理解为单纯的消极遁世，也不一定要出离生死，而是世出世法的融合。

他说：

> 佛家从出世的情见——涅槃见——中，开发出"空相应缘起"的智见。真能有所契合，应该不但是出世，而更是入世——不是恋世——的。③

这里他指出出世的真义是在世间而不离世间，在生灭变化中不做生灭想，故非恋世，但在世间以缘起性空证见涅槃，不离世间的觉悟。所

---

① 萧萐父主编《熊十力全集》附卷上，湖北教育出版社2001年第一版，第251~253页。
② 萧萐父主编《熊十力全集》附卷上，湖北教育出版社2001年第一版，第246页。
③ 萧萐父主编《熊十力全集》附卷上，湖北教育出版社2001年第一版，第220页。

以，论到出离，他说：

> 佛家从"生者必灭"而"灭不必生"的定律，确信苦痛有彻底解脱的可能。所以说了"此生故彼生"，即反过来说"此灭故彼灭"。对于苦迫的世间，称此解脱为出世。佛家的出世，不是出家，多少在家的佛弟子，有家庭、有职业，凡有所证会的，不一样就是出世吗？……所以，出世并不如《新论》所想象的。是以信、戒为基，正觉甚深缘起，不但通达因果的秩然有序——法住智，而且悟入缘起的性自寂灭。由于正觉现前，情见与业习的泯灭，开拓出明净心地，不为世法——苦乐等——所惑乱。有此正觉，行于世间，才能释迦那样的如莲华而不染，迦叶那样的如虚空而不著。①

从入世而不染，入世而出世的角度，印顺进一步肯定了在世间证悟的积极意义而非消极性，甚至说，真正的出世应该是入世，不是否定世间，毁诃现象，而是如实正观，富于肯定的建设性。他还将此与太虚人生佛教主张的"利和同均"、建设十方僧众、倡导平等教化、参与社会建设联系起来，说明佛教的出世人生观包含了参与社会积极入世的一面，自然有其价值。而所谓的涅槃，也不是熊十力认为的一片死寂，印顺侧重强调涅槃的正觉意义。他认为，大乘佛教的涅槃是"毕竟寂灭而悲智宛然；令一切众生成佛，即令一切众生积集无边福智资粮，利乐众生"②，这是从大乘菩萨道不舍众生，普渡众生的角度来诠释涅槃。

此外，对于熊十力对空有两宗的论述，印顺也紧紧站在缘起性空的立场加以反驳，指出空宗并非破相显性，有宗的种子是潜能而不能理解为实体，更不存在熊十力所谓的二重本体的困难，这就涉及熊十力对佛教缘起性空义的理解问题了。而针对熊十力所谓儒家也谈寂，印顺表示不同意。他认为儒家的仁体没有寂的含义，纯粹是熊十力以佛教思想附会儒家，这就涉及印顺对儒家的理解问题。总之，印顺主要是从熊十力的思想归属和缘起性空的根本立场来加以批判的，而印顺对缘起性空的

---

① 萧萐父主编《熊十力全集》附卷上，湖北教育出版社 2001 年第一版，第 221 页。
② 萧萐父主编《熊十力全集》附卷上，湖北教育出版社 2001 年第一版，第 225 页。

理解也与熊十力有差别，这可以从熊十力反驳印顺该文的《摧惑显宗记》中看出来。

三　《摧惑显宗记》的反驳

在《摧惑显宗记》中，熊十力对佛学界太虚、印顺对其思想归属如来藏系的认定做出辩护。针对印顺说他的思想承袭于如来藏系，又误解出世观，对缘起性空理解不当这三方面均做了反驳。首先，他坦言自己对台贤两家极少涉猎，但对于先时之著述影响后来之思想这种学术发展现象，他认为是存在的，"亦有后未读前之书、此未阅彼之籍，竟有遥契处者"。① 同时他说：

> 《新论》明宗章首揭性智，即通《楞伽》等之如来藏与《华严》
> 之合毗卢遮那、文殊、普贤、观音而为一性海，并《成论》之四智
> 及《大易》之仁、宋儒德性之知、阳明良知，皆融会为一。②

他对《胜鬘》《楞伽》诸如来藏经典的思想是有所关注和赞同的。他1947年的《十力语要·答云颂天》一文中说："佛家虽主灭度，要是从其大体言之耳，若如《华严》、《涅槃》等经，其思想亦接近此土儒家矣。"③ 在《新唯识论》以及1949年9月的《与唐君毅、钱穆、徐复观、胡秋原、牟宗三、张丕介》等多处文本中他还屡次引用《胜鬘经》的澈法源底，并将其解释为洞彻万法根源，归于本体。在《新唯识论》语体文本和1953年的《新唯识论》删定本中他还引用黄檗禅师本源心的概念，指出"深信含生同一真性，心性不异，即心即性"④，这是众生分上真性的体现，真性即真心，故而认为"教中如《楞伽》等经谈如来藏，容当别论"⑤。在其他地方还提到中土华严、天台、禅比印度佛家要好，在思想上较为赞赏禅宗。所以，这也难脱近于如来藏系思想之嫌。熊十

---

① 萧萐父主编《熊十力全集》第五卷，湖北教育出版社2001年第一版，第462～463页。
② 萧萐父主编《熊十力全集》第五卷，湖北教育出版社2001年第一版，第497页。
③ 萧萐父主编《熊十力全集》第四卷，湖北教育出版社2001年第一版，第51页。
④ 萧萐父主编《熊十力全集》第六卷，湖北教育出版社2001年第一版，第223页。
⑤ 萧萐父主编《熊十力全集》第六卷，湖北教育出版社2001年第一版，第223页。

力在思想倾向上是亲近于如来藏系宗派，特别是禅宗的，这从他晚期的
著作中可以看出来。

针对印顺以中道义解出世观的世出世法思想，熊十力的批评则显得
不遗余力。他认为出世法是归于寂灭，而寂灭则意味着没有生化，没有
生生之德造化万物，佛教的出世解脱是以世间为苦迫，将众生救离于生
死苦海，这是不能否认的。而出离生死，则无疑是出世，而非入世。
他说：

> 吾人若求融会贯通，自别为一事；但两家骨子里不同处，究不
> 可乱。一为出世之教，一为融贯天人之学，天人不二自无所谓
> 出世。[1]

而印顺所谓的出世而入世，熊十力也承认。他指出，佛家虽然说不
坏世间相而说实相，但"菩萨必得无余，真如离障，进而无住，不舍世
间，始于世间相而见实相"。[2] 也就是说，从寂灭涅槃的本意看，无余涅
槃才能了断生死，无住涅槃是菩萨不住涅槃而不舍世间，是出而后入世
间。不住涅槃确有其入世的一面，但究竟菩萨入世仍是为了度脱众生出
离世间，故精神本旨上是以出世为目的。因此，熊十力说：

> 评者自承佛家出世，而诋儒者无出世想。及核评者之言，则以
> 在世不染名出世，乃欲阴托于儒，以变乱佛家本义。[3]

这样一来，熊十力甚至认为印顺是改变了佛家本旨而转向儒家，混
淆了出世与入世的区别。印顺世出世融合的立场自然不能得到熊十力认
同。而出世与入世也成为熊十力指责佛家的关键所在。熊十力并不否认
佛教出世的精神价值，但他侧重于夸大出世而带来的寂灭义，以寂灭为
一片死寂，而突出入世的生生流动，天人合一，这就是两人对儒佛不同
思想价值取向的个人理解问题了。

---

[1]　萧萐父主编《熊十力全集》第五卷，湖北教育出版社 2001 年第一版，第 439 页。

[2]　萧萐父主编《熊十力全集》第五卷，湖北教育出版社 2001 年第一版，第 451 页。

[3]　萧萐父主编《熊十力全集》第五卷，湖北教育出版社 2001 年第一版，第 447 页。

基于熊十力对出世观的认识，他对缘起性空的理解自然也与印顺不同。他认为印顺过于好谈缘起，而不悟《八识规矩颂》所说的阿赖耶识是"去后来先作主公"，此是他坚信佛教有神我的论据之一。总体而言，熊十力是重赖耶义轻缘起义，从阿赖耶识出发，论证佛教有本体，而只谈缘起不谈性空，他对缘起性空的理解是割裂成缘起和性空两部分的。而性空义他认为是方便说，基本不谈。由此，他认为佛教为神我论，甚至多神论。这是从他对唯识宗的阿赖耶识、种子义的实体化理解而来的。对于空宗，他也认为并非无体。从他以《华严经》《楞伽经》《胜鬘经》为据而说明空宗与此有相通处可以看出来。由于他将真如实性解释为真如本体，又将阿赖耶识作为因果轮回的识神等同于印度梵我论外道神，故其理解的缘起说建立在其赖耶识神说基础上，自然与印顺以缘起性空为第一义的立场背道而驰。但是，从印顺对缘起性空的解释看，印顺认为缘起性空是不毁诃现象的，是肯定现象界的存在的，则缘起性空成为一种价值判断，则所谓的佛家存在生化义即成为虚说，这不是直接参与现象生灭的能动力，这正是熊十力所批评的佛教不谈本体生化万物，而这是两人的思想取向不同导致的价值判断差异。熊十力指出，他所谓的生化是本体之显现，是体之用，他说：

> 缘起是就虚诳相上言之，是染污性，与《新论》所云生化绝不可相混。《新论》生化是用、即体之显，前文曾略辨，如何可以缘起虚诳之生化混同真体流行之生化？①

而佛教的生生灭灭则是现象界自身如实如此，非是本体创生造化之用，因世界之杂染性是佛教所强调的，所以，对于佛教里的"依无住本，立一切法"②等语熊十力认为没有实指意义，是消极的不参与万法变化生成的，无法达到他所说的天人融会的境界。生灭不生灭就割裂成两片，这就是熊十力所批评的佛教体用二分，体用割裂。

最后，从印顺认为儒家没有寂的批评出发，熊十力指出儒家之本体

---

① 萧萐父主编《熊十力全集》第五卷，湖北教育出版社 2001 年第一版，第 517 页。
② 萧萐父主编《熊十力全集》第五卷，湖北教育出版社 2001 年第一版，第 517 页。

确实是"寂然不动，感而遂通"，这是儒家不同于外道神创论之所在。儒家之本体不是一个印顺所理解的外在神。所谓本心即性，性即天道，这是上下一贯天地同流的，无隔绝的超越，不能以神名之。但从其用之端绪言，其造化万物奇妙无穷看，可谓神用而已。从这一点引申而来，熊十力认为印顺门户之见太深，对儒佛两家的异同不能平心而论，对儒家的理解尤其有限。所以，他反复重申儒佛会通的重要性，反复说明他在《新唯识论》中融合儒佛两家学说之长的苦心。在他自己看来，他的主观愿望并非毁弃佛法，而是补救佛法特别是唯识学之失，在学问上对儒佛两家理论有所增益，他说：

　　余相信，托于儒、托于佛者，始有儒佛高下之争；真儒真佛则异而知其类、睽而知其通，决不会起诤也。①

　　这可以看作他自己对争论本身的看法。虽然他身在其中，并被指为扬儒抑佛，但他仍认为儒佛之争不应该是门户之争，而是义理发展之辨，朝向融会的方向才能成就学问之新局面。所以他说：

　　凡不同流派的思想并行，终当有出而融会者，此为中外古今之公例。拘门户者，不知观其会通，而大道始丧矣。②

又说：

　　至理无穷无尽，中外古今乃至未来，任何上圣，其学之所造总有异点，总有同点，乃至同中有异、异中有同，大同大异，小同小异，互相对待，纷纭复杂，妙不可诘，唯无门户见而善观会通者，乃可渐近于真理。惜乎千古学人，求有胸怀豁达者极不易！③

　　这充分可见他的《新唯识论》是冲着儒佛两家义理发展的理论推进

---

① 萧萐父主编《熊十力全集》第五卷，湖北教育出版社 2001 年第一版，第 488 页。
② 萧萐父主编《熊十力全集》第五卷，湖北教育出版社 2001 年第一版，第 469 页。
③ 萧萐父主编《熊十力全集》第五卷，湖北教育出版社 2001 年第一版，第 471 页。

而来的，在争论中他突出了自己融合儒佛的一片公心。但对于印顺言其难逃笼统附会的作风，则他只能说留待后来具眼人判断。这也是实话，毕竟不论熊十力的儒佛会通思想出于何种目的，不论他的追求学问真理的公心如何客观，《新唯识论》本身呈现出的义理会通框架是可见的，是有待反思检验的。熊十力本身也不可能完全抛弃前见来进行理解诠释。至于他是否真的有别与笼统附会，则各家立场不同，判断不同，就难免众说纷纭了。但若出于儒佛义理发展推进的角度，则《新唯识论》确实有其开启会通之路的理论价值。

以上对熊十力的《新唯识论》所引发的争论做了历史回顾与理论探讨。从熊十力与内学院诸君的争论看，内学院欧阳竟无及其门下刘定权、吕澂、王恩洋等人尽管在思想取向上有差异，但均站在护法唯识学立场，以护法唯识学为正宗，而对门下歧出的熊十力进行严厉批判。从他们的反驳材料看，熊十力对唯识学的理解确实存在问题，他对唯识学的名相把握是零散割裂的，没有从整体上抓住唯识学的旨要，而攻击局部概念，这种做法说明了他在对唯识学的理解上存在方法论的缺陷。另一方面，内学院诸君的批评也是带有门户之见的，他们对熊十力的批判是站在对如来藏学思想批评的角度进行。他们把熊十力与《大乘起信论》一系联系起来，将《大乘起信论》之争的立场、观点加入对熊十力的批评中。

另一现象是，佛学界太虚、印顺诸君对熊十力的批评也将其纳入如来藏学范围。只不过他们并不反对如来藏学。这种现象耐人寻味，值得深思。其中既牵涉儒佛两家立场不同，也牵涉对具体学理问题的理解诠释角度不同。虽然争论没有达成一致的结果，但《新唯识论》无疑引起了近代以来唯识学的一阵波动，构成一次思想交汇的大讨论。

近代如来藏学无疑是在受到广泛批判的情况下发展的。在如来藏学与唯识学的理论交涉中，两桩公案引人注目。一是围绕《大乘起信论》真伪问题的争论，一是由熊十力造《新唯识论》所引发的争论。前者关乎中国化佛教的理论合法性，关乎中国佛教如来藏系宗派的正统性与否，后者则关乎护法－玄奘系唯识正宗与否，玄奘系唯识学理论的正确与否。两桩公案有着逻辑上的交错关系，可以说，《新唯识论》之争是《大乘起信论》之争的理论推进，虽然熊十力本人并未察觉。但《新唯识论》之争在佛教内部成为如来藏学与唯识学之争的理论交会点，并且引起了儒佛之间更为广泛的立场之争。

追根溯源，如来藏学也并非像内学院诸君所说的纯属外道，更不可能仅仅是靠对经典的错译错解而能流传至今并宗派繁茂。佛教在印度发展时期就有如来藏学思想的影子，不能说如来藏学是凭空而起。维护八宗平等的太虚大师，按照唐代唯识宗窥基的说法，将佛教发展分为三大流派，即法性空慧宗、法相唯识宗和法界圆觉宗，也即般若学、唯识有宗与真如宗三家。真如宗即阐发如来藏大义的台贤禅诸家。印顺的大乘佛教三系划分与此相类，为性空唯名、虚妄唯识、真常唯心三系。其中，真常唯心对应法界圆觉，指的同样是阐发如来藏思想的派系。

就如来藏思想的渊源说，如来藏本义即如来胎身之藏，藏有胎藏义，印度《黎俱吠陀》中有金胎为万有之主，从中生出不同种姓阶级之说，婆罗门则自认为从梵天口生出。佛经中与此相类，《杂阿含经》中有"汝等为子，从我口生，从法化生"①之说，在《小品般若波罗蜜经》也有须菩提随如来生的说法。由此意义而引申出来，即在众生身中隐含了成佛之身，《大方等如来藏经》说"佛藏在身众相具足"②，认为一切众生虽在诸趣烦恼中而有如来藏常无染法，德相具足。《楞伽经》云"如来藏自性清净，转三十二相，入于一切众生身中"③，如来藏的含义即变为在众生中含有成佛之德相，有成佛之可能，如来藏即对佛法身在缠的一种描述。如《大般涅槃经》言"我者，即是如来藏义。一切众生悉有佛性，即是我义"④，如来藏即佛性。《胜鬘经》提出如来法身不离烦恼藏名如来藏，而又区分空如来藏和不空如来藏，以脱离烦恼为空如来藏，即清净藏，以不脱烦恼为不可如来藏，即杂染藏。所以如来藏义对佛说为法身，具足圆满功德相，对众生说为烦恼藏，佛性，是法身在缠而不显。实际上，就其中如来藏自性清净而客尘烦恼所染，即同时具有清净如来藏和杂染阿赖耶的意义。《入楞伽经》卷七则对这种说法进行调和，以如来藏为善不善因，"阿黎耶识者，名如来藏，而与无明七识共俱……如

---

①　（宋）求那跋陀罗译《杂阿含经》第45卷，《大正藏》第2册，第330页。
②　（东晋）佛陀跋陀罗译《大方等如来藏经》，《大正藏》第16册，第459页。
③　（宋）求那跋陀罗译《楞伽阿跋多罗宝经》第2卷，《大正藏》第16册，第489页。
④　（北凉）昙无谶译《大般涅槃经》第8卷，《大正藏》第12册，第648页。

来藏识不在阿黎耶识中，是故七种识有生灭，如来藏识不生不灭"①，这说明阿赖耶识与如来藏识有交接之处，就一切法所依来说是如来藏，而如来藏在缠为烦恼所覆则为杂染的阿赖耶识。《大乘密严经》对两者关系的论述则为不一不异，"如来清净藏，亦名无垢智……佛说如来藏，以为阿赖耶，恶慧不能知，藏即赖耶识，如来清净藏，世间阿赖耶，如金与指环，展转无差别"。② 从这些经典中关于如来藏的论述看，如来藏一开始与阿赖耶识的关系就难解难分，如来藏一方面表示清净藏，另一方面为阿赖耶识的杂染所依，在《大乘起信论》中杂糅了这些说法，而提出一心开二门，即以如来藏统摄阿赖耶识的杂染门，以真如心为能摄一切法生一切法，由此引来内学院等人的一系列批评。

从内学院诸君对《大乘起信论》的批评看，他们受到日本佛教对《大乘起信论》文本的怀疑的影响，望月信亨等日本学者考证《大乘起信论》，后梁启超也参与此辨别真伪工作，译介日本学者的考证成果。进而由对文本、作者真伪的怀疑转为对其理论本身的彻底怀疑。欧阳竟无率先作《唯识抉择谈》批评《大乘起信论》智如不分，真如无明互熏，与分别论思想相近，不似大乘，动摇了中国化佛学的基础。但欧阳竟无对唯识学当中的如来藏思想并非完全否定，如来藏学的真我论倾向在唯识学当中已有，他所极力反对的是如来藏缘起的主张，其门下弟子对如来藏思想的批评则有过之而无不及。王恩洋的《大乘起信论料简》进一步将《大乘起信论》视为伪论，引起僧学界诸多责难，继之又有吕澂将《大乘起信论》《楞严经》等一律视为外道，把批评范围扩大到如来藏系宗派所推崇的其他经论。从王恩洋的《大乘起信论料简》看，他主要反对真如缘起这一点，认为真如不可说能生，这与欧阳竟无认为真如寂然不动，无能所边事一致。反驳者如唐大圆、常惺等均抓住王恩洋对一心开二门中真如生一切法的"生"义理解失误而展开。后太虚作《起信论唯识释》来调和唯识与如来藏之争，用唯识思想解释起信论，认为起信论为针对地上菩萨心境，旋即引起王恩洋的反对，撰《起信论唯识释质疑》与太虚展开辩论。除太虚《起信论唯识释》之外，印顺也站在其师

① （元魏）菩提留支译《入楞伽经》第7卷，《大正藏》第16册，第556页。
② （唐）地婆诃罗译《大乘密严经》卷下，《大正藏》第16册，第747页。

立场，指出如来藏学为印度佛教发展中的一支，不能完全忽略。并且以唯识学来判摄如来藏学与以如来藏学来判摄唯识一样，均是门户之见，立场不同，不能相互诋毁。这些争论收录在张曼涛主编的《现代佛教学术丛刊》第35册《大乘起信论与楞严经考辨》中，《华林》第一卷所载黄夏年《二十世纪〈大乘起信论〉研究述评》也对起信论之争做了详细回顾。

可以说，围绕《大乘起信论》展开的如来藏学之争是后来熊十力《新唯识论》之争的铺垫。因为吕澂公然视《新唯识论》与《大乘起信论》等伪经、伪论一鼻孔出气，将《新唯识论》归属如来藏缘起思想之流。牟宗三在《佛性与般若》中则维护师说，并站在如来藏系宗派的立场反驳内学院诸君的态度为门户偏见，力证如来藏学乃印度佛教义理发展的必然阶段。这就正式抛弃了《大乘起信论》之争的文本外衣，以更广泛的教派义理之争取而代之。从牟宗三公然为如来藏系宗派辩护的立场看，他与太虚大师武昌佛学院一系一样，均维护中国佛教传统三大宗派立场，并且把内学院对如来藏缘起的批判和《新唯识论》引起的争论联系起来，站在如来藏缘起的角度维护师说，实际上表明了《新唯识论》与如来藏思想之间的某种关联。就《新唯识论》遭到的内学院的批评看，内学院也倾向于把熊十力对唯识学的改造看作一种如来藏缘起思想，说明两者确有遥契。近代如来藏学的发展可谓与唯识学交互影响，而由《大乘起信论》和《新唯识论》引起的两场公案来看，也说明如来藏学和唯识学思想有交叉部分，使学者们也开始注意到两者之间的理论联系，探索如来藏学与唯识学的融合之路。《新唯识论》无疑则可看作当时调和佛教内部这两系思想争论的产物。

第三节　对《新唯识论》的总体定位及评价

《新唯识论》引发的各方争议，特别是儒佛间论战不仅涉及双方思想内容上的差异，还说明双方立场不同，对《新唯识论》儒佛会通的理解不同。就熊十力自身而言，他关注的是理论的创化与完善，是将儒佛两家做一学问式研究，并没有注意到双方的宗教品格所带来的教义本质差异。而佛学界及内学院等诸反对者则重在强调佛学之为一教义内容所具有的特殊性，不能在宗教信仰上加以动摇。熊十力所谓哲学本体建构，在他们看来与传统儒家辟佛立场没什么不同，是对佛教之为一宗教的根源性批判。如此一来，双方立场不同，目的不同，自然误解丛生。也可见，对《新唯识论》思想内容的认识及评价应立足熊十力本人的儒佛会通主张，并考虑到儒佛之争中亦宗教亦哲学的双重品格，这是由儒佛两家的思想特殊性所决定。那么，《新唯识论》会通主张在何种意义上是可取的，又应该如何看待这种做法所引起的争论，则对其做一总体定位及评价就成为必要了。

一　折中儒佛，归证自心

首先，熊十力在《新唯识论》当中表达的是会通儒佛的立场，不能单纯以援佛入儒、扬儒抑佛来概括。他认为儒佛两家通则两全，离则各病。只有将众说旁通博采，才能脱离门户之见，以真理为旨归。就儒佛两家而言，各有所证，都无不是，就探求真理的角度说，就应该综合两家。"吾惟以真理为归，本不拘家派，但《新论》实从佛家演变出来，如谓吾为新的佛家，亦无所不可耳。然吾毕竟游乎佛与儒之间，亦佛亦儒，非佛非儒，吾亦只是吾而已矣。"① 这可以看作他的自我评价。《新唯识论》的写作出发点以探求真理为目标，这决定了熊十力出入各家并综合各家理论，表现出一种视域融合的倾向。而在这一过程中，《新唯识论》体现出的思想也不能仅仅用儒或佛来概括，而是出入于两者而又有所不同。

就熊十力在《新唯识论》中对佛家的批评看，他的理论可以说是在吸取佛教思想后批判性的继承，一是借用佛教中的诸多概念来阐发自己的思想，二是在阐发过程中反过来又批评这些概念本身，实际上是对这些概念做出自己创造性诠释。而之所以说有继承，是因为在批判中建立自身体系之余，他所阐发的概念又与佛家原有概念的本意不谋而合，而由概念引申出的诠释路线及推导结论不同。

他对唯识学的批判有四个方面：境识关系、二重本体、种识关系、种现说，由此引申出对以阿赖耶识为根本虚妄识的整个唯识体系的批评，实际上是转向真常唯心论。其中，他对境识关系的批评是认为境无识亦

---

① 熊十力：《新唯识论》，中华书局 1985 年第一版，第 404 页。

应无，这一点显然与唯识学并不冲突，而是出于他对唯识之识的误解所致。就二重本体的批评看，以种现为一重体用，以真如为二重体用，是对种子含义的实体化理解所致，这一方面与欧阳竟无的二重体用划分不无关系，也与窥基注解《成唯识论》及后人对种子说的注释不无关系。他倾向于将种子理解为一种潜在势力，而在他自己的新唯识理论体系中仍然保留了这种意义上的种子概念，以种子为无量潜在势力，这种理解也不能说违背唯识学种子义。由此延伸到对种识关系，种现关系的判断，而得出唯识学体用割裂的结论。但在他对体用不二的阐述中却不难发现，其所谓体用不二与唯识中体、相、用的一致并无冲突。虽然双方在体与用的内涵上，概念的使用外延上不完全一致，但体与用的不二形式双方均认可，这种批评无疑也是建立在经过他自己一番曲解认识后的唯识学的基础上。而他自己对本心与习心、功能与习气、翕与辟的二重模式的划分可以说无一不是吸取了唯识学二分思维而建立。正是在唯识学条分缕析的概念名相结构中才使熊十力建立起自身体系，构成熊十力《新唯识论》整体框架的并非别的，而是他自身所批判的唯识系统，只不过最终他主张建立绝对一元本体来统一这些概念，走上哲学诠释道路。同样在唯识学的影响下，他的一元体系中由此表现出既想体用分明，又想体用合一、甚至不二的张力。也正是在提出以一元本体生二的框架下才最终体现出他转向儒家的思想分野，即改造佛教缘起说为本体生成论，在根本问题上与佛教南辕北辙。就他对一元本体、本心的强调看，内学院与佛学界诸人倾向于将他归入如来藏系思想一类，而其他教外学者则倾向于将他归入儒家。可以说他在佛教内部是倾向如来藏学，在儒佛之间则最终转向儒。不少研究者也指出了这一点，如石峻认为，熊十力的佛教思想较接近华严"一切有情，皆有本觉真心"①，郭齐勇认为就佛教而言，熊十力较接近台、贤、禅，就儒学与佛学而言，熊十力倾向于儒，"熊先生的《新唯识论》走的仍是佛教中国化的路子，是沿着《起信》——台、贤、禅——宋明儒的路子走的"。② 不过，《新唯识论》表达的主要还是观儒佛之通，对儒家的补充是通过吸取佛教思想实现，与

---

① 萧萐父主编《熊十力全集》附卷上，湖北教育出版社2001年第一版，第422页。
② 萧萐父主编《熊十力全集》附卷上，湖北教育出版社2001年第一版，第554页。

他晚年流露的尊儒一家毕竟不同。所以,在佛教内部来说,熊十力一方面大量吸取唯识学概念和二分的思维结构,并在阐发过程中不自觉地与唯识学本义相合,另一方面则表现出倾向于如来藏学心性旨趣。在其新的唯识理论中则更多地体现出融合唯识学与中国佛教如来藏学的思想倾向,是在吸取两系思想的基础上得出的一种倾向于儒的理论形态。另外,熊十力吸取佛学义理的目的还在于回应西方,补充儒学之不足,所以他从科学、知识论、生物进化等多角度对唯识学进行诠释,挖掘唯识学当中可以用来回应西学的内容,可以说是以佛化西的一种尝试。

其次,对《新唯识论》的儒佛会通思想的评价应放在儒佛交涉的背景下考虑。可以说《新唯识论》是近代儒佛交涉关系的新发展,表现出不同于以往儒佛关系的新特点。从近代儒佛关系看,《新唯识论》是近代儒佛交涉的直接源头。《新唯识论》的儒佛会通思想超越了传统儒佛交涉关系中互相批判有余而吸取不足的缺陷,而把儒佛关系的重点放在吸取双方思想精华而达到新的理论创造,是在应对西方文化冲击下力图发扬中国传统文化的儒佛道各家智慧之力量来共同对外,非单纯的儒佛意气之争的产物。这使《新唯识论》更多体现出对儒佛思想价值层面的理论建构,表现出视域融合精神和包容心态。

应该说,儒佛之间的关系交涉由来已久,就以往古代的三教关系而言,佛教在传入之初就曾引起过巨大争论,但三教关系的处理基本上与社会政治问题有关,三教关系的探讨也主要围绕维系社会来进行。汉代佛教传入除了经典翻译的格义,借儒道思想的原有概念解释佛经名相以外,自董仲舒独尊儒术以后,显然在政治上确立儒家正统地位,而佛道仅仅为其补充。魏晋南北朝时期由此有针对佛教伦理思想的几次争议,包括沙门敬不敬王者之争①、白黑论之争②、报应论之争③、神灭神不灭之争④,佛道之间则有夷夏论之争,等等,可以说这些争论基本还是围

---

① 由东晋庐山慧远《沙门不敬王者论》引起,乃风俗礼仪与名教之争。
② 刘宋时期还俗沙门著《白黑论》(即《均善论》),贬斥佛学,辨孔释异同。参见《宋书·蛮夷传》。
③ 这是由对佛教因果报应论的解释引起的。东晋庐山慧远《三报论》、孙绰《喻道论》、何承天《达性论》等针对儒佛之间因果报应问题之争。
④ 同样与慧远有关。慧远作《形尽神不灭》文,后齐梁范缜与梁武帝就形神问题继续展开,使争论达到高潮。参见《梁书·范缜传》。

绕佛教与中华本有儒道文化在礼仪、风俗习惯等方面的差异进行，其中不乏主张三教为本末内外，殊途同归之说者，但论证基本上是从维系社会稳定的角度考虑，以儒家文化为封建王朝的正统。自南北朝佛教寺院兴起、僧侣人数增加后，三教之争主要又是围绕各自生存发展的经济利益、社会利益考虑，争论的目的无非为了取得政治上的统治地位，而结果往往是封建统治中央集权的出面干预告终。历代帝王的毁佛灭佛还是兴佛，无一不与其政治经济上的需要有关。三教之争就往往演变为利益之争、门户地产之争，可以说是官方对宗教的强制性干预。这由中国古代政教合一，教服务于政，从属于政的特点决定。所以，古代的三教关系有主流和支流问题，有统治地位与从属地位问题，有相互依赖求生存发展的利益问题，由此产生的义理之争其实主要是为现实利益服务，缺乏客观、公正而平等的对话环境，并没有现代意义上的学术开放性可言。这使得传统的儒佛之争常常带有政治色彩、利益色彩，缺乏宽容精神和开放眼光，儒佛思想上的交流、哲学内容上的探讨并不深入，缺少形上建构。如《明儒学案》《宋元学案》中理学家们的辟佛论虽然不乏对佛教义理内容的批评，但多数是从出世入世的角度谴责佛教不服务社会，消极避世，争论当中意气有余而思辨不足，倡导三教合一的理论性文章也主要从佛教社会功能与儒相一致，善化众生出发，用熊十力的标准看，这都尚未达到会通水平。总的说，由于受制于政治对宗教的控制利用，传统三教之争往往是地位不平等，环境不开放的。

而民国时期，随着列强入侵，社会动荡，国家政权名存实亡，社会矛盾集中在中西之间，这使得儒佛之间由传统的利益之争转变为有了共同的对抗目标，民族矛盾与国家救亡图存的需要使民族精神得到团契，儒佛得以一致对外，以此回应西学，抵御西学东渐。此时的儒佛之争，则围绕学术讨论进行思想交流，相互学习以补充不足，并不是古代以来的世俗利益之争，而具有时代性、学术性、开放性。儒家也不再成为封建国家的正统学说，独尊地位的打破，诸子学的齐头并进，使各家学说可以站在平等的角度对话，由此才有《新唯识论》的产生来调和诸家理论，可以说是儒佛交涉关系的新发展。同时，就《新唯识论》的儒佛会通站在形上学体系的建构角度来说，无疑其会通思想比以往的三教关系论更精致化，更理论化，更具创造性，体现了对唯识学的现代诠释和对传统佛教思维的现代转换。熊十力本人也认为，《新唯识论》并不同于传统宋明儒学家对佛教的批判。就别人指出他与宋儒同样是以禅学会通孔学这一点，他表示宋明儒只是稍参禅理而未能虚怀以究，实际并未知禅本意，与他综合佛教诸家，又贯通易学的开放视野并不相同。说到底，其思想虽融摄诸家，但最终以内证自心为旨归，才能实现思想上的创化与一元本体论哲学体系的建构，完成他对中国哲学文化大传统的思考。

二 亦宗教亦哲学

与此相反的是，教界人士对熊十力的做法不以为意，他们站在维护正统佛法地位的角度对《新唯识论》展开一系列护教式批评，标举宗教旗帜，说明了会通本身的亦哲学亦宗教性。就儒佛两家来说，根本教义不同导致精神旨趣乃至内部概念系统的不同，而这些不同在教内人士看来是非常明显的，这与儒佛之作为不同宗教教相的特质有关。

首先，儒佛会通在熊十力那里是一种理论主张、哲学创建，说明会通纯粹是理论建构上的相观摩、相学习、相吸取，它不是制度、器物层的，也非世俗功利层，而是精神层面、信仰层面的内在交流。会通作为一种方法，是熊十力为沟通儒佛，促进双方认识的加深而做的努力，是一种对话行为。只是在这一过程中，熊十力没有考虑到儒家的宗教性，同时也就忽略了佛教的特殊性，将会通完全作为一种哲学方法来看待，才导致遭到佛教界人士的抨击。站在宗教对话的立场来看儒佛会通，则《新唯识论》所体现出的儒佛之争议与分歧便一目了然。

就《新唯识论》文本看，其儒佛会通涉及四个层面，分别是前述本体论、心性论、体用论、修养论。就本体论言，佛教并无宇宙创生层面的本体，也不建构形上哲学本体作为万物本源，缘起思想体现出鲜明的非实在论观念，熊十力推根溯源，从真如、涅槃等概念上追问本体的意义，这促使他在对本体的属性描述上，会通佛家之寂静和儒家的仁，寂而仁，仁而寂才构成本体之全德。可以说，熊十力以真如为本体，这是一种哲学角度的解读，真如表示常如其性，表无变异，说明缘起而性空之理是可以作为一肯定性、根源性的价值存在，在肯定性、根源性的意义上，可以说这一概念与熊十力想极力证明的本体概念在内涵上有相通之处。就涅槃作为成佛追求的最高境界看，这一终极关切的绝对至上性也体现出存有意义的一面，这与儒家的天道境界都是超越的、非实在论视域的。所以，佛教虽没有本体论结构，但与儒家相比，双方对终极超越的描述及内涵的认可是可以沟通的。因此，熊十力抓住儒佛两家的核心概念所体现出的内在价值，以佛家之真如对应儒家之一元本体，以涅槃对应仁德境界，并非毫无根据。由此引申出对本体属性的描述、综合、会通则成为可能。但是，由于非实在论的思维方式和非本体的世界观的差异，儒佛对终极实体的认定有分歧，熊十力抛弃缘起说，脱离缘起而谈性空，实则是违背佛教基本教法，所以导致各方批评。这说明，在终极信仰上，双方由于各自立教不同，必然不可通约，虽然对终极存有的描述可以相观摩相比较，这是因为追求至真、至善、至美的理想多多少少折射在人们对不同宗教信仰对象的描述上，不同文化民族的人们都赋予终极实体最美好的描述，在这些表达当中总能看到价值上的相通之处，如对终极信仰都给予最崇高的地位，赋予神圣、全能等意义。这也反映出宗教信仰对象的特质上的某些普遍性、一般性。

就心性论层面而言，这涉及儒佛双方教义内容上的比较。儒佛均有心性学的描述，有自己的一套心性论系统。而在对不同终极意义的描述下，相应地心性论内容也自然不同。由于儒佛双方交涉历史源远流长，语言交互影响的积淀深厚，所以在对心性描述的语言形式上有相似。从历史看，佛教传入中土就一直走在中国化的路途中，熊十力及其弟子均注意到佛性概念在传入中国后的演变与佛教心性论中国化的关系，注意到儒家思孟学派的心性传统对佛教心性论的形成有着重要影响，有些研究者也持类似看法。[1] 心性论层面的语言描述上佛教是有取于儒家传统的，而在唐以后，佛教心性论的壮大成熟、思想体系的完善又进一步对宋明儒家形成文化刺激，影响了宋明理学心性论的形上化，可以说双方是相互渗透而相互促进，这属于由共同语言空间带来的教义层面的交流。正是这种经典传入过程的格义、语言概念表达上的借鉴促成了教义层面交流的深入，这是从宗教信仰的表达逐步进入信仰对象本身的沟通过程。

---

① 赖永海即强调佛教受儒家心性论的影响，参见其《佛学与儒学》一书。

熊十力试图改造唯识染心为净心，以本习分能所，在佛教内部而言是以如来藏学格义唯识，在儒佛间则是以儒家性善论格义佛教的无始无明。然而，儒佛间心性论上入路不同，义理上自然各有千秋。熊十力所谓的心性会通也只能是语言方式上的思维转化，是对佛教心性论内容形式表述上的创造，而并未改变双方各自独立的义理系统的差异。不过，语言层面的加深了解可以刺激双方各自在理论描述上的转变，影响各自心性论内容的更加精致化，更臻完善，乃至达到理论上的互补。所以，心性层面的儒佛会通应该尊重双方教义内容上的差异性特殊性，心性论上不同宗教的多元化、多样化有利于扩大由心性认识通达宗教修行层的涵盖面，使个体能自由选择对己适合的修行路线，无论是从染转净还是返本还原，都同样具有宗教修养价值上的普遍意义。

　　从体用方法论看，体用是中国文化传统特有的概念。所以体用既属于方法论，也属于思维方式上的互通，是为了认识本体与本体之外的一切之间的关系所产生的一种思考模式，也可以说是哲学上诠释和理解本体的一种中国式方法。就儒佛两家言，体用概念双方均有，但含义不同。熊十力的做法是抓住其共性，取消佛教相的概念，融相入用，简化佛教的体、相、用三重关系。其优点是突出实体与个体间的关系，取消了中介，而缺点则是使问题单一化，平面化。在宗教意义上说，体可视为终极实体、信仰对象，而相则是媒介、宗教文化形式，具有象征意义，用则属功能层，对信仰个体有修行意义。而媒介是不可或缺的，所以相应该有其相对独立性，信仰对象与信仰个体间不能完全没有张力，相的存在应作为信仰者理解信仰对象的中间一环。而体用层的不二，是熊十力对中国传统哲学体用概念的继续延伸，是再度诠释，只不过他加入了佛教之相用分疏、西方本体现象论，所以体现出体用意义的现代性。可以说熊十力对体用概念的反思是完全从哲学建构上考虑的，所以该层面的宗教意义并不突出，对终极关怀与现实世界、神圣与世俗的阐发远远不够。若从其体用关系看，则用归于体，体用不二，实际上其处理神圣与世俗关系的态度是折中权变，只侧重其和同性，而没有注意其差异性。但实际上这种对神圣与世俗的相即面的强调恰恰反映出中国宗教的视域融合精神和整体性思维特点，才会有人间佛教运动的发展，形成稳定而协同的中国宗教文化共同体。

体用关系的不二性却同样为内学院欧阳竟无及熊十力所承认，可以说，对体用不二的共识反映出儒佛双方在认识方法论上有切入点。作为宗教修行的个体总是希望能够认识、体认，甚至直面宗教信仰对象本身。个体的终极追求使得他们往往希望能获得神圣的宗教体验，而这一宗教体验之所以可能，就在于个体认为宗教信仰对象的不离弃人。众生皆有佛性、天道不远人、因信称义等诸宗教信条或多或少反映出这一心态。作为终极境界和终极追求的存有不是别的，而是人们内心认为能体知，能获得依赖感、亲近感、神圣感的归处，在这一意义上，体用不二成为共识，成为人们表达与终极信仰对象接通的理想模式。体用不二这一特定概念恰恰折射出诸宗教的共同呼声，尽管人们对拯救道路的理解不同，对救赎过程的认定不同，但这一诉求背后的理想模式之间是有默应的。

从修养论层面说，儒佛两家入路不同，强调的侧重点不同，但都是宗教修养上的可行方法。唯识学的闻熏和儒家的返本各有特色，并且两种方法在修养工夫上缺一不可，相辅相成，所以这一层面的争论只能说是门户之见大于是非真伪之辩，其中并无对错问题。片面比较双方优劣就显然没必要了，只能说根据信仰个体的需求、根机利钝不同选择适合自己的修行道路。因此，修养论上应允许差异性多样性。就熊十力的会通思想而言，实际上他是阐发禅宗与儒家修养上的共同面。而从他创造性地运用佛教遍计所执性来解释科学知识的存在来看，一方面可以说是对唯识学的现代诠释，另一方面通过这种具有宗教价值意味的执性的判断说明了科学不能解决人生问题，高扬了人本主义立场，反击了其时代的科学万能论和唯物风潮。另一方面，虽然他肯定闻熏得来的知识，但仍重在返本，所以他格外提出性智，这就是对个体觉知性、对天道体认的强调，突出宗教体验的特殊性和重要性，无疑彰显了信仰层面的神圣感，说明了灵性修养的深层问题。可以说，正是在熊十力对性智、对体认的描述上，可以看出儒佛两家的不同宗教精神，体现出儒家的宗教性格。这在牟宗三那里，则发展为一种对中国儒释道传统的智的直觉的概括，将儒家作为一人文教的特殊品格发挥到极致。

那么，熊十力及其门下何以认为儒佛之间的这种亦宗教亦哲学的义理会通成为可能？从熊十力儒佛会通的几方面看，他着力寻找儒佛双方在价值观念表达中的基本共同点，基于这些共同点他创造出自己的哲学体系。而这一共同点，在后世新儒家那里则将之概括为"内在而超越"，这也是现代新儒家对中国宗教特殊性的归纳。就《新唯识论》看，本体－宇宙层是上贯于天而下创生宇宙，贯通于人，所以心性论层有本习之分，以一元本体翕辟成变而构成心物二元，本体有其超越性。而返本还原之所以成为可能，对天道的体认、性智之所以可能，就在于天道内在于人，本体非离人而外在之物，所以自识本心即求得本体。反映在方法上则是体用不二，用不离体，即用而见体，所以能使天人合一、性修不二成为可能。这与如来藏缘起一切法而同时佛性本有、个体修证成佛具有可能性、必然性相一致，这个必然性就体现出内在面，作为终极存有的本体即是既超越而又内的。正是根据这种理解，熊十力的几个层面的儒佛会通成为一完整体系，构成对儒佛两家理论的综合叙述，提炼出内在而超越的共性。在他的弟子唐君毅、牟宗三那里，乃至第三代新儒家杜维明处均一直反复强调和阐明这种思想，以此作为中国宗教，特别是儒家宗教精神的明证。唐君毅在《人文精神之重建》《中国人文精神之发展》等多处阐发中国宗教的内在而超越精神，强调中国宗教的人本性，结合西方基督宗教的神性，构造出世界宗教发展的大方向。他特别强调儒家的宗教意识是即道德即宗教，对宗教的判定是以道德为标准，而在他的心通九境中以基督教归向一神境、佛教我法二空境、儒教天德流行境为最后三境，肯定了佛耶两家的宗教境界。而对宗教间冲突的消除就在于寻找各大宗教中宗教精神的共同本质，各宗教信仰具体内容描述上差异万千，但各宗教的宗教精神有内在一致性，在这个意义上他是通过寻求宗教精神实在论来协调宗教间矛盾。就牟宗三而言，他将儒家的内在而超越做了详细论证。他认为儒教的特点在强调主观面，天道是既内在又超越的。他说：

> 天道高高在上，有超越的意义。天道贯注于人身之时，又内在于人而为人的性，这时天道又是内在的（Immanent）。因此，我们可以康德喜用的字眼，说天道一方面是超越的（Transcendent），另一方面又是内在的（Immanent 与 Transcendent 是相反字）。天道既超越又内在，此时可谓兼具宗教与道德的意味，宗教重超越义，而道德

重内在义。①

所以，牟宗三认为，儒教虽不具备普通宗教的仪式，但已经将宗教仪式转化为日常生活中的礼乐活动，而且以全部道德意识和道德实践贯注于宗教意识宗教精神中，重点在人如何体现天道上，所以儒之为宗教是可以成立的。这与1958年唐君毅、牟宗三、张君劢、徐复观四人发表的《为中国文化敬告世界人士宣言》中提出的看法相一致，特别证明中国民族的宗教精神在于内在超越性，一方面有敬天祭祖的超越意义，另一方面天人合德，人的价值在于如何体现天道，这与基督宗教强调上帝的外在超越至上性形成对比。杜维明在阐述内在而超越时补充解释到，用孟子的话这就是所谓"掘井及泉"②，越是深入内在自我，反躬自省，越能超越上达天道，超越紧扣内在，在个人道德修养、成圣过程中不断实践天道，体认天道，尽心知性知天。

另外，牟先生还从无执的存有与执的存有出发对儒佛道三家的内在超越做了综述，他认为不仅儒家存有层具有这种特点，在佛家，特别在如来藏系三大宗派那里也具备这种特性。从无住本立一切法，从如来藏自性清净心的概念来理解，则内在而超越同样适用。

对于内在而超越这个概念，在学界引起广泛议论，以基督宗教上帝为外在超越的观点引起一些学者的非议。李明辉认为，就超越的意义使用看，新儒家提出的超越义，一方面指超出自然界，另一方面指超出人的认识能力。③而就超出自然界而言，天道与上帝均有此内涵，但上帝存在与人是创造与被造关系，是万物的第一因；而就超出人的认识能力这一点上，基督宗教无疑更强调上帝的不可知，神的做工和统摄世界是一个奥秘，神对人的拣选同样超出人的认识范围，得救在于神的恩典，而儒教则更突出人可上达天道。除此之外，还要注意的是，这一概念是

①　牟宗三：《中国哲学的特质》，上海古籍出版社1997年第一版，第21页。

②　《杜维明文集》第一卷，《超越而内在——儒家精神方向的特色》，武汉出版社2002年第一版，第345页。

③　郑家栋、叶海烟主编《新儒家评论》第一辑，中国广播电视出版社1994年第一版，第197页李明辉文《儒家思想中的内在性与超越性》。

在中国宗教文化传统的语境下展开，不能与西方宗教一神论语境中的超越①混谈。抛开各方对超越与内在字面意义理解的不同看，以内在而超越作为中西宗教分界线可以说多少还是能反映出中国宗教特色的。当然，并非西方基督宗教就全然是外在超越，只能说双方特点、侧重面的比较而言有不同，任何对内在、外在、超越意义理解的狭隘化极端化都不利于宗教间交流。

因此，正是在超越而内在的前提下，基于这种对中国宗教特点的认识，使熊十力的儒佛会通理论成为一可能，并且也使儒佛对话在多层面成为可能。不仅是语言文化上，乃至对教义的哲学诠释上，基于对终极实体的这种特质的概括，使双方在交涉中的理解逐步加强。从佛教汉化的历史看，中国化佛教发展的过程也说明了儒佛间宗教对话的可能性在于从多角度、多层面寻找共同点。熊十力为首的新儒家对终极实体的内在而超越的概括无疑是基于儒佛交涉关系发展史及理论面综合得出的。

而佛学界及内学院之所以对《新唯识论》大加批评，无疑也是抓住宗教信仰层的差异，说明作为宗教的儒佛间本质的不同。熊十力则更注重哲学层面的儒佛会通、思想创造，所以双方难免各执己见。这也说明了在儒佛间对话的亦宗教亦哲学性。忽略儒佛作为宗教性格的特殊性而凭空建立哲学体系无疑不可取，而片面狭隘断言儒佛完全不可通约而互相攻讦同样不是宗教对话所应该具有的姿态。就《新唯识论》儒佛会通的四层面说，本体层涉及核心教义，是宗教信仰深层的对话，而心性论同样关乎信仰内容上的差异，故在这两方面难以达成更多共识。体用方法上由于概念运用的相似而可以在哲学义理上进行探讨，修养层则因侧重点不同而各有千秋，属于宗教修行上的讨论。而根据心性层儒佛交涉历史看，语言模式上的转化最终使双方虽在教义上各异，但无疑促进了相互了解。所以，这几方面的儒佛会通对于理解宗教间对话无疑具有普遍意义。

---

① 西方基督宗教是一神论传统，上帝与人类的关系是造物主与受造物的关系，人的出路在于信、望、爱，在此基础上等待上帝的救恩降临，是一种由上而下的救赎道路，道成肉身的耶稣同时是三位一体的耶稣，人是圣言的倾听者，圣灵充满是上帝对人的恩典。所以，基督宗教传统的超越意义与非实在论宗教传统下的语境有别。人能体认天道，重在强调体认、能知，也并非人即是天道本身。人人皆能成佛是强调觉，觉首要的意义同样是知、体认，内在而超越是一种自下而上的思路。

第七章　从儒佛会通到宗教对话

从《新唯识论》儒佛会通理论及由此引发的系列争议看，儒佛之不同是作为宗教性的不同存在，是不同宗教系统下的不同，所以自然非哲学理论的建构所能消除这种差别。另外，熊十力的这种做法遭到教界批评，却不意间反映出儒佛之别确实是不同宗教之别，所以他门下的新儒家才继续将这一思路延续到底，在探讨儒佛会通问题上更注意宗教间差异，更注意吸取佛教思想来完善己说。更重要的是，新儒家试图以佛学会通西学，回应西方基督宗教的立场，体现出积极的对话姿态，而会通佛学是他们回应西学的一部分，那么，如何从处理中国宗教间关系问题上升到处理中西宗教问题，这是儒佛会通理论给我们带来的新的思考。

第一节　宗教对话的类型及基本理论

可以说，宗教学这门学科兴起之初，其奠基人麦克斯·缪勒就道出这门学科的比较性质，他曾经形象地用"只知其一者，一无所知"① 来说明研究不同宗教的必要性。对诸宗教的比较研究方法由此成为宗教学研究的基本方法。同样的，在宗教对话当中，这一规则仍然适用。基于比较宗教学的视角，宗教对话是可能而且必要的，同样，基于全球化多元化的境遇，世界宗教的深入交往也是必要且不可避免的。如何在诸宗教并存的环境下看待他者，看待宗教间差异及处理宗教与世俗关系，这都是教内外人士无法回避的问题。对宗教对话问题的研究已成为西方宗教界关注的话题之一，保罗·尼特的《宗教对话模式》一书对基督教内宗教对话模式有系统归纳。可以说，西方基督宗教界所提出的宗教对话模式是在以基督宗教为主体的视角下来考虑。以下我们先对西方世界的宗教对话模式略加回顾，再论述目前中国学者对宗教对话问题的研究及

---

① 〔英〕埃里克·J. 夏普：《比较宗教学史》，上海人民出版社1988年第一版，第45页。

思考。

一　宗教对话的类型学分析

就宗教对话的主体来区分，宗教对话涉及宗教界与其他世俗团体，不同宗教之间，同一宗教内部不同教派等多方面。宗教与世俗世界的对话，可以说是宗教外对话，不同宗教之间，有学者称为宗教内对话①，这虽然容易与同一宗教系统内部对话相混淆，但也具有一定合理性。因为在同一宗教系统内部情况较复杂。例如，就基督宗教世界来说，基督教、天主教等分宗有异，基督教各派系间同样有别，他们自己内部尚不完全认为他们是同一教相系统，同蒙神的恩典，这一意义上看基督宗教世界的对话也可以属于宗教内对话，是区别于基督宗教与基督宗教世界以外的其他宗教间对话而言。但是，就佛教来说，佛教内部不同宗派间教法体系的一贯性与传统观念的延续性保存得较好，严格说来不能算是宗教内对话，因为各大宗派对佛说三法印的认可是一致的。所以，大体上说，不同宗教间的对话相对于世俗世界来看属于宗教内对话，而同一宗教内部不同分支间相对的也可以说存在宗教内对话的现象。这样一来，为了更好的区分宗教对话的层次性，使宗教对话的研究对象和研究语境更具针对性，我们姑且把宗教与世俗其他利益团体的对话视为宗教外对话，宗教内对话情况由于相对不同对象而言用法有别，姑且将不同宗教间的对话称为宗教间对话，而将同一宗教系统内对话称为宗教内对话。这是结合目前对宗教对话问题研究的几种类型分析而得出的结论。现在，我们把宗教对话分为宗教外对话、宗教间对话、宗教内对话三类型。

宗教外对话，是宗教与世俗世界关系的问题，宗教如何在当代社会看待自我与他者的关系，非宗教界人士又应该如何看待诸宗教兴起并存在的生活环境，宗教与世俗世界如何联合起来为世界和平和人类发展做出贡献等问题，这是宗教外对话所关注的要点。在这一层面看，人道主义的、人性的原则对一切人及一切人类团体是平等适用的，这种平等意味着宗教外对话首先建立在共同的世界利益共同体基础上，宗教并未将世俗排除在外，同样的，世俗世界也应该对宗教等而视之，在这一共同

---

① 参见王志成《和平的渴望》《解释、理解与宗教对话》等书。

生存环境下，双方有对话基础，对话的目的是携手建立我们生活的同一家园，这一目的不变，则对话至少最低限度是减少战争，减少利益冲突，维护和正确看待世界和平。人间佛教运动的兴起可谓其中一个典型，人间佛教始于民国以来的太虚人生佛教革新运动，针对佛教自身羸弱不堪和社会救亡运动的需要，积极主动地调整自身理论方向，适应社会变革救亡图存的需求，参与到全民救国的运动中，由此赢得社会各界对佛教的尊重与支持。

宗教间对话的问题更复杂，它涉及不同宗教传统的信仰差异，这一差异的宗教性决定了宗教对话的目的并非取消或更替对方，而是加深认识。宗教世俗化和多元化的境遇是各宗教所共同面临的问题，面临这些境遇，如何理解诸宗教并存，如何理解人类的救赎道路，如何理解自己的宗教在当代社会所处的位置，如何处理自我和其他宗教徒的关系都成为问题，这些问题构成宗教对话的基础。儒佛会通在某种意义上就是宗教间对话，儒佛会通引起争议也在于这涉及宗教间对话。当然，儒佛之间的对话与中西对话不同，与儒耶对话、佛耶对话也不同，儒佛两家是非实在论的无神信仰宗教，同时在中国宗教世界内共存的历史悠久，其理论上的交互影响与宗教教义特征描述的关联性更多，这是中国宗教内部对话问题。而基督宗教是一神信仰，有上帝崇拜，与非有神论的佛教、儒家在宗教建构类型上不相同，这是宗教间对话当中需要注意的。概括地说，宗教间对话由于信仰结构的差异，又可以分为实在论（有神论）宗教间对话，非实在论宗教间对话，实在论与非实在论宗教间对话。

宗教内对话是当代神学家也非常关注的一个问题，基督宗教世界各宗派和教团由于神学传统上的差异和对圣经理解的不同导致它们风格迥异，在最终救赎问题上并未达到相互间认同。宗教内对话更多地是共同处理同一对象的问题，如如何看待圣经文本，教义教法。佛教内部也存在各宗分立和义理分歧，从原始佛教发展之初的几次集结和分裂就可见出同一宗教内部仍各有分野，甚至同一宗派内部也屡见异说，如禅宗的南北分宗，天台宗的山家山外派等。宗教内对话主要围绕核心教义传统进行，是为了对同一信仰对象的内在诠释获得一致性和理解上的延续性，为了继承和发扬本宗宗旨这一共同目标。

二　宗教对话的理论建构

宗教对话的层次是基于宗教对话的类型上的多样化而必然作出的考虑，由于宗教对话的类型不同，对话对象的特殊性，相应地应该做出不同层次的对话区分，层次性也意味着步骤性，说明对话的循序渐进是保证对话能合理展开的前提。目前，大陆学者对这一问题提出了不少看法，丰富了西方宗教学界对这一问题的讨论，以下结合中西学者的理论建议对这一问题试做分析。

就西方宗教学界对宗教对话模式的探讨言，保罗·尼特的《宗教对话模式》一书立足于基督教如何与其他宗教对话的问题，其中有置换模式、成全模式、互益模式、接受模式几种。置换模式的代表人物为卡尔·巴特，他提出以基督教置换其他宗教。成全模式的代表为卡尔·拉纳，他则提出著名的"匿名基督徒"说法，以基督教为对其他宗教的成全。互益模式以约翰·希克、雷蒙·潘尼卡及保罗·尼特本人，三者之间观点并不相同，而是从各自角度阐发了对多元论的理解。接受模式以乔治·林贝克和马克·海姆为代表，他们认为不同宗教目标不同，本质不同，不可能在对话上有什么突破，实际是接受宗教多元论的格局，让每个宗教彼此尊重而独立发展。归纳起来，在宗教对话中，西方宗教学界有三种立场引人注意，即排他论、兼容论①及多元论。排他和兼容的立场就是前所谓置换模式、成全模式的态度，无疑都带有西方中心主义思维色彩，试图通过不同方式达到将其他宗教纳入基督教名义下的目的，无疑不具有理论普遍性。而多元论因其试图相互交流相互沟通的积极态度成为现代社会探索宗教对话中广泛讨论的一种模式。就多元论而言，王志成将多元论又分为实在论的多元论和非实在论的多元论。实在论多元论以约翰·希克、雷蒙·潘尼卡为代表，均不同程度地通过寻求宗教本质来解答多元问题，可以称为一种本质主义立场。而唐·库比特则提

---

① 一般把卡尔·拉纳的匿名基督徒理论看作兼容论的代表，而张志刚将起草《全球伦理宣言》的汉斯·昆也视为兼容论代表，汉斯·昆主张诸宗教都有其合理性，没有唯一绝对真理，殊途同归。就殊途同归这一点说，这种看法与希克相去不远。参见张志刚《当代中国宗教关系研究刍议——基于国内外研讨现状的理论与政策探讨》，《北京大学学报》（哲学社会科学版）2011 年第 2 期。

出第二轴心时代的观念，从后现代主义的立场解构宗教本质主义，将宗教生活化、日常化，将宗教对话作为不同艺术家之间的开放学习，可以说是一种非本质主义的立场。除此之外，目前国内还有学者注意到保罗·尼特的立场有别于他自己所归纳的以上几种模式，而是一种本着全球伦理实践责任的"宗教实践论"①模式，带有鲜明的行动色彩，即主张诸宗教间的平等对话应基于现实的全球普世问题，如生态、人类苦难命运等问题来展开，诸宗教有责任有义务致力于社会和平与人类幸福的共同主旨。实际上，这相当于将宗教对话中信仰内容的部分悬置起来的办法，而以现实的世俗的需要取而代之。

这里主要分析一下希克、雷蒙·潘尼卡、林贝克、库比特四人的主张，他们当中既有代表基督教传统的保守性的一面，又有批判性的后现代新方法，体现出新旧之交、传统与后现代间的宗教对话张力，而他们提出的问题无疑也具有代表性，反映出宗教对话理论中普遍存在的难点。

希克较早就注意到排他与成全模式的不可取，他认为诸宗教对终极实在的认识是平等的，他从实在论的观点出发，认为不同宗教间表达着一个共同的东西，引起神学界的反感。而大陆也有不少学者已经对他提出设难，如段德智认为，希克的多元主义试图设定一个宗教间共同的终极实体，而将宗教对话平面化为一般哲学对话，将诸宗教的终极对象设定为一现象界对实体的表达。②王志成则认为希克的多元主义是一种批判实在论，但同样属于寻求宗教本质主义的做法。可以说，希克的做法确实是本质主义的思路，是在肯定多元宗教情况下的求同。大体上人们认为，希克这种寻求终极实体的做法借用了康德关于现象与物自身的认识概念。更为强烈的批评③认为这种多元论实际上排斥了宗教信仰的特

① 宗教实践论的提法见张志刚《当代中国宗教关系研究刍议——基于国内外研讨现状的理论与政策探讨》，《北京大学学报》（哲学社会科学版）2011 年第 2 期。另外，王志成也认为保罗·尼特的全球责任视野具有很强的实践性色彩，是广义的宗教多元论者。宗教实践论的提法与前三种宗教对话模式的划分标准不同，并非基于个体对实在者的认识，不从信仰角度分判，所以不列入宗教对话模式讨论之列。

② 段德智：《试论希克多元论假说的乌托邦性质》，《宗教学研究》2001 年第 3 期。

③ 〔加拿大〕威尔弗雷德·坎特韦尔·史密斯：《宗教的意义与终结》，董江阳译，中国人民大学出版社 2005 年第一版，译者序第 16 页。

殊性，否认宗教真理的客观性绝对性，其预设的前提是各个宗教说的都是同一回事，实则过分的宽容导致同一化教条化，是对宗教信仰的独断。甚至还可以说，多元主义的笼统性同一化无疑会导致对宗教教义定义的不严格，乃至宗教的泛化。

可以说，雷蒙·潘尼卡是宗教间对话的代表，他认为自己既是一个基督徒，又是一个印度教徒，还是一个佛教徒，深受东方文化的影响，他的宗教对话理论可谓富有亲证和实践意义，因此被人们称为"宗教对话之父"。他在探讨宗教对话问题中提出了很多创见，并不断思考和完善着对宗教对话问题的研究。这里只略提与本书议题相关的几点。首先，就他的宇宙－神－人共融经验来看，这种直觉观为宗教间对话提供了真正的可能性。对话的主体首先是人，而人不仅能思，且能观，观是指一种内在生命体验的释放，人与宗教信仰对象之间不是隔绝的，而是有灵性而能不断自我超越的，用儒家的话来说，即内在的超越性，所以，宇宙－神－人共融的视域对理解宗教间协同性的一面至关重要。

另外值得一提的是形式相似的等价物观念，他认为这是促进宗教间对话的有效方法。所谓形式相似的等价物，是寻找自己面对的文化、宗教中那些与本己宗教在形式上发挥相应作用的相似的等价物。① 这个等价，可见是指价值上的同等地位、相当、相应之义。如上帝与梵的观念。并且，潘尼卡在论述形式相似等价物这一概念时，他是从宗教与哲学之间的互益出发，在发掘诸宗教中那些属于哲学上的形式相似等价物的词语来阐明不同宗教间对同一价值描述的相似性，这种从文化传统、哲学传统来思考宗教传统中的宗教语言的做法，可以说也是具有本质主义色彩的追根溯源思路。

另外还值得研究的是，宇宙－神－人共融的提法是否能为各宗教普遍接受仍是个问题，特别是从神的提法看，这一模式似乎仍带有实在论的观念色彩，东方非有神论体系的宗教如何理解宇宙－神－人共融，虽然潘尼卡认为宇宙－神－人只是方便提法，不表示含有实指的有神论意义，但从他另外的一些观点看，这一提法仍是值得思考的。如他虽在一

---

① 形式相似的等价物（homeomorphic equivalent），参见〔印度〕雷蒙·潘尼卡《对话经——诸教的相遇》，四川人民出版社 2008 年第一版，第 59 页；王志成《和平的渴望——当代宗教对话理论》，宗教文化出版社 2003 年第一版，第 117～123 页。

和多问题上主张不二论，但为了将多元论的兼容推而广之，将东方宗教纳入进来，却说耶稣是基督，基督不是耶稣，基督在其他宗教里也做工，尽管人们不称其为基督。所以，基督既有不为印度教所知的一面，也有为印度教所知的一面。① 最后一句话可以看作宗教间形式相似等价物的表述，但这里的关键在于，潘尼卡将基督作为宇宙中的象征，而这一象征又完全可以表征在其他非基督宗教里面，而后期他又认为所有的人本质上都可以说是基督徒②，这自然遭到基督徒的普遍反对，无怪乎保罗·尼特将他视为离群的多元论者。③ 而且如此一来，他的宇宙－神－人共融的表达也就难免带上有神论色彩，并且他的提法似乎已经越出多元论的范围，不意间走向实在论的多元论。他的宇宙－神－人共融，似乎是受到东方宗教直觉体验，天人合一的非实在论宗教观影响，但又带有基督徒式的一厢情愿，因此他的这些观点可以说是出自他的亲身体验，而未必具有宗教对话上的普遍适用性。可惜笔者无法阅读完潘尼卡本人的作品，只能从目前大陆翻译的潘尼卡的作品及对他的介绍性研究中获得对潘尼卡的一些认识，从这些有限的认识中看，潘尼卡提出的这些观点都是值得进一步研究的，也仍有商榷空间，作为具有多元宗教信仰身份的潘尼卡本人的思想必然是宗教对话研究中不可多得的宝贵资料。

　　林贝克被认为是后自由主义神学家，他认为语言先于经验，而不同宗教属于不同语言世界，因此是不可通约的，宗教的表达，即语言，词汇也是不可翻译的，只有在各自的宗教文本里，那些词语才能被理解。所以，没有一种宗教可以被另一种宗教所衡量。可以说这一观点道出了诸宗教之间的不可通约性，而这种不可通约是信仰核心上的。严格说来，由语言所承载的宗教教义确实有其独特性，不可翻译性，但不可翻译不完全意味着没有理解的空间。应该说各宗教的特殊教法和语言体系是独特的，但不是完全不能理解，要看通过什么方式、什么途径来理解，理

---

① 王志成：《解释、理解与宗教对话》，宗教文化出版社 2007 年第一版，第 166～167 页。
② 王志成：《和平的渴望——当代宗教对话理论》，宗教文化出版社 2003 年第一版，第 143 页。
③ 王志成：《和平的渴望——当代宗教对话理论》，宗教文化出版社 2003 年第一版，第 143 页。

解的程度的多少问题。况且，理解不意味着趋同，趋同并非宗教对话的目的，林贝克无意于展开对宗教对话理论的思考，但他的语言学的观点很容易让人误以为他所认为的宗教对话就意味着趋同、整齐划一。而不同语言世界的宗教体系有着价值上的相应，即潘尼卡所谓的形式相似等价物，在诸宗教的各自教法中，那些相似等价物是存在的，人们对宗教的基本描述和人的认知结构是相应的，作为人这一普遍群体的共同点并未改变，这不应该忽略。另外，语言虽然在流动变化，但这种流动是在承载传统的基础上的稳定调整，语言的变化与传统的延续并不矛盾，人们借着语言来表达信仰，表达信仰中的核心观念，而对这些观念的表达又影响着教义语言上的不断调整，语言与宗教经验的表达是相辅相成的，那么理解和翻译也就随着语言的嬗变和文化传统的积淀与更新而不得不说存在着未来的可能。林贝克认为，处理诸宗教间的关系在于好邻人政策。即让诸宗教作为邻居般和谐共处，最好的方式是让邻居知道我们是谁，而不管他们如何看待我们，如何回应我们。① 然而，笔者认为，"让邻居知道我们是谁"在某种意义上已经意味着他们知道我们，而我们是谁包含了他们对我们的理解，也就是说，对话仍然是存在的，理解仍然是需要的，但对话的目的不是趋同，这才是真正的好邻居。

　　唐·库比特作为第二轴心时代的代表也是不得不提到的人物。对他而言，第二轴心时代意味着我们要从传统的实在论的世界观转向面对我们的生活世界，即一个非实在论的、虚无、多元主义的世界。这意味着宗教即生活，宗教就在我们的生活中，是我们的生活方式、语言影响并改变着传统宗教观，而这一传统，他更多地是指西方基督宗教的实在论传统。所以他提出太阳伦理学，认为人要像太阳般直接呈露，可以说，充分的生活即超越，当下即永恒。② 笔者认为，库比特的观念确实更开放，更具革新性，甚至他的整个宗教哲学研究方法都是不同前人的，所以被称为具有颠覆性的第二轴心时代。然而，他的观点也可以说是宗教世俗化当中宗教社会功能的二律悖反的产物，反映出宗教世俗化过程以来宗教观念已经发展到无神论阶段，他对宗教的解读已经进入解构传统

---

① 王志成：《解释、理解与宗教对话》，宗教文化出版社2007年第一版，第169页。
② 〔英〕唐·库比特：《太阳伦理学》，王志成译，浙江大学出版社2009年第一版，第11页。

宗教观念的阶段，所以说是后现代的姿态。而他的宗教对话观，可以说更适合无神论者，非实在论世界的信徒也许也会比有神论宗教徒更容易理解这种观念。在他的理想宗教世界中，个人就是宗教的主人，灵性的人，神的人，他对人之为人的主体性具有相当的信心，是将人神圣化同时又世俗化，又将世俗与神圣之中介取消的做法。按照他的观念推而广之，没有任何界限，一切都是超二元而又内在于生活当下的，平常心是道也许就是他想表达的那种宗教生活。然而，正如二律悖反这个词语所传递出的信息一样，非实在论的宗教观也无法回避实在的问题，后现代始终是在现代性的基础上产生，革新式的激进与传统式的回流是文化发展的脉搏。我们可以理解这种观念的产生，却很难认同灵性对话与诗性生命的一蹴而就。更何况，这种一蹴而就是要直面生活，建立在生活世界基础上的当下体验，这意味着相对性、无限可能性、虚无性。真正的精神自由应该是能在虚无中游戏，而在游戏中，承认虚无并不意味着接受虚无本身，游戏中的身份调换仅仅是游戏，而非真我。而过于光明的地方无疑什么也看不见，那将意味着绝对的黑暗，这是太阳伦理学的危险所在。

第二节　宗教对话的层次性

宗教对话模式的提出是西方宗教学界根据当代宗教多元并存的境遇而做的思考，他们从基督宗教如何面对多元宗教存在的情况而得出各种各样的结论，这些宗教对话模式也就或多或少地围绕基督宗教与其他宗教相遇的问题展开。可以说，以上的宗教对话模式无一不是从基督宗教立场出发而得出的结论。目前，我国学者也不甘落后，积极反思宗教对话模式问题，在参与宗教多元对话的过程中表现出主动性姿态，他们努力让基督宗教世界了解中国宗教，为此，中国宗教学界的诸多学者在宗教对话的层次性问题上贡献颇多。

一　层次性的划分

与西方宗教学界及诸神学家对宗教对话的理论建构构想有别，国内学者站在已有的宗教对话理论基础上进行反思，他们不是急于提出自己的宏大构想，而是审慎地区别出宗教对话的层次性，这种做法值得称道。

段德智认为，宗教对话应分为信仰层面和文化层面的宗教对话①，他根据史密斯《宗教的意义与目的》与蒂利希的观点而得出这一结论。史密斯认为，信仰本身关涉着不可观察的彼岸超越世界，而信仰的表达关涉的则是可观察的此岸世俗世界。前者是宗教生活的超越因素，后者是宗教生活的尘世因素。蒂利希则认为，宗教的主要内容是信仰的理解和文化的理解，信仰的理解是宗教中神圣永恒的内容，而文化理解则是世俗变动的内容。所以，宗教可划分为宗教信仰和对信仰的表达两大类，宗教文化就是对宗教信仰的表达的部分，而宗教文化因为借助世俗语言，尘世化语法而必然有着其世俗性的维度，这就为宗教对话提供了可能。段德智②进一步认为，根据宗教中信仰与信仰的表达两个不同部分，宗教对话中存在着可能性与不可能性，信仰层面的对话属于深层对话，是间接对话，因各宗教的信仰核心内容不同，差异巨大和排他性特征。而宗教文化层的对话可以是直接对话，宗教文化是宗教信仰的表达，最终可通过文化层面的对话逐步可通过达至信仰层对话。所以，信仰层的对话通过文化中介和个人生存体验中介可以间接实现，这是基于对宗教本质特征的考虑，从宗教定义上做出的层次性划分。

王志成是较早关注西方宗教对话理论的国内学者之一。他对宗教对话问题的理解也随着他不同时期翻译和研究的对象不同而发生变化。他先提出宗教对话应分为人性层、理性层和灵性层三个层面。③ 人性层即是最低限度地保证对话在维持人的基本生存权利和全球伦理的基础上开展，基于人性原则，而理性层则涉及人的自由意志，运用理性判断认识，达到知识上哲学上的了解，灵性层则涉及个体修行，属宗教体验深层。值得一提的是，他将灵性层作为个体修养的共同需要，在灵修境界上可以消除宗教间个体差异性，达到内在灵魂的超越。各个宗教灵性层的修养的提高最终促使个体生命完善，进而有利于消除宗教间人性、理性层

① 段德智：《宗教概论》，人民出版社 2005 年第一版，第 404 页第三节。
② 段德智：《宗教概论》，人民出版社 2005 年第一版，第 409 页。
③ 王志成：《宗教、解释与和平——对约翰·希克宗教多元论哲学的建设性研究》，四川人民出版社 1999 年第一版。

的矛盾，走向人际和谐，灵性实在论成为他的构想。① 可是说，这是从宗教对话的内容上，不同主体上来划分。他的对话层次构想是基于他对多元主义先驱约翰·希克的扬弃而提出。同时，他还受到雷蒙·潘尼卡灵性多元主义的影响，并最后转向唐·库比特非本质主义的立场，所以，他又提出成长模式②，说明宗教对话是灵性的成长，具有无限的可能性。2004 年他开始倡导第二轴心时代，认为宗教对话转向了第二轴心时代对话，也就是某种非本质主义的对话，要放弃宗教实在论结构，体现出对雷蒙·潘尼卡和唐·库比特的综合，表现出对宗教对话问题的开放式理解态度。

就王志成对灵性层的描述看，灵性层恰恰介于段德智的信仰深层与文化层之间，因其中涉及个体信仰的深层体验，既不能说仅仅是作为中介的个人生存经验，也不能说跟信仰深层的神人关系的独一性无关。灵性实在论恰恰是难以实现和难以进行对话的提法。而成长模式的开放性态度值得肯定，但第二轴心时代的非实在论倾向却令人不敢苟同，对宗教多元化发展的未来需要更多的时间来考察。

周伟驰对王志成的划分有所回应，他认为，王志成的思想倾向于基督宗教中较开放的一派，但这并非西方主流地位的宗教哲学，其翻译和介绍的仅仅是与我国当前思想背景较一致，较容易被理解的非实在论的一派。更重要的是，宗教非实在论有自身的局限，有着宗教消费主义和宗教实用主义色彩，其主体不再是宗教，而是多元化的人。哪怕是希克的宗教哲学也有内在矛盾之处，既要拆解传统基督教神学的基督论，又想坚持物自身与现象的二重划分。而这与反实在论的库比特的上帝观相类，他们虽然都颠覆了传统意义的上帝，但在仪式上仍是遵从传统的，"这是新酒装在了旧瓶里"③。这说明，王志成所倡导的第二轴心时代，其实也并非与库比特等人的颠覆性非实在论思想趋同。宗教多元化的何去何从仍然需要审慎思考。

---

① 王志成、思竹：《神圣的渴望——一种宗教哲学》，江苏人民出版社 2000 年第一版，第 270 页第三节。
② 王志成：《和平的渴望——当代宗教对话理论》，宗教文化出版社 2003 年第一版。
③ 周伟驰：《彼此内外——宗教哲学的新齐物论》，宗教文化出版社 2008 年第一版，第 117 页。

周伟驰进一步提出，一种宗教对其他宗教的恰当态度也许是包容论加过程论。[①] 他以儒家的和而不同的实用主义与庄子的齐物论为例，认为宗教对话应该在坚持自己立场的前提下尊重他人的信仰，不忙于否认，才能争取动态的视野融会。

何光沪也对王志成的看法有所保留。他站在本质主义的角度试图归纳终极实体的本质特征，寻求宗教对话中的实体共同要素，设立宗教对话的基本目标，其看法属于传统的实在论的多元主义范畴。何光沪与王志成、思竹等围绕本质与非本质主义的宗教对话问题进行了往复探讨，构成中国学者对全球宗教哲学的本体论之争[②]的回应。

赵敦华在《只是"金规则"吗？——评宗教对话的一个误区》[③] 一文中也间接反思了宗教对话层次性，他从 1993 年《走向全球伦理宣言》出发，认为宗教伦理的道德规则中有金律、银律、铜律、铁律之分，对于不同宗教间的道德规则的描述也应该从这些原则区分，有最低限度的共同性，乃至中间限度的过度性，到达各自伦理原则的最高标准的特殊性。这种区分无疑也是考虑到宗教对话中的层次问题，就宗教伦理的沟通看也应该注意区分不同伦理原则间的层次不同，发挥铜律优势，以神圣公正为标准，求同存异。宗教与其他社会组织有社会功能、世俗伦理原则及语言文化的相对共同性。有一致的社会环境为对话背景，在宗教与政治、科学、艺术及其他团体间可以从最基本的社会功能的维系出发进行对话，也就是发挥铜律优势，以社会共同目标为对话基础。基于求同存异的立场，自然是应该从对话可能性的最低限度起步，才能逐步实现金律上的相互理解。可以说，对宗教对话层次性的反思已经成为国内学者们关注的问题，相比国外学者围绕基督宗教为中心来考虑宗教对话的结论更符合中西宗教对话的现实情况。

可以说，国内学者对宗教对话层次的理解是在借鉴西方多元论思想下批判式的发展起来的。我们认为，无论是文化层与信仰层的划分，还

---

① 周伟驰：《彼此内外——宗教哲学的新齐物论》，宗教文化出版社 2008 年第一版，第 129 页。

② 参见段德智《"全球宗教哲学的本体论"之争及其学术意义》，《浙江学刊》2008 年第 5 期。

③ 载《社会科学战线》2008 年第 2 期。

是灵性成长的提出，都是具有理论建设意义的。将宗教对话的层次划分为文化层和信仰层虽然含义较模糊，两个层次之间很难界定清晰，但在对宗教对话的直接层和间接层的肯定上说明了宗教对话的不可能性与可能性，也承认了宗教当中个殊性的因素。这是对宗教内涵的本质规定和最佳肯定，宗教对话无疑也应该建立在对宗教本质内涵的理解基础上方可展开。

对宗教对话分为人性、理性、灵性三结构的做法涉及对话内容上的划分，尺度不明确，且灵性层的界定既包括个体生存体验，也涉及最隐秘深层的信仰核心，无疑不可能通过直接对话来实现，更不要说以此为宗教对话的基点了。宗教对话的主体也因人而异，这三个层面存在于一个完整的对话个体中，无法完全分别观之，而因此对对话内容的考虑也就无法完全一分为三了。另外，非实在论的立场我们刚才已经进行了反思，成长模式固然是一种开放式态度，但成长模式的提法只是肯定了宗教对话应该和平地展开，动态地发展，过程论地成长，而并未涉及对宗教对话做方法上的考量，实际上等于没有提出建议。在这一点上，非实在论的主张确实难免带有实用主义和消费主义，甚至相对主义的色彩。这种对宗教虚无化的理解是否能为时间所接受，尚未明朗。

以上对宗教对话层次性划分的理解和各种看法暗示了一个问题，即在展开宗教对话之前，宗教对话的基本前提是什么，是否应探求共同本质，这仍属于全球宗教对话的开放式问题，需要更加深入研究。不过从希克到后现代主张宗教日常生活化的库比特那里还是可以看出他们各自理论的优劣点，双方各有所长，应该相互补充以使宗教对话的形式完善化。因宗教对话问题的根结并不在于以建立一种本质或非本质主义的前提为目标，而应该从宗教对话中现有的具体环境出发来分析宗教对话的实际情况，从中才能得出有利于探讨宗教对话的合理结论。另外，这里恰恰反映出保罗·尼特倡导全球实践伦理的做法，这种悬置信仰对象，不讨论差异性的做法反而更符合目前宗教对话服务于现实社会生活的需要，至少在人性层面最低限度地保证了宗教对话的和平性质。

二　儒佛会通的层次性

结合《新唯识论》的儒佛会通来做具体分析，这是中国宗教间对话对解答宗教对话所提供的启示。

首先，就宗教对话的类型看，宗教内对话、宗教间对话、宗教外对话这三类对话的主体不同，其中涉及具体的对话层次问题也不同。就单个宗教内部而言，可以通过判教的方式确定内部差异和地位不同，以此实现内部对话。熊十力与其门下唐君毅、牟宗三均留意到佛教的判教思想，熊十力对空、有两宗的解释，对真谛和俗谛的区分，就是基于佛教内部教义所表达的教相不同来进行。唐君毅、牟宗三对判教思想的吸取更为明显，唐君毅的心通九境就是基于对教相不同的认识，并以华严宗的判教理论为依据。牟宗三则根据天台宗的判教原则评价诸宗，并提出佛说教法有分别说与非分别说之别。基于佛陀说法的应机教化，对于不同人群在不同场合会有不同的分别说，所以初看以为空宗、有宗乃至具体的大大小小诸家各执一词，实际上都是从分别说的角度阐发佛陀本怀，只有到达圆教立场才是对一切学说的非分别说，才达到理论上的圆满无缺。所以佛教内部他以天台为圆教，以此判定其他诸宗。另外，源于佛陀应机说法的特点形成的判教理论，牟宗三由此还引申出对儒佛道耶教各宗教之间的判断，根据圆教必达圆善的原则，以德福一致为标准，将诸宗教分为离教和盈教的不同。这就把判教引申到不同宗教间。但是，若从宗教内部判教原则看，这不失为宗教内对话的一种方式。

不同宗教之间的情况则更复杂，熊十力及其门下所力图处理的儒佛关系就属于不同宗教间对话。就熊十力来说，他主要从哲学体系的建构来处理儒佛关系，他关心的是作为哲学的佛家与儒家间义理的共同点，也可以说是一种寻求共同本质的做法。他试图通过儒佛本体、心性、方法论、修养工夫几个层面的理论会通来达到寻求本质的目的。唐君毅和牟宗三则延续他的路线，提炼出一种内在而超越的特征为中国宗教的共同点，以此特征来说明中国宗教的共性。对于儒佛间，他们则仍然采用处理佛教内部的判教方法，继续发挥圆教思想，唐君毅在九境当中以儒教的天德流行为最高境，通过对宗教意识的道德性的强调以确立儒佛耶之间的圆满与否，实际上是一种判教思维。就牟宗三而言，他同样试图通过寻求本质，以智的直觉为沟通中西哲学的桥梁，特别以此解决康德的现象与物自身之间的紧张关系，以人可有限而无限，并不是只有上帝才能认识物自身，人有自由意志，有智的直觉，所以道德才不会仅仅作为实践层的上帝设准，才具有真正必然性。他也是通过道德意识来判断宗教间的地位高下，但在他自己的圆教系统中是以儒为正盈，佛老为偏盈，有人格神的耶教则为离教。

顺着中国宗教的内在而超越这一本质出发，牟宗三认为耶教的上帝也应当内在而超越。上帝不能高高在上离于人道，他会通儒佛兼顾及中西，提出自由无限心（即智的直觉）作为各不同宗教的共同点，在宗教中的信仰对象与信仰者的关系有此共通性。而各民族众生机宜不同，表述不同，所以每个宗教的教相不同，但都是人通过某种途径展现其个体生命的过程。人的追求无限的特点使人可以即内在即超越，他说：

> 因此，虽知教之一途只彰显一义，然既是无限心，则其所彰显之一义即不因教之限而自限，因此，亦不执此一义而排他，因为若排他，即非无限心故。不但此一义不排他，而且此一义即通全蕴，全蕴尽收于此一义。此之谓圆盈教之大通。然须知此大通不是一个教，乃是各圆盈教者之通达。至此，教无教相，乃得意而忘教也。只是一真实生命之作其所应作，一无限心之如如流行。此如如流行，此作所应作，吾不知其是属于儒教者，属于佛教者，属于道教者，抑或是属于耶教者。[①]

所以，各宗教会通之后的最高境界只是个体生命的无限自由心的展现，是不同途径达至圆教之途，最后就并无所谓儒耶佛之分。这使人很自然地联想到希克关于不同宗教寻求一个共同实体的比喻，即不同宗教都是在爬同一座山，只是方向路途不同，最终大家都会爬到山顶。但同时牟宗三又注意到普遍性中的特殊性，认为每个民族的宗教源于内在生活，有特殊性，所以各个宗教的发展不能简单地以耶教化或儒教化来解决。中西文化之间应是相融相即而不相碍，不失自性。可见他是在肯定各宗教的普遍本质的基础上保留各宗教自身到达圆教的途径的多样性。这种想法既有本质主义的一面，也包含非本质主义的因素。就信仰层各民族宗教体验的特殊性来说，无疑本质主义是不奏效的，这即是对不同途径的肯定。

---

① 牟宗三：《现象与物自身》，台湾学生书局 1990 年初版，第 454～455 页。

　　由此可以归纳出熊十力为代表的门下新儒家在处理宗教间对话的主张。就《新唯识论》儒佛会通的思想言，无疑是一种哲学体系内的儒佛会通，唐君毅、牟宗三延续这种思路，首先把作为哲学义理的儒佛乃至中西文化进行会通，而寻找出中西宗教的共同点应在于终极实体的内在而超越性。他们突出不同宗教间共同的宗教意识，并且通过儒佛间多概念的对比，即一种类似雷蒙·潘尼卡寻求"相似等价物"的方法，来获得对儒佛间共同宗教观念的认识。

　　然而，判教的方法使他们认为儒家的道德意识更为根本，实则回到儒家道德形上学的护教立场上。在宗教对话中，这是以哲学层面的体系创造来解答宗教间差异，无疑与希克的多元主义假说理论类似。希克也试图通过寻求宗教间终极实体的特质来体现各各宗教背后有一个共同的终极实在，而将宗教间的义理差异视为对一个共同体的不同表达。两者都是通过寻求终极实体，肯定各宗教背后有一共同实体属性来解读宗教差异。而希克的做法的缺陷无疑已经被研究者们所论及。研究者们也注意到在宗教对话中无论采取何种态度，设立何种对话目标始终是一个悬而未决的难题。

　　实际情况往往是无论以基督宗教来取代其他宗教、设立匿名基督徒，还是像希克多元主义那样设立一终极实体实际上取消宗教差异，都隐含着设立对话目标的前提。研究者们无疑是从解决宗教冲突、协调宗教矛盾的立场考虑问题，并且或多或少试图通过本质主义的做法来缩小宗教间差异，使宗教走向共同化。问题是，这样的前提是否可取？是否可以不带任何理解的前见就进入对宗教对话的思考并且抱着消除宗教差异的野心？即使个人理解前见不可避免，那对于宗教对话目标的设立可取吗？事实是，在设立宗教对话目标的过程中人们往往背离了宗教对话自身，而急于匆匆忙忙为解决问题提供方案，使对话过程过早暴露出独断和功利的动机，没有注意到宗教徒自身的教内立场。当研究者在讨论解决方案时，他们已经离开了宗教内部而转移到宗教与宗教外部之间的对话中，抛弃了宗教对话自身的宗教性。对宗教对话问题的考虑，无疑要区分层次及让对话展现自身。

　　一方面，归纳本质的做法有其合理性，在宗教学研究中仍然意义重大。就熊十力儒佛会通的主张而言，这是站在哲学义理建构的角度。唐君毅、牟宗三虽然注意到儒佛作为宗教的特殊性，但就他们的理论建构看，无疑是站在中西文化比较的立场，对宗教共同性的提炼，意图在于寻求儒家的宗教地位，最终在判教上显露出对儒家价值观的高扬。但是，如熊十力诸君，乃至希克等多元主义学者在宗教对话中的本质主义立场，也可以说是在宗教对话中部分研究者难以避免的立场。这是因为就研究者来自教内教外不同领域，教内中也有派别不同来看，部分学者可以说具有出入于教内外的双重身份，并往往以教外研究者的立场来看待宗教对话。这使他们在提出方案时带有自身前见，而往往从理论思辨、哲学、心理学、社会学等教外角度来研究问题，那他们由此做出的对话判断也就不免忽略宗教个殊性差异，或者只看到本己宗教的个殊性，而把另一宗教一般化。

不过对宗教本质的探讨、寻求"相似等价物"、对不同宗教信仰对象的实体性归纳，对深入研究宗教内涵，挖掘宗教本质仍具有重要作用。宗教对话中的寻求本质的做法在一定程度上确实可以加深人们对宗教共通性的认识，更深入了解宗教的特殊性。反之，对于宗教本质认识的加深又会影响到人们对本己宗教内部的理解，对信仰层的内核部分有更清楚的认识。这恰恰反映出宗教对话从直接到间接的展开的可行性。哲学义理诠释、语言概念的交流互用、思想路线的阐发、大范围的义理争论看似纷纭，实则逐渐会影响人们对宗教信仰教义本身理解的变化。从历史上三教关系的发展，特别是佛教的汉化来看更说明了这一点。佛教初传经历了几次大的争论，不同程度地围绕教内外的伦理规范、风俗礼仪方面进行，实则属于文化层、人性层的宗教交流，乃至佛典翻译的格义，诠释上的互补，再到近代以来熊十力对唯识学的解读，对宗教做对象性研究无疑是必需的。而人性层面、理性层面、伦理世俗层面，文化语言层面的交流，关于信仰的表达的那些描述在相互对话的过程中相互渗透、相互浸淫，无疑将会为信仰主体的灵性开放和灵性提升提供心理积淀。而对信仰对象表达的逐步的语境开放又会使人们对宗教的理解加深加强，在对话的过程中发现自我，并超越自我。可以说，宗教对话就是在这种和而不同的交流态度中得以实现的。宗教对话的目的不是趋同，恰恰是别异，而本质主义的探究方法使得别异的过程具有吊诡性，别异不是绝对的对立，相反，是宗教精神的展开和提升，是终极超越境界的协同并进，承认差异性多样性是对话的前提。

另外，宗教对话要肯定宗教的个殊性，保留差异，而不能以学术上的理论探讨取而代之。这就有必要强调信仰层面和修养实践层面上的无前提性、无目的性。即在间接层的宗教对话不应该预设对话目标，不应该有意图的带入自身价值判断。多元主义之所以会被当作一种独断，就在于忽略宗教间的特殊性。实际上，宗教对话本身不在于探讨诸宗教是否同属一个终极实体、还原本质，更不在于试图以社会功能、社团利益等外在企图强加给信仰者及信仰对象。对信仰者而言，对话的平等性在于相互了解而不是相互认同，对宗教本身的基本尊重在于从其自身价值出发而非趋同性格义。儒佛会通的做法是义理层面的哲学思辨产物，虽然并不适于信仰层面的对话，但对于促进对话的展开仍具有深入作用。我们不赞同以判教形式来区分诸宗教的高下，判教适用于宗教内部问题的处理，而会通正如牟先生所说的那样，是在分辨儒佛毕竟不同的基础上的互相学习，这才是良性对话，也是会通的目的。

对话的过程是漫长而艰辛的，对话自身将展现其自己的意义，这也是由信仰者的生存体验需求所决定，信仰层恰恰是灵性对话的展现，属于生命本身的内在沟通，基于个体、地域、民族、时空条件的差异性，对话应该是丰富性的而无预设目的的。

其实，主张后现代解构神学立场的库比特对宗教对话的非实在论的理解恰恰可以作为对宗教对话层次性思考的注脚。他强调宗教的日常生活化，特别提出日常生活语言会改变人们对宗教的描述方式，改变人们的交流模式，这无疑是宗教表达层次的对话。由此间接影响信仰的核心观念，他认为没必要设立对话目标，对话不可能达成一致，寻求真理无效等①，无疑从侧面反映出信仰层对话的特殊性，应保留对话的多元性，实际上是对本质主义与非本质主义的综合。我们虽然不赞同他的非实在论立场，不赞同第二轴心时代以非实在论取代实在论的观念，但在宗教对话问题上不同层次采取不同办法，保留开放式态度，无目的的原则相信更符合宗教对话自身的情况。

---

① 参见〔英〕唐·库比特《宗教研究新方法》，王志成、朱彩虹译，宗教文化出版社 2008 年第一版。

值得注意的是，库比特对宗教对话本质性的消极态度也反映出宗教世俗化趋势下的泛化宗教心态。在寻求本质与反对本质共通性之间究竟还有个张力和尺度问题。在这方面，熊十力及其门下对中西宗教内在而超越的本质概括无疑具有理论创见。应该说，即内在即超越目前在西方学者那里也引起共鸣，希克所谓信仰者由自我中心转向实在中心，就反映出由内在到超越的过程。库比特对宗教日常化、生活化的强调即源于宗教经验的日常化、宗教生活的世俗化，而立足于现世生活无疑是中国宗教内在而超越特点提出的背景。雷蒙·潘尼卡在《人的圆满》《看不见的和谐》中则明确表达了一个宇宙 – 神 – 人互渗一体、共融的经验。人的圆满就在于三者关系的和谐，从对基督的体验中"发现内在性和超越性之间的切向接触"①，这一想法无疑与天人合一更相似。他对上帝的描述是："上帝既内在又超越，既有又非有，又非非非有。再也没有可说的了。上帝就是我们无法谈论的东西。"② 他强调天国在人之中、之内、之间，但对上帝临在的强调与其他西方宗教学研究者不谋而合。可以说对超越者与信仰者之间的关系描述越来越频繁地使用内在而超越这一概念。所谓灵性多元主义，灵性对话同样反映出对对话当中内在性的强调。可以说，对中国宗教乃至西方宗教的这种本质归纳在理论上是有价值的，也反映出对宗教对话的本质主义的研究、文化层面的义理探讨确实是实现深层对话，加深认识的有效途径。不设立共同目标和终极实体，但可以寻求对终极实体描述的共通点，可以说是对本质与非本质、实在与反实在之间协调的初步方法。也就是说，在对宗教对话的研究中，寻求共同点仍是可取的，但不需要以设立共同目标为前提，寻求共同点的目的不在于强行达到一致、趋同。

第三节　走向中西宗教对话的儒佛会通

就宗教学的立场来说，儒佛会通具有宗教对话上的普遍意义。《新唯

---

① 〔印度〕雷蒙·潘尼卡：《人的圆满》，王志成译，宗教文化出版社 2006 年第一版，前言第 6 页。

② 〔印度〕雷蒙·潘尼卡：《看不见的和谐》，王志成、思竹译，宗教文化出版社 2005 年第二版，导论第 6 页。

识论》会通儒佛的做法在某种程度上可看作不同宗教间义理对话的尝试。《新唯识论》四个层面的会通之所以可能乃在于熊十力及其门下主要关注儒佛双方理论的趋同面,扩大并深化了对这种趋同面的认识,并最终提炼出内在而超越作为中国宗教精神的基本特点来涵盖儒佛,这种做法在宗教对话中可以说是一种寻求本质的做法,是通过确立一个共同本质来达到会通的目的。这不同于西方宗教对话中的排他论、兼容论,而较接近于希克的多元主义思维方式。可以说,寻求共同终极实体还原本质的做法有其合理的一面,在对宗教的研究中,寻求共同本质可以加深对宗教内涵的认识,文化层面交流的加强能为信仰层的对话提供更广泛的基础。另一方面,在处理宗教对话时,寻求本质的归纳法则应该有保留的使用。宗教对话的一个基本前提应该是无目的性、无预设性,即采取一种开放式态度,而不必在对话之前就设立一个目标。以往宗教对话模式的诸种缺陷表明,对话双方预设各自的对话企图往往是导致对话无法进行的一个重要原因,对话应首要体现的是不同宗教的文化表达需要,而不是为了趋同。对话并非抹杀差异性和多样性,相反,对话应展现不同宗教的多样性和特殊性。所以,在对话中寻求共同本质仍然是宗教研究中的重要方法,是研究宗教特征的重要手段,但对话本身则不应以整齐划一为目的,对宗教的研究和宗教对话的实践自身应区分开。

一　儒佛会通对中国宗教发展的影响

《新唯识论》儒佛会通是其时代思潮的反映,是近代中国诸文化合流的产物。这种会通思潮是当时社会发展的趋势,儒佛两家不再是一味的相互抵制,利益争斗,而需要共同发展,民国时期佛教界人士对儒佛交涉的观点也主要是站在共同的民族利益角度而言的。《新唯识论》儒佛会通对中国宗教发展的影响主要有二:一是从反面刺激了近代佛学革兴运动的人间化,推动了人间佛教运动的壮大;二是提出内在而超越作为中国宗教的共同点,在一定程度上反映出中国宗教精神的特点。

从第一点看,熊十力保留了传统儒家批评佛教不涉世间的观点,并引起佛教界人士的不满,使他们从佛教内部发掘入世思想加以反驳,这对近代佛教革兴运动的发展无疑也是一种刺激。梁漱溟已经提出佛教为出世宗教的观点,在《东西文化及其哲学》中表达了佛教不适合今世社会救亡的形势,立即遭到太虚的反驳。而熊十力延续了这种对佛教出世观的批评,在与印顺就《新唯识论》展开的争论中,双方围绕儒佛间出世与入世的问题继续展开交流,可以说,古代以来对佛教消极遁世的指责在近代由于太虚人生佛教理论的提出,印顺大乘菩萨道思想的反驳而使情况发生变化。

　　实际上,近代以来佛教界内外人士也同样强调儒佛融合的重要性,强调以儒佛回应西方。近代佛教复兴领袖杨文会对内采取调和佛教各宗的态度,对外强调诸家融合,其门下欧阳竟无有《孔学杂著》问世,以佛摄儒,印光认为"儒佛二教,合之则双美,离之则两伤"①,太虚则倡导人生佛教革兴运动。民国大大小小的佛教刊物大多以佛化命名,以佛化社会、佛化人生、佛化科学等等为己任,还有化声、唐大圆等提出以儒家收入佛教人乘的说法,肯定儒家在人伦道德上的作用。这使人生佛教运动中在对社会的救治方面,对世俗伦理教化上充分吸取了儒家思想,可以说佛教界人士在反驳对佛教出世观的指责上进行了深入反思,并从各方面寻找佛教积极入世的理论证据,人间佛教运动就是这一佛化世间理论的实践形态。陈荣捷认为熊十力开启了佛教儒家化的一流,事实上则可以说,儒家在外王学上的实践,道德层面社会人伦中的教化功能在人间佛教运动中被充分吸取运用,佛教的人间化也反映出儒家人伦道德理想的实现。这时即无所谓佛化或儒化,儒之间虽然在终极信仰层面不同,但在社会伦理功能上则最终合流,反映出中国宗教发展形成了儒佛道共生互补的稳定形态。可以说儒佛之间理论上的相互刺激带来的是实践上的互补。

　　第二,就内在而超越作为中国宗教的通性而言,可以说是将儒家文化的内在而超越的特点扩大到对佛道的解读中,新儒家代表人物对儒家宗教性的论证紧紧围绕内在而超越来进行,这使儒家在失去文化正统地位后逐渐泛化到佛道两家中,成为民族文化的心理积淀和意识基础。这是由近代以来儒家文化的遭遇决定的。

---

①　石峻等编《中国佛教思想资料选编》第三卷第四册,中华书局1981年第一版,第287页。

一方面，儒家文化正统地位由于政教分离的状况被打破，并且随着近代以来反传统的文化批判风潮而逐渐处于备受争议的地位。在这种情况下熊十力为代表的新儒家学者们致力于弘扬儒家文化作为民族文化主流的精神价值，并且以内在而超越作为儒家宗教性的特征，以此反驳西方世界，在《为中国文化敬告世界人士宣言》中得到集中体现。就内在而超越的意义看，他们虽然认为在佛道两家同样具有这种特点，但主要是以儒家为圆教。然而在实践形态上，由于儒家没有佛道那样的固定宗教组织形态，所以没有社会载体，缺乏稳定的物质基础，用新儒家自己的话说，则成为一游魂。这种情况下儒家外王学层面只能渗透到佛道两家中，共同发挥维系社会稳定的伦理道德功能。

当然，内在而超越在现实层面并非不无问题。即内在即超越从反面说，就显得内在与超越均不足。两者之间张力不明显，体现出中国文化的融合思维和中道精神，也反映出宗教精神的不凸显，而现实层面对人性则过分宽容，超越性不够，神圣感不强。也可以说，中国宗教精神的这种现世性带有世俗化特征，在内在与超越这个概念中即反映出这种世俗化特征。在多元宗教并存的当今社会，中国宗教的融合精神和整体思维虽然促进了三教融合，但与西方宗教相比，在理论上无疑反映出自身的过分强调趋同性，对各自义理发展，理论建设推进的动力不足，特征不鲜明，易流于一致。

《新唯识论》儒佛会通之所以不同于其时代儒佛融合的思想，还在于试图以佛化西，以佛学补儒学之不足，再以此回应西方。但是，以佛化西是一种对中国宗教内部问题处理的方式，是采取处理佛教传入的一种老办法。从汉代佛教传入的发展史看，儒佛道的融合是通过经典翻译的格义，风俗礼仪的争论，统治阶级的控制等因素逐渐实现的，经过了佛道式佛教、佛玄式佛教的发展过程。以儒道化佛，现在又以佛学为中国宗教的代表来格义西学，特别是以佛化耶，虽然是一种处理中国宗教与外来宗教关系的思维，但仍然属于传统儒佛交涉关系采取的办法。

二　儒佛对话与中西对话之辨

但是，儒佛对话与中西对话由于对象不同，文化形态差异等因素，必然不可能路线相同。就传入时间和外部环境而言，佛教在汉代已传入中土，历经千年的文化交流和文化传播，已经完全融入中国化的历程中，成为中国传统文化不可忽视的组成部分。并且佛教传入并未带有政治、经济入侵的性质，相反，西方文化的输入在近代才逐步频繁，并且基督教在近代中国的发展是伴随着西方列强瓜分中国的政治企图而来，一开始即带有征服性和殖民性，必然引起民族心理的强烈反抗。无论从输入的时间、历史背景、外部环境来看，都无法与佛教传入相提并论，使儒佛问题一开始即与儒耶、佛耶问题性质不同。

其次，如牟宗三等新儒家学者所言，儒佛两家在义理形态上经过了长期交涉而表现出一定的共同性，如重视内在的心性涵容，非一神创生论等等。而西方基督宗教则以人格神的上帝观为根本特征，这对于上帝观缺席的中国宗教而言无疑是双方在信仰上的巨大差异。希克在归纳不同宗教对终极实体表达时也将基督教归为人格神的终极实在，而以佛教等东方宗教为非人格神的终极实在。另外，就儒家介于准宗教与宗教间而言，使儒佛之间更容易在思想上相互渗透，而没有严格的教派分别。但耶教对信仰独一性、排他性的强调无疑使中西对话之间远非通过语言格义即可实现的。

另外，就目前西方宗教学界对中西宗教对话的探讨看，无论是置换模式、成全模式还是互益模式，无一不围绕解决基督宗教在对话中的立场出发，可以说是西方中心主义思维下提供的对话方案。他们或多或少地站在自身立场来理解宗教对话，在对话中更多考虑自身地位，而对东方宗教的理解和考虑远远不够。从世界范围的宗教对话现实看，目前对话的困难主要是基督宗教理解非实在论宗教的困难，是基督宗教世界理解多元宗教现状的困难。对中国儒释道传统宗教来说，三教并存且多元的情况由来已久，中国宗教共同体的发展已经凝生出一种共存模式。因此，盲目将儒释道三家格义式的比附耶教，难免削足适履，曲意逢迎，与宗教对话的初衷背道而驰。

所以，未来宗教对话的发展应该还是增进相互了解，特别是让西方宗教世界、实在论宗教世界理解非实在论宗教存在这一事实，进而才能提出相对平等的对话模式。在这一过程中需要对不同文化价值采取同情的理解的态度，这不禁又使我们想到保罗·尼特富有睿智的全球伦理实践观，在尚未对信仰内容作出恰当理解以前，也许悬置对这一信仰核心的探讨方是最稳妥的，不是办法中之办法。而在这方面，中国宗教的整体思维与视域融合特点，中国文化的涵容性似乎能给予诸宗教间对话更多启示。

参考文献

一 著作

（北凉）昙无谶译《大般涅槃经》，《大正藏》第 12 册。

龙树菩萨造，（姚秦）鸠摩罗什译《中论》，《大正藏》第 30 册。

（南朝宋）求那跋陀罗译《胜鬘师子吼一乘大方便方广经》，《大正藏》第 12 册。

（南朝宋）求那跋陀罗译《楞伽阿跋多罗宝经》，《大正藏》第 16 册。

（南朝梁）真谛译《大乘起信论》，《大正藏》第 32 册。

（唐）玄奘译《解深密经》，《大正藏》第 16 册。

（唐）玄奘：《八识规矩颂》，《大正藏》第 45 册《八识规矩颂补注》。

（唐）玄奘译《瑜伽师地论》，宗教文化出版社 2008 年第一版。

天亲菩萨造，（唐）玄奘译《大乘百法明门论》，《大正藏》第 31 册。

弥勒菩萨造，（唐）玄奘译《瑜伽师地论》，《大正藏》第 30 册。

无著菩萨造，（唐）玄奘译《摄大乘论本》，《大正藏》第 31 册。

护法等造，（唐）玄奘译《成唯识论》，《大正藏》第 31 册。

世亲菩萨造，（唐）玄奘译《唯识三十论颂》，《大正藏》第 31 册。

（唐）慧能：宗宝本《坛经》，《大正藏》第 48 册。

（唐）窥基：《成唯识论述记》，《大正藏》第 43 册。

蔡元培等：《玄圃论学集》，三联书店 1990 年第一版。

陈荣捷：《现代中国的宗教趋势》，台北文殊出版社 1987 年第一版。

程恭让：《华梵之间》，中国社会科学出版社 2007 年第一版。

程恭让：《抉择于真伪之间——欧阳竟无佛学思想探微》，华东师范大学出版社 2000 年第一版。

《杜维明文集》，武汉出版社 2002 年第一版。

段德智：《宗教概论》，人民出版社 2005 年第一版。

段德智：《宗教与社会：对作为宗教学的宗教社会学的一个研究》，中国文史出版社 2005 年第一版。

方东美：《华严宗哲学》，黎明文化事业股份有限公司 1986 年第二版。

方东美：《中国大乘佛学》，黎明文化事业股份有限公司 1988 年第三版。

方克立、李锦全主编《现代新儒家学案》，中国社会科学出版社 1995 年第一版。

方立天：《中国佛教哲学要义》上下卷，中国人民大学出版社 2002 年第一版。

冯天瑜主编《玄圃论学续集》，湖北教育出版社 2003 年第一版。

傅伟勋：《从西方哲学到禅佛教》，三联书店 1989 年第一版。

高振农：《近现代中国佛教论》，中国社会科学出版社 2002 年第一版。

高振农校《大乘起信论校释》，中华书局 1992 年第一版。

龚隽：《禅史钩沉——以问题为中心的思想史论述》，三联书店 2006 年第一版。

郭齐勇：《熊十力思想研究》，天津人民出版社 1993 年第一版。

韩廷杰校《成唯识论校释》，中华书局 1998 年第一版。

贺麟：《近代唯心论简释》，上海人民出版社 2009 年第一版。

贺麟：《五十年来的中国哲学》，上海人民出版社 2012 年第一版。

黄夏年主编《民国佛教期刊文献集成》，全国图书馆文献缩微复制中心 2006 年初版。

江灿腾：《明清民国佛教思想史论》，中国社会科学出版社 1996 年第一版。

赖永海：《中国佛性论》，中国青年出版社 1999 年第一版。

李广良：《心识的力量——太虚唯识学思想研究》，华东师范大学出版社 2004 年第一版。

李志夫：《"有余说"集——如来藏与唯识关系之研究》，宗教文化出版社 2014 年第一版。

卢升法：《佛学与现代新儒家》，辽宁大学出版社 1994 年第一版。

吕澂：《吕澂佛学论著选集》，齐鲁书社 1991 年第一版。

麻天祥：《20 世纪中国佛学问题》，湖南教育出版社 2001 年第一版。

麻天祥：《晚清佛学与近代社会思潮》，河南大学出版社 2005 年第一版。

麻天祥：《中国近代学术史》，武汉大学出版社 2007 年第一版。

麻天祥：《中国宗教哲学史》，人民出版社 2006 年第一版。

牟宗三：《佛性与般若》，台湾学生书局 2004 年修订版。

牟宗三：《生命的学问》，广西师范大学出版社 2005 年第一版。

牟宗三：《现象与物自身》，台湾学生书局 1990 年初版。

牟宗三：《心体与性体》，台湾正中书局 2005 年第二版。

牟宗三：《智的直觉与中国哲学》，台湾商务印书馆 2000 年第二版。

牟宗三：《中国哲学的特质》，上海古籍出版社 1997 年第一版。

牟宗三：《中国哲学十九讲》，上海古籍出版社 1997 年第一版。

欧阳竟无：《悲愤而后有学——欧阳渐文选》，王雷泉编，上海远东出版社 1996 年第一版。

欧阳竟无：《欧阳竟无集》，黄夏年编，中国社会科学出版社 1995 年第一版。

欧阳竟无：《欧阳竟无内外学》，商务印书馆 2015 年第一版。

石峻等编《中国佛教思想资料选编》，中华书局 1981 年第一版。

释太虚：《太虚大师全书》，印顺法师文教基金会光碟版，2006 年。

释太虚：《太虚法师年谱》，印顺编，宗教文化出版社 1995 年第一版。

释太虚：《太虚集》，黄夏年编，中国社会科学出版社 1995 年第一版。

《汤用彤全集》，河北人民出版社 2000 年第一版。

唐君毅：《生命存在与心灵境界》，中国社会科学出版社 2006 年第一版。

唐君毅：《唐君毅集》，黄克剑编，群言出版社 1993 年第一版。

唐君毅：《文化意识与道德理性》，中国社会科学出版社 2005 年第一版。

唐君毅：《中国哲学原论·原道篇》，台湾学生书局 1986 年全集校订版。

唐君毅：《中国哲学原论·原性篇》，中国社会科学出版社 2005 年第一版。

唐忠毛：《佛教本觉思想论争的现代性考察》，上海古籍出版社 2006 年第一版。

王恩洋：《中国佛教与唯识学》，宗教文化出版社 2003 年第一版。

王守常：《人间关怀——20 世纪中国佛教文化学术论集》，中国广播电视出版社 1999 年第一版。

王志成：《后现代生活沉思录》，浙江大学出版社 2009 年第一版。

王志成、思竹：《神圣的渴望——一种宗教哲学》，江苏人民出版社 2000 年第一版。

王志成：《宗教、解释与和平——对约翰·希克宗教多元论哲学的建设性研究》，四川人民出版社 1999 年第一版。

熊十力：《新唯识论》，中华书局，1985 年第一版。

熊十力：《熊十力全集》，湖北教育出版社 2001 年第一版。

徐嘉：《现代新儒家与佛学》，宗教文化出版社 2007 年第一版。

杨曾文校《新版敦煌新本六祖坛经》，宗教文化出版社 2001 年第一版。

印顺：《印顺法师佛学著作集》，印顺法师文教基金会光碟版，2006 年。

余英时：《现代儒学的回顾与展望》，三联书店 2004 年第一版。

张曼涛主编《现代佛教学术丛刊》，大乘文化出版社 1976~1978 年第一版。

张志刚：《走向神圣——现代宗教学的问题与方法》，人民出版社 1995 年第一版。

郑家栋：《本体与方法——从熊十力到牟宗三》，辽宁大学出版社 1992 年第一版。

郑家栋、叶海烟主编《新儒家评论》第一辑，中国广播电视出版社 1994 年第一版。

郑晓江主编《融通孔佛——一代佛学大师欧阳竟无》，宗教文化出版社 2004 年第一版。

《中国哲学》第十一辑，人民出版社 1984 年第一版。

周贵华：《唯识、心性与如来藏》，宗教文化出版社 2006 年第一版。

周贵华：《唯心与了别——根本唯识思想研究》，中国社会科学出版社2004年第一版。

〔加拿大〕威尔弗雷德·坎特韦尔·史密斯：《宗教的意义与终结》，董江阳译，中国人民大学出版社2005年第一版。

〔美〕保罗·尼特：《宗教对话模式》，王志成译，中国人民大学出版社2004年第一版。

〔美〕彼得·贝格尔：《神圣的帷幕——宗教社会学理论之要素》，高师宁译，上海人民出版社1991年第一版。

〔日〕稻津纪三：《世亲唯识学的根本性思想研究》，杨金萍、肖平译，宗教文化出版社2013年第一版。

〔日〕平川彰：《印度佛教史》，庄昆木译，商周出版社2002年第一版。

〔日〕上田义文：《唯识思想入门》，慧观等译，宗教文化出版社2017年第一版。

〔印度〕雷蒙·潘尼卡：《看不见的和谐》，王志成、思竹译，宗教文化出版社2005年第二版。

〔印度〕雷蒙·潘尼卡：《人的圆满》，王志成译，宗教文化出版社2006年第一版。

〔英〕唐·库比特：《宗教研究新方法》，王志成、朱彩虹译，宗教文化出版社2008年第一版。

〔英〕唐·库比特：《后现代宗教哲学》，朱彩虹、王志成译，浙江大学出版社2008年第一版。

〔英〕约翰·希克：《信仰的彩虹——与宗教多元主义批评者的对话》，王志成、思竹译，江苏人民出版社1999年第一版。

〔英〕约翰·希克：《理性与信仰——宗教多元论诸问题》，陈志平、王志成译，四川人民出版社2003年第一版。

〔英〕约翰·希克：《多名的上帝》，王志成译，中国人民大学出版社2005年第一版。

二　论文

陈芷烨、徐孙铭：《印顺批判熊十力新唯识论之深层分析》，《宗教学研究》2008 年第 3 期。

程恭让：《牟宗三〈大乘起信论〉"一心开二门"说辨正》，《哲学研究》1999 年第 12 期。

段德智：《"全球宗教哲学的本体论"之争及其学术意义》，《浙江学刊》2008 年第五期。

龚隽：《欧阳竟无思想中的三个论题》，《哲学研究》1999 年第 12 期。

郭齐勇：《论熊十力对佛教唯识学的批评》，《世界宗教研究》2007 年第 2 期。

何光沪：《关于宗教对话的理论思考》，《浙江学刊》2006 年第 4 期。

黄敏：《"分别说"与"非分别说"——牟宗三的判教思维及其对宗教对话的启示》，《哲学研究》2016 年第 8 期。

黄敏：《熊十力量论说研议》，《首都师范大学学报》（社会科学版）2017 年第 6 期。

黄夏年：《〈大乘起信论〉研究百年之路》，《普门学报》2001 年第 6 期。

景海峰：《简议牟宗三圆善论的理性主义困局》，《深圳大学学报》1999 年第 1 期。

李勇：《儒佛会通与现代新儒家、人间佛教的形成》，《社会科学战线》1998 年第 4 期。

林义正：《儒佛会通方法研议》，《佛学研究中心学报》2002 年第七期。

林镇国：《现代儒家的佛教诠释——以熊十力与牟宗三为例》，《"国立"政治大学学报》1998 年 12 月。

陆沉：《论〈新唯识论〉与〈成唯识论〉》，《中国哲学史》2007 年第 3 期。

罗同兵：《太虚对熊十力新唯识论的批评》，《宗教学研究》2005 年第 4 期。

秦平：《近 20 年熊十力哲学研究综述》，《哲学动态》2004 年第 12 期。

宋志明：《试论熊十力"新唯识论"思想的形成》，《学术月刊》1987年第8期。

王志成：《宗教他者与宗教对话》，《中国宗教》2008年第3期。

吴可为：《阿赖耶识、真如空性与如来藏心——大乘唯识学与如来藏思想辨微》，《上海大学学报》（社会科学版）2007年第4期。

吴可为：《辨"真如"义——略论〈大乘起信论〉核心思想》，《法音》1999年第7期。

吴可为：《破诤论——答真如四难》，《法音》1999年第1期。

吴可为：《唯识学中的几个难题》，《佛学研究》2002年00期。

吴学国：《体用与性相——略论熊十力哲学对佛教唯识学的继承与改造》，《南京社会科学》2004年第2期。

徐清祥：《欧阳竟无与熊十力在佛学上的根本分歧》，《江西师范大学学报》（哲学社会科学版）1998年1月刊。

姚卫群：《佛教中的"心性清净"与"如来藏"思想》，《南亚研究》2007年第2期。

赵敦华：《只是"金规则"吗？——评宗教对话的一个误区》，《社会科学战线》2008年第2期。

索　引

关键词索引

A

后 记

　　本书是我的博士学位论文几经修改后的最终定稿。因论文写成后，文中留下的一些问题依然萦绕我心。自 2015 年获得国家社科基金后期资助项目立项后，参与评审该课题的匿名专家又给予我许多宝贵意见，使我在已有的论文基础上又做出各章节内容上的改动，增补了第一章对熊十力早期唯识学思想线索的梳理，增加了第七章对宗教对话问题的论述，由此才算是对从儒佛会通到宗教对话这一线索有了较为清晰的交代。

　　选择研究熊十力及熊门弟子，是我长期受熏于武汉大学哲学系诸师传统的结果。读熊先生之书，常常能引起我的共鸣，如他少时的不羁洒脱，对宇宙人生的真诚反思，这些事迹无不与我的幼年所思相近。人生无常、人生是苦，人却不得不弘毅自强，这些关乎宇宙天地及人生的想法也许是促使我后来踏入武汉大学宗教学系的冥冥因缘。这使我莫名倾心于佛学研究，常常同梁漱溟、熊十力、牟宗三诸先生一起游走于对儒释道乃至中西传统的矛盾心情里。读现代新儒家诸君之文字，不能不使我有一种客观之悲情涌上心头，读欧阳竟无、太虚、印顺诸大德之文章，也不能不使我萌生悲愤而后有学之大乘使命。因此种种，在武汉大学哲学系亦曾使我醉心于康德、黑格尔乃至海德格尔的西方哲学传统，亦对美学、外国文学发生兴趣，然最终使我致力于从事佛学研究，与麻老师对我长期以来的提撕教化不无关系。

　　作为武汉大学第一届宗教学系本科生，宗教学系的班主任车桂老师充满热忱地将我引入基督宗教研究殿堂，令我终身难忘。段德智老师对第一届宗教学本科生尤为关注，他关于宗教学学科基本理论建构的创见为我打开宗教学学科研究大门。吕有祥老师则以慈悲长者面相点化我们，他的言传身教无疑对我后来选择从事佛教研究影响至深。

　　而对我影响最大，引导我走上佛教研究之路的，则是我的业师麻天祥教授。正如同门学友姚彬彬兄所言，吾师"望之俨然，即之也温"，早在我尚读本科阶段，便常有此感。那时候，无知者无畏的我常常围着老师提问，老师则似如来佛擒住孙悟空般，一点一滴度化我这个初出茅庐便意气勃发的顽童。麻师生活之简朴，对学术研究之精诚专注无时无刻不对我发生潜移默化的作用。常常使我向老师提交论文时反思自己是否考虑周全，理论上是否能自圆其说，论证是否足够翔实……没有老师对我一丝不苟的严格要求，就没有今日这篇论文的产生及最终成书。

近代中国佛学研究中有许多耐人寻味的思潮值得关注。由关注近代中国佛学中引起广泛争论的《大乘起信论》，则不难发现其中唯识学与如来藏学宗派的紧张关系，由关注唯识学与如来藏学派的新旧之争，则又不得不使人注意到《新唯识论》所引起的儒佛之争。研究《新唯识论》固然与熊先生文字真情意切的吸引有关，但最主要原因还是在于这一文本的特殊性。如果不站在儒佛会通的角度来考察这一文本，则对熊先生思想的评述多少难免不陷入儒佛不同立场中的意气纷争里。当然，儒佛会通固然是《新唯识论》的思想特色，但如何由儒佛会通接应西学，则属熊十力先生的思想创造。从儒佛会通本身涉及的哲学层面的义理交融看，以会通佛学回应西学不可谓不是一番现代新儒家的理论创新。然而，儒佛会通之所以引起双方巨大反响，还在于其关涉到宗教情结上的特殊性。在会通儒佛中，现代新儒家找到了将儒学传统活化的理论资源，并找到了回应西学的可行之路，这不能不说与他们身上强烈的护教意识有关。

《新唯识论》的特殊性在于，它试图从理论上对佛教唯识学提出批评，这当然是宗教对话的研究范畴。然而，以儒佛会通本身的亦宗教亦哲学性来看待宗教对话问题虽是理论上可能，但依然不能完全等同于宗教对话。儒佛会通涉及了宗教对话的一些方面，对研究中国宗教诸关系问题具有特殊参考意义，为研究中西宗教对话打开了缺口，但并不意味着儒家是教。儒学虽无宗教的形式，但有其宗教性意义。这种对心性体悟的必然信心，我认为，与熊十力、牟宗三诸先生将儒学视为"中国式唯心论"有关。由于论文篇幅与主题言尽于此，且个人由于近年来初为人母，日常时间不得不悉数奉献于照顾一位新生命的诞生成长，常常感觉时间和精力之有限，女性做学问之不易亦深有体会。"中国式唯心论"的全面展开，只能留待下回分解。文中尚有许多未尽圆满之处，万望方家不吝赐正。

最后，我要感谢为本论文提出宝贵意见的华东师范大学李向平老师、山东大学陈坚老师，以及郑州大学张倩红、辛世俊老师等参与我论文答辩的诸位老师，还有毕业后关心我工作去向的武汉大学黄钊老师，陕西师范大学吕建福老师等。感谢曾对我讲授佛学基本问题，对我的学业予以多方鼓励的台湾法鼓山李志夫老师，感谢曾为我解现代中国哲学诸惑的冯友兰先生高足、华中科技大学已故的涂又光老师。此外，武汉大学哲学院中西哲学诸教研室的老师都曾授教于我，我的诸同门如良师益友陪伴我度过珞珈山下的读书生活，家人一直默默支持着我，一并铭感于心！

毕业后，由于麻老师对我学术研究之路的关顾，我最终选择在中南财经政法大学哲学院安家落户，与老师一湖之隔。中南财经政法大学哲学院王雨辰院长及全体同人对我工作之后的诸多照顾，亦使我能继续专心致力于自己感兴趣的学术研究方向。社会科学文献出版社的编辑为本书问世付诸辛劳，一并致谢！

珞珈山对我而言是个特殊的地方，密涅瓦的猫头鹰在这里栖息降临，樱顶、化北楼、理学院、梅园小树林……每个角落都有着兴味不同的回忆。这里流淌着冰与火之歌，流淌着少年人的青春与梦想，流淌着一代代珞珈人挥之不去的燃情岁月。它使我多年后不愿离开武汉，也不敢轻易步入校园。

轻轻地我走了，正如我轻轻地来，我挥一挥袖，不带走一片落英。

图书在版编目（CIP）数据

《新唯识论》儒佛会通思想研究 / 黄敏著. -- 北京：
社会科学文献出版社，2020.6
国家社科基金后期资助项目
ISBN 978 - 7 - 5097 - 7018 - 4

Ⅰ.①新… Ⅱ.①黄… Ⅲ.①唯识宗 - 研究 Ⅳ.
①B946.3

中国版本图书馆 CIP 数据核字（2018）第 297760 号

国家社科基金后期资助项目

《新唯识论》儒佛会通思想研究

著　　者／黄　敏

出 版 人／谢寿光
组稿编辑／宋月华　袁卫华
责任编辑／袁卫华

出　　版／社会科学文献出版社·人文分社（010）5967215
　　　　　　地址：北京市北三环中路甲 29 号院华龙大厦　邮编：100029
　　　　　　网址：www.ssap.com.cn
发　　行／市场营销中心（010）59367081　59367083
印　　装／三河市龙林印务有限公司

规　　格／开　本：787mm×1092mm　1/16
　　　　　　印　张：20　字　数：318 千字
版　　次／2020 年 6 月第 1 版　2020 年 6 月第 1 次印刷
书　　号／ISBN 978 - 7 - 5097 - 7018 - 4
定　　价／158.00 元

本书如有印装质量问题，请与读者服务中心（010 - 59367028）联系